茶街庙

泉州城乡人文区位考察与研讨

王铭铭 主编
罗杨 副主编

后浪

民主与建设出版社
·北京·

© 民主与建设出版社，2020

图书在版编目（CIP）数据

茶·街·庙：泉州城乡人文区位考察与研讨 / 王铭铭主编. -- 北京：民主与建设出版社，2020.2
ISBN 978-7-5139-2659-1

Ⅰ.①茶… Ⅱ.①王… Ⅲ.①地方文化—研究—泉州 Ⅳ.①G127.573

中国版本图书馆CIP数据核字(2019)第207794号

茶·街·庙：泉州城乡人文区位考察与研讨
CHA JIE MIAO QUANZHOU CHENGXIANG RENWEN QUWEI KAOCHA YU YANTAO

出 版 人	李声笑
主　　编	王铭铭
筹划出版	银杏树下
出版统筹	吴兴元
责任编辑	王　颂
特约编辑	汤来先
封面设计	墨白空间·张萌
出版发行	民主与建设出版社有限责任公司
电　　话	（010）59417747　59419778
社　　址	北京市海淀区西三环中路10号望海楼E座7层
邮　　编	100142
印　　刷	北京天宇万达印刷有限公司
版　　次	2020年2月第1版
印　　次	2020年2月第1次印刷
开　　本	889毫米×1194毫米　1/32
印　　张	13.625
字　　数	281千字
书　　号	ISBN 978-7-5139-2659-1
定　　价	58.00元

注：如有印、装质量问题，请与出版社联系。

目 录

前言
　　王铭铭　罗杨

上编

安溪铁观音人文状况调查报告 / 3
　　王铭铭　罗杨　翟淑平　孙静　黄雅雯

聚宝城南：闽南文化生态园人文区位学考察 / 61
　　王铭铭　罗兰　孙静

地理与社会视野中的民间文化：惠东小岞考察 / 125
　　王铭铭　吴银玲　孙静　金婧怡

下编

六本书看泉州：国际汉学家关于闽南的地方研究 / 189
　　王超文　蔡逸枫　黄智雄　孙静　罗杨　兰婕

施坚雅、弗里德曼和王赓武视野下的闽南与东南亚 / 251
　　罗杨　陈敏红　孙静

几代学者的闽台民俗宗教研究 / 281
　　罗杨　陈敏红　吴银玲　孙静　金婧怡

几种社会研究的视角 / 311
　　罗攀　罗杨　陈敏红　吴银玲　孙静　金婧怡

国内外的惠东文化研究 / 329
　　吴银玲　兰婕　金婧怡　孙静

东南的"两条道路" / 371
　　金婧怡　吴银玲　陈敏红　孙静　罗攀

前　言

　　本文集的主干，是由三篇调研报告组成的；这些报告依托的田野工作，分别围绕安溪铁观音茶叶、泉州城南三条古街以及惠安小岞的宫庙和祠堂展开。我们试图通过地方性的历史和民族志研究，呈现巨变时代闽南区域文化中的广义人文关系——人与自然、人与人、人与神之间的关系——的结构和动态面貌。

　　三次调研的背景，可以说是一致的：如大地上其他地方，我们在闽南涉足的区位，再度进入了传统和现代的夹缝中。

　　一些年前，闻名遐迩的安溪铁观音茶叶，在种植、制作和品饮诸方面，遭到现代农药、机械、消费观念的冲击。这令安溪的不少茶人和乡贤忧心忡忡。2013 年 7 月至 8 月，机缘巧合，我们二人和翟淑平、孙静、黄雅雯三位北京大学人类学专业的博硕士生，得到地方政府的邀约和支持，去到安溪县做相关问题的调研。经过一个月的集中考察、访谈和频繁讨论，我们对关涉铁观音这类物的各种人文关系形成了某些一致认识。我们将基础材料和这些认识汇合起来，写成一篇调研报告，追溯了安溪的茶史，论述了铁观音种植与制作工艺的社会性，诠释了茶叶这一农作物的生产过程、品饮等含有的广义人文关系意涵，陈述了我们对于安溪茶叶的不同亚传统特征和文化土壤的认识。

铁观音与其周边之物、与做茶之人、与地方深厚而丰富之信仰世界，关系极其密切。这使这种物生发了超越自然与文化的意义。如我们在报告中表明的，铁观音既是人-物和物-物关系的产物，又是安溪社会历史条件的构成因素，是安溪人对人-物、人-人、人-神关系的独特感知的成就。借此，我们在报告中回应了传统与现代关系的问题，指出近年铁观音出现的问题，缘自那种割裂了物与广义人文关系，抹杀了物的天性、人性和神圣性的现代性主张和实践，而这些主张和实践，是在主流的功利主义和人类中心主义世界观笼罩下得到伸张的。

2015年3月，泉州市政府规划的闽南文化生态园建设项目启动，该项目将泉州老城南部老街区纳入文化遗产保护框架内。这是对老街区传统的复兴，抑或是破坏性建设？地方贤达和民众看法不一。

2015年9月至10月，本书编者之一（王铭铭）、英国伦敦大学罗兰（Michael Rowlands）教授、北京大学博士研究生孙静作三人行，对规划项目内的聚宝城南片区进行了实地考察。在调研中，三人发现，当地人的生活世界也是遵循广义人文关系脉络而构成的整体。这个整体是一个生活世界，其所包含的符号和实践构成一个与文化生态园意象有鲜明对照的系统；所谓的文化生态园，缺乏生活世界的整体性含义。

前　言

　　在调研工作完成后，三人经过多次讨论，基于上述看法，梳理了所获资料，合写了一篇调研报告。在该报告中，三人在泉州城市变迁史的大背景下说明聚宝城南文化遗产项目出现的背景与缘由。他们阐明了聚宝城南的历史与隐喻属性及与此相关的闽南文化生态园项目的观念形态的本质特征，分析了文化生态园的设计图景，指出了这一图景与近期流行的"美丽社区""美好生活"等意象之间的关系。他们还呈现了聚宝城南的社区历程，复原了聚宝城南片区历史变迁的实际图景，指出了园区所在地城乡接合部的既有本质。三位作者反思了地方文史叙述的宋元繁荣中心论与文化生态园规划设计上的问题，考察了作为生活和社会过程的完整体系的文化及聚宝城南水系与官庙体系之间的密切关系，说明了人、物、神三种力量如何在社区祭祀中心汇合。最后，报告以官庙与遗址公园的分化和对立为例，揭示出了项目主导者无视当地生活和观念世界中的遗产（尤其是官庙、寺院与传说这类灵验遗产）的原因。

　　半个多世纪以来，长住娘家、惠女服饰等，成为惠东小岞孤立化、标签化的文化意象，而种种以建设、规划、保护等为名的活动，对小岞的自然-人文地理格局产生的破坏日益严重。在部分地方贤达的邀约和支持下，2016年8月，编者之一（王铭铭）带领吴银玲、孙静、兰婕、李云轩、金婧怡、王正原等组成的一个研究小组，进入小岞展开田野工作。他们分组对区域历史地理及人口和社区状况，海洋-山地-洼地自然地理系统中生计方式（特别是讨海吃）的变异，以及聚落形态的面貌等三方面加以

3

深入考察，并借助文字和口述史料，复原了小岞从浮岛到半岛的自然人文地理变迁过程。经过密切的分工合作，这个研究小团队也完成了一篇长篇报告。该报告在自然人文地理背景下，展现了民间社会组织的形态，分析了小岞9个行政村的61座官庙的结构关系，及祖厝与宗族组织的关系，理清了小岞人拜神明、敬祖先的信仰体系，呈现了地方精英与普通民众之间对传统与历史的丰富性的不同看法。调研报告指出，乡村本非现代文明进程的敌人，亦非行政地理机器的局部，它是自然地理与人文地理相互关联共生下生成的完整生态人文体系，它整合了人、物、神诸生命因素，自身有着强大的创造力。

有必要说明的是，以上三篇基于田野工作的调研报告，都是针对现实问题而写的，但是它们并不是作者屈服于现实的表现。这些报告坚守了某种学术理念。如上文所述，这个理念，被概括为在文本中反复出现的广义人文关系。关于此，本书主编在近期发表的不少文章中已给予了比较清晰的界定（如，见王铭铭：《民族志：一种广义人文关系学的界定》，《学术月刊》2015年3月号，129—140页；《人类学家的凝视与环顾：王铭铭教授访谈录》，《学术月刊》2014年3月号，170—176页；《谈〈山海经〉的广义人文关系体系》，《西北民族研究》2017年第3期，143—148页）。

在安溪铁观音调研计划开始之后，我们在田野工作中共同深深感受到边读书边调研的重要性。于是，自2014年起，我们组织几位介入闽南区域研究的同好，针对调研之需，每周开一次闽南研究读书会，每次选择读解一本或数篇与闽南区域文化研究相关的著作。在读书会前,每位成员独立完成一篇成熟的读书报告,在读书会上先分别宣读,然后自由研讨,会后综合整理成文字记录。

经过几年的努力,这个读书会有了一些成果。对于这些成果的面貌,我们在这本文集中,也尽力地给予比较全面的体现。在本文集中,我们除了汇编三篇长篇调研报告外,还汇编了六次读书会的读书报告。

这六次闽南读书会报告的一、二、三、五次,从区域、宗教、社会、闽南研究的学术脉络等不同角度切入主题。我们读解的施坚雅(G. William Skinner)所著《中国历史的结构》(The Structure of Chinese History)一文,弗里德曼(Maurice Freedman)所著《中国社会之研究》(The Study of Chinese Society Essays by Maurice Freedman)一书中的相关篇章,王赓武所著《中国及海外华人》及其《谈历史,说文明》一文,从区域视角,探讨了闽南与海外的关系,并从闽南与东南亚等外部世界的联系中反观闽南。德格鲁特(J. J. M. de Groot,或译"高延")所著《闽南亡者的佛家信众》(Buddhist Masses for the Dead at Amoy)一书及其传记,顾颉刚所著《泉州的土地神》一文及张帆《顾颉刚与土地神——1926—1927年东南沿海的"游士"与"风俗"》一文,吴藻汀所著《泉州民间传说》,桑高仁(Steven Sangren)所著《一个中国社会中的历史与巫力》(History and Magical Power in a Chinese Community)及《大小传统再思考》(Great Tradition and little Traditions Reconsidered: The Question of Cultural Integration in China）一文，黄英美所撰《访李亦园教授——从比较宗教学观点谈朝圣进香》，林美容所著《魔神仔的人类学想象》，都是有关闽南以及与闽南密切相关的台湾民间信仰和仪式的著述，它们从小传统入手，探讨了中国文明的一体性与差异性，给予我们深刻启迪。费孝通所著《乡土中国》，刘枝万所著《台湾民间信仰论集》，田仲一成所著《中国祭祀戏剧研究》，以及特纳（Victor Turner）对朝圣仪式的论述，启发了我们思考从科仪、戏剧、仪式角度来看闽南社会构成的若干向度。陈万里所著《闽南游记》，林耀华所著《义序的宗族研究》，王斯福（Stephan Feuchtwang）所著《帝国的隐喻》，林惠祥所著《台湾番族之原始文化》和《中国民族史·百越系》，呈现出闽南研究从清末民初的民俗研究，转向研究亲属制度、社会组织、民间信仰与仪式之社会人类学研究这一学术史脉络，及这一脉络与百越民族、南岛民族之民族学研究潜在的并举可行性，它们也给予我们重要启发。

另外两次读书报告分别配合"东亚文化之都·泉州"2014活动年系列论坛之一"中国茶的世界"国际学术研讨会，以及2016年读书小组部分成员在惠安小岞'的田野调查而形成。萧婷（Angela Schottenhammer）所编《世界货舱——公元1000—1400年的海上泉州》（The Emporium of the World:Maritime Quanzhou,1000-1400），克拉克（Hugh R. Clark）所著《社区、贸易与网络》（Community,Trade ,and Networks），王铭铭所著《帝国与地方世界：一个长时段历史人类学的中国模式》（Empire and Local Worlds:A Chinese Model of Long-term Historical Anthropology），苏基朗所著《刺桐梦华录》，丁荷生（Kenneth Dean）所著《中国东南的道教仪式与民间崇拜》(*Taoist Ritual and Popular Cults of Southeast China*)以及陈志明（Tan Chee-Beng）所编《闽南，中国后毛泽东时代传统的再创造》(*Southern Fujian:Reproduction of Traditions in Post-Mao China*)六本书，从贸易、宗教、政治、宇宙观等不同角度，阐述了介于大陆和海外世界之间的闽南区域的封闭性与开放性，共同为我们指出，正是这一两面性使这个区域既自成一体，又包罗万象。为了配合在惠安小岞的调查，读书会的部分成员阅读了自20世纪20年代以来国内外几代学者对惠安的研究著作，包括乔健、陈国强、周立方所编《惠东人研究》，陈国强所编《惠安民俗》，萨拉·弗里德曼（Sara Friedman）所著《亲密政治：华南的婚姻、市场及国家权力》(*Intimate Politics:Marriage,the Market,and State Power in Southeastern China*)，夏敏所著《红头巾下的村落之谜》以及讨论长住娘家婚俗的多篇独立论文。这些著述介绍了惠安的历史、信仰、习俗等，读书小组成员从中看到惠安介于汉和非汉之间、传统和现代之间、文明和野蛮之间的双重性，为调研提供了诸多启发。

在安溪、泉州、惠安三地的田野工作过程中，我们有幸得到陈木根（已故）、廖皆明、谢文哲、王连茂、陈庆宗、陈健鹰、许旭明、丁毓玲、吴正元、王珊（已故）、陈敏红、蔡颖、洪懿蓉、康庆章、李文成、倪伏茔、郑明清、李常青等贤达的大力支持，也有幸从他们的工作中获得重要启示。我们借此机会对他们表达诚挚的谢意。我们的三篇调研报告，相继发表于《文化学刊》(2014年第2期，47—77页)和《民俗研究》(2016年第3期，26—52页，及2017年第2期，103—128页)，而我们的读书报告，多数在《西北民族研究》连载过。对于刊登这些长篇调研报告和读书体会的杂志，我们表示由衷的敬意。

王铭铭、罗杨

2019年6月5日

上编

安溪铁观音人文状况调查报告[1]

王铭铭　罗杨　翟淑平　孙静　黄雅雯

摘要：本报告围绕安溪铁观音展开实地调查，基于它所关涉的物、人、神三个层面，从工艺、品味和宇宙观的角度展开分析。报告分为五个部分：第一，安溪的地理位置及它的茶史；第二，着重论述对铁观音种植与制作工艺的考察之所获，并论述铁观音这一农作物生产过程所蕴藏的人文关系类型；第三，对铁观音的品饮进行分析，将人文状况的视角当作分析"饮茶"活动的工具；第四，对安溪茶叶的人文关系进行历史考察，侧重从不同文化亚传统的特征，呈现铁观音生长的人物-文化土壤；第五，简要陈述调研的观念收获。

关键词：安溪，铁观音，人文状况

---

[1] 原载于《文化学刊》2014年第2期。

导言

2013年7—8月，北京大学人类学专业教授1名（王铭铭）、已毕业博士1名（罗杨）、博硕士生3名（翟淑平、孙静、黄雅雯），在安溪展开关于铁观音的调研。

我们的调研采用人类学的实地研究法，以所研究事项的人文状况为关注焦点。

实地研究法是人类学特有的一种调研方式，调查者在当地进行一段时间的参与观察。具体而言，在一个多月的调查时段里，我们在以县政协、县委宣传部为主的党政机关工作人员的带领和引介下，先后深入到8个具有代表性的新老茶乡，重点考察了15家茶店，拜访了7处安溪历史文化胜地，此外还走访了一系列与茶有关的政府和民间机构，也去县志办等查阅和收集相关档案。我们实地观看、体验做茶的工艺流程，学习和模仿当地人泡茶，亲身经历安溪与茶有关的各种现象。在调研过程中，我们既借助数据统计等宏观方法，也通过地方精英，如县政协主席廖皆明、副主席陈木根，宣传部副部长谢文哲等的引介，对安溪与茶相关的各种人物做了大量访谈。我们着力以主位的观点，即现代人类学所谓的文化持有者的内部眼光来阐释这些材料，[1] 而不是根据自身所身处的文化赋予的思维逻辑去重构被研究者的观念。①

---

① 因为我们不是做农林科学范畴内的铁观音工艺解剖，也不是彻底变成一个喝了几十年茶的安溪人，而只是试图理解当地人对铁观音的理解的人文学者，我们叙说的这种人文的局外人对局内人的理解，必然给人一种与政治经济学分析全然不同的印象。

人文状况，指发生在人与自然、人与人、人与神之间的关系的状况。这些关系是人联系他者的纽带——此处的他者既包括己身之外的他人，也包含不同于人类的其他存在，诸如自然中各种有生命的和无生命的物，广义上被归为神界的祖先、神、鬼。[2] 人通过与他者形成和维系这些关系，一方面，使自身具有超越于人的属性，譬如安溪人喝下之前敬给神的那杯茶，因为茶沾上了神的神性、德行和庇佑，人喝下茶如同把神的这些属性纳入自己体内。从现实意义上来说，人体中多了茶这种物，从超现实的意义上看，人分享了物中的神性，因此，通过茶这种物的中介作用，人超越了自身。另一方面，这些关系又对人形成制约，它使人意识到自己并非天上地下唯我独尊。安溪绝大多数人是依靠铁观音这种天赐神树养活，而人对于造就它的各种阴阳造化尚有诸多认识上的余地，恰是这些未知的余地使人意识到自身的局限，从而对它怀有一种宗教般的敬畏之情。这种超越性使人活得相对超然些，如同白开水里抓入一撮铁观音，生活有了意思，也不那么孤独，与自己共存于这个世界的还有各种具有灵性的动植物以及祖先、神、鬼；而这种制约性使人不为所欲为。安溪县政府倡导喝铁观音，构建和谐健康的生活方式。所谓和谐便是人通过尊重自身与他者间的这些关系而实现对他者的尊重，使天、人、神三界合成一个完整的人文世界。

人文关系的概念拓展了一般社会科学对于社会的定义。在我们看来，社会不应只由人构成，因为人生在世不只是与他人发生联系，在某些时候，人与自然或人与神的关系比人与人之间形成的社会关系更加神圣，是更能代表社会内涵的现实和知识。同时，人文关系也拓展了物的内涵，使物具有了物性、人性和神性。对于物质的认识，现在的中国人往往采纳唯物论。唯物论是相对于在纯粹观念中分析人性的观念论的哲学革命。在唯物论下，物质不是简单的桌子、板凳这些看得见、摸得着的东西，而是指人一生下来，就存在于既定的社会历史条件中，人只能在这些给定的社会历史条件中开展他的生产生活，所以说人的存在是物意义上的存在而不是观念意义上的。[3]因此，即使在我们以为如此唯物的定义中，物也并不是物质的自然属性，而是指事物背后隐藏的社会历史关系。此外，正如上文提到的，人喝下那杯敬过神的茶，人既与物形成了社会关系，也通过这种物实现了物我一体，这说明人与物是可以互通的。在安溪，这点给我们的感触尤深，安溪人总是告诉我们，人要向铁观音学习，也总喜欢探讨佳人与佳茗之间的共性。

"人虽然总是以自己拥有的精神性来区分自己和物质之间的人物之别，但是，我们所标榜的精神性时常却是以物质性来营造的。抽象的社会等级意识得到物化的表现，使物本身具备了精神内涵。这里所谓的精神是什么？我们以为它恰是人通过超越性的物来定义超越他人的力量。我们要关注到，对外在于人的物与内在于人的人之间的互为隐喻的等级化结合和变通，是文化创造的基本逻辑"。[4]

我们围绕安溪铁观音展开实地调查，基于它所关涉的物、人、神三个层面，从工艺、品味和宇宙观的角度展开分析。本报告即对此次调查与分析所获的总结，它包括以下部分：

第一部分，我们概要介绍安溪和它的茶史，为后面的论述作地方和历史的背景性铺垫。

第二部分，我们着重叙述对于铁观音种植与制作工艺的考察之所获，并论述铁观音这一农作物生产过程所蕴藏的人文关系类型。

第三部分，我们把重点放在铁观音的品饮分析上，同样将人文状况的视角当作我们分析饮茶活动的工具。

第四部分，我们将对安溪茶叶人文关系进行历史考察，侧重从不同文化亚传统的特征呈现铁观音生长的人物-文化土壤。

最后，我们将对调研的观念收获加以简要陈述。

安溪及其茶史

安溪位于福建省东南部，全县面积3057.28平方千米，人口约107万。它位于晋江西溪上游，东接南安市，西连华安县，南邻同安区，北毗永春县，西南与长泰县接壤，西北与漳平市交界。它通山而达海，是闽东到闽西的必经之路，也是连接沿海与山区的枢纽，可谓是山海交通走廊。从安溪出发往厦门机场、晋江机场、厦门东渡港、泉州港，驱车都仅1小时多即可抵达，漳泉肖铁路贯穿全境，省道、县道、乡道纵横交错，覆盖到各乡村。[5]

安溪地处戴云山东南坡，戴云山支脉从漳平延伸到县内，地势自西北向东南倾斜，海拔千米以上的山峰2934座。在自然地理上可分内安溪和外安溪。以湖头西缘的五阆山至龙门跌死虎山西缘为界，西部称内安溪，东部称外安溪。外安溪地势平缓，海拔300~400米，以低山、河谷盆地为主，夏季长而炎热，冬季短而无寒，年均气温20℃，年降雨量1600毫米左右，适合种植粮食作物和经济作物。内安溪地势高峻，海拔600~700米，以山地为主，秋冷早，春来迟，年平均气温17℃，年降雨量1800毫米。由于内安溪常年云雾缭绕，土壤以酸性红壤和砖红壤为主，为铁观音的种植提供了得天独厚的自然条件。

安溪历史悠久。周时为闽越地，秦时属闽中郡，汉初属会稽郡，后为冶县地，三国时属吴之建安郡，晋代为晋安郡，隋唐时为南安县地。唐咸通五年（864年）置小溪场。五代后周显德二年（955年）詹敦仁任小溪场场长，见此地地沃人稠，溪通舟楫，适宜置县，向清源军（泉州）节度使留从效申请获准，以小溪场和增割的南安属地正式置县，并以境内溪水清澈之意命名为清溪县。詹敦仁为首任县令。宋宣和三年（1121年）因避其与浙江睦州清溪（方腊起义地）同名，另取溪水安流之意，改为安溪县，沿用至今。元、明、清三朝，安溪均隶属泉州路（泉州府）。1912年，福建省分为东、南、西、北四路，同年又设立闽海、厦门、汀漳、建安四道，安溪先后属南路区和厦门道。1927年，实行省、县二级地方建制，安溪直属福建省。新中国建立后，安溪先后隶属泉州行署、晋江区专员公署、晋江公署、晋江地区行政公署。1986年，晋江地区行政公署改为泉州市，安溪隶属泉州市至今。从置县至今，县治均设于凤城，因其三面环水背负凤山而得名。截至2007年，全县共设24个乡镇458个村。这些村镇各有特色，例如，尚卿乡、蓝田乡主要以藤铁制作业为主，湖头的米粉、官桥的豆干很有名，西坪、大坪是安溪传统的产茶地，祥华、龙涓、感德是近期崛起的新茶乡，虎邱一直以来是茶苗培育基地。各个村镇的特色表明安溪这方土地上蕴藏着丰富的亚传统。

安溪的茶叶史也是安溪的移民史、宗教史。安溪的很多大姓，多为唐末五代从荆楚、江淮入闽转而定居安溪。这些外来移民不仅带来中原的文化，也带来茶叶生产技术。詹敦仁前任的小溪场长官廖俨，原籍河南光州汝南，也是南下士人中的一员，在此地先为官后隐居，其隐居好友韩偓留有诗句"石崖觅芝叟，乡俗采茶歌"，可见当时这里已有采茶业。佛教于755年传入安溪。至唐末，佛教在安溪已建有福海院、阆苑岩等一大批寺庙，道教在安溪已建有城隍庙、武庙等道观。五代时期，禅宗盛行于福建。"云雾山中出好茶"，而"天下名山僧占多"，加之佛教认为茶有"三德"——提神静思、消食、使僧人清心寡欲——所以有"名山有名寺，名寺出名僧，名僧植名茶"之说。唐末安溪寺院及道观已有植茶、品茶的历史。阆苑岩历史上就以产白茶闻名，现存岩宇门联上刻有"白茶特产推无价，石笋孤峰别有天"，是安溪茶史的重要史料。宋时，安溪的茶"名于清水，又名于圣泉"。相传圣泉岩最早的茶由一位高僧所植，高僧后向乡人传授种植茶叶的技艺。明嘉靖《安溪县志》载:"茶,龙涓、崇信出产多","安溪茶产常乐、崇善等里,货卖甚多"。龙涓是今天的龙涓乡,崇信里为今天的西坪、芦田、祥华、福田等地,常乐为今剑斗、白濑等地,崇善为今魁斗、金谷、蓬莱等地。可见,当时内安溪的很多山地丘陵已经植茶。明代安溪对中国茶叶的最大贡献还属乌龙茶采制工艺的发明,这也使安溪的茶叶得到极大发展,一部分茶农开始创办茶号。清末民初,安溪人在县内外设立的茶号已有百余家,拓展了闽南、潮汕两大市场。[6]

外销史是安溪茶史的另一条线索。安溪茶叶外销可追溯至宋元时期的泉州港。清初开始,乌龙茶的创制和铁观音的发现带动安溪茶叶的兴旺,安溪的茶叶便随西坪、大坪、罗岩等地的茶商与移民,从厦门、广州等通商口岸,出洋到东南亚各国。从安溪到厦门,从厦门到南洋,安溪人通过父子、叔侄、兄弟等亲属关系的分支,通过出洋赠礼、回乡探亲等媒介,将连接安溪深山绝域的茶园与南洋广阔天地的茶道搭建起来。这种道凝聚着血脉亲情,呈现着礼仪习俗,因此,在纯粹以经济之道通向东洋与西洋的闽北武夷茶轻易地被英国、日本所颠覆之时,这条茶道依然像安溪通往南洋的血管一样,源源不断地输送着人与茶。这条道中走出去的是一代又一代对山外世界充满向往的安溪村人,他们似乎根深蒂固地保有闽南人那种一定要向外走的劲头,这条道中走回来的是祖祖辈辈出洋打拼,在近代民族国家中被归类为"华侨""华人"的安溪人。安溪的茶叶总归脱离不开它的人文脉络。

民国时期，战乱导致安溪茶叶产销低迷。在改革开放以前的计划经济时代，茶叶由国家统购统销，安溪铁观音没有自己独立的品牌。1984年，国内市场茶叶流通渠道全面放开，这成为安溪茶叶发展的分水岭。1985年，安溪仍然是福建省的国家级贫困县，依托茶产业的发展，短短10年后（1996年），安溪被评为"福建省经济发展十佳县"。安溪铁观音发展成如今如此庞大的产业，地方政府的推动是起主导作用的。根据《铁观音——安溪乌龙茶传统制作技艺》，30年来，安溪县政府对茶产业的引导大致经历四个发展阶段：（1）扩面积，提产量，增总量；（2）建基地，提品质，拓市场；（3）创优质，出精品，树品牌；（4）创建绿色，保护品牌，展示文化，提升层次。[7]在内外两条线上，县政府着力推广安溪铁观音品牌。对内，2000年，安溪县委县政府组建中国茶都，整合和提升铁观音的整体市场，使它集经贸、文化、科研、检测、旅游为一体。经过几年运行，茶都已经有点不适应安溪茶业的发展，因为它缺乏孵化的功能，县政府又建立茶博汇，作为茶业的创业基地、研发基地、电子商务基地以及聚集全国茶业的载体。对外，县政府组织一系列安溪铁观音走出去的活动，例如，"安溪铁观音神州行""美丽中国行"，改变了铁观音"销南不销北"的局面，在国内的茶市形成"无铁不成市""无铁不成店"的销售格局，甚至通过组织"香江行"活动，参加首届香港国际茶展，把安溪铁观音卖到美国、欧洲、非洲及中东等地。以铁观音为代表的茶业对安溪的社会民生起到举足轻重的作用，带动茶叶生产、加工、销售、包装以及机械制造、交通运输、餐饮住宿、茶文化、茶配套、旅游等产业的发展。铁观音不仅行销全国，对其他地方的饮茶风尚也有一定影响，在消费文化方面具有尚未被认识到的原创性。

在这股欣欣向荣的安溪铁观音发展洪流中，难免夹有杂质。例如，铁观音种植区域盲目扩张、滥施农药化肥、破坏生态；传统的制茶技艺与省时、省力、省心的现代技术之间的矛盾；铁观音的品饮与社会上各种政治、经济、文化现象之间的拉锯；等等。安溪县委县政府意识到铁观音发展过程中所遭遇的这些问题。借助纯粹经济学、农林科学等自然科学进行研究分析固然重要和必要，但也应借助社会科学对其进行人文关系的考察。

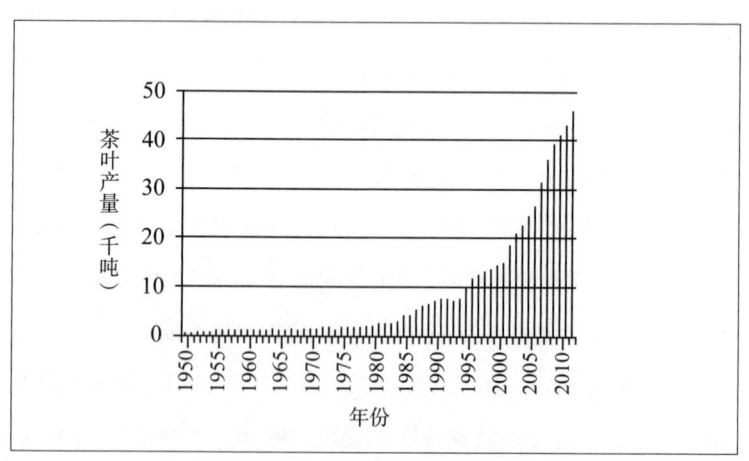

1949—2012 年安溪县茶叶产量图

注：数据整理自《安溪县统计年鉴》历年所列的产茶量（翟淑平绘）

铁观音的种植与制作工艺

铁观音与周边之物

"这个地方能够有这种神树，肯定不是一般的地方，是天造成的，地有养育之恩，男跟女已经结伴了。"铁观音魏说的发现者魏荫的第九代传人魏月德在引领我们前往铁观音的发源地朝圣途中，一路上都在不断指引我们留心观察周边的山形地势，"这是凤栖，像一只凤飞下来休息，凤的翅膀在两边，头低下来。凤栖喝水，铁观音的发源地就是那里。它是一个很怪的地方，种的铁观音跟别处不一样，没有办法解释。"可以想见，这位茶农平日里不只在茶山上埋头种茶，更在抬头审视围绕这棵茶树的山川；不只是在无意识地劳作，更在思考这棵茶树与周边山川形势蕴藏的自然玄机之间的关系。茫茫群山在他眼里幻化成观音、老子、凤凰，它们正在演绎着童子拜观音、老子讲书、凤鸣岐山的神话，而恰是这些山川自身充当角色摆出来的神话格局，决定了铁观音源出哪地，优劣不同的铁观音品种各出自哪里。"天赐神树"与"天赐良穴"似乎本就应当配合得天衣无缝，而人唯有去细细体察使这二者合配的天之道，才能发现好的铁观音树种。

如果说魏月德是抬头观山，从铁观音树种与周边宏大山川的堪舆关系中获得启发，那么，感德镇镇长陈志明则是低头察土，寻求铁观音树种与其所扎根的土壤中的微量元素的奇妙关联。"不同山头有不同的韵"，陈镇长的这句话与安溪县政协陈木根先生的话如出一辙，在后者看来，"铁观音有共性和个性之分，共性是兰花香、观音韵，个性是不同的山头、不同的地域"。这实则都在探讨铁观音的"韵"与"土"的关系。陈志明把这种关系破译为特殊物质的作用："之所以形成特殊的韵，是因为不同山头含有不同的矿物质和微量元素。安溪铁观音能够有这样好的品质和观音韵，就是因为安溪的茶山上的母质含有特殊的矿物质和微量元素。"虽然他用"矿物质和微量元素"如此学术的词语来解构造就观音韵和安溪土特殊关联的特殊物质，但真正能够完成这二者之间奇妙转化的恰恰不是科学配制出来的化肥，而是自然界的生灵。"说实在的，化肥没办法补充微量元素，它能够提高产量，但是要形成观音韵，是相对困难的。"陈志明的这席话阐明，虽然在普遍的科学意义上，化肥正是矿物质和微量元素，但在安溪人的地方性知识体系里，它显然不属于那神秘的特殊物质，虽然能够提高铁观音的产量，但完不成把土化为韵的转化，因为这一转化不是发生在科学实验室里，而是发生在自然生灵的肚子里。正如他所说："羊是食草动物，它吃的东西是杂食，会吸收更多的自然界中的微量元素。"羊吃的草吸收土中的元素，在这个意义上，可以说羊肚子把吃进去的土转变成形成观音韵的特殊物质，而羊肚子中发生的未知变化起码在当地人看来，比科学的已知手段要高级。

除了抬头观山和低头察土，安溪茶人还留心着这山、地之间生活的生灵（此处指人之外的动植物）与铁观音树种好坏的神秘联系。"有一种野生动物叫山獐，性欲比较旺盛，知道这种植物是宝贝，会把它吃掉，这是野生的红芽铁观音。如果人工种植的，它就不会吃了。这一定是有很大的区别。一棵茶树，周围有山獐走过的脚印，树叶都被吃光了，我就剪过来，进行扦插。后来我认真研究，动物爱吃这棵茶树的叶，而不吃其他茶树的叶，说明这棵是真正的野生红芽铁观音。"这是祥华制茶能手陈双算独特的选种知识。依照他的叙述，最早懂得品铁观音的，不是人类，而是山獐、鹧鸪这些野生动物，人以动物为师，方才拣得最为纯正的铁观音树种。可以说，正是安溪人对待自然界中生活着的物的态度——追寻着它们的脚印，懂得观察和模仿其智慧——才形成他们与纯正铁观音树种的关系。

自然中的生灵不只有动物，还有长在铁观音周围的植物。有关铁观音与周边植物的关系，我们采访陈木根、陈木叶兄弟时，他们谈到存在两个误区：一是"有的茶园像种青菜一样密密麻麻的，把草除得干干净净"；二是"满山绿油油的都是茶树"，把菜地、稻田全改辟为茶园。之所以这是误区，是因为它们都忽略和割裂了茶树与周边植物的关系，而隐藏在这种邻里关系中的正如在羊肚子里发生的转化，是各自然物之间非人力和人智所能穷尽的微妙作用。例如草，首先它是地力的标志，他们认为如果这座山草木不旺盛，那么茶也不能长起来，人得学会通过草来看这片土地，进而才考虑种茶，反之，"茶园种不出草，就干巴巴的"；其次，草是自然的肥料，草长出来，再翻下去；再次，草保护铁观音树不被虫子吃掉，"木本的和草本的，虫一般先吃草本的。草除了，虫再上树"。

这些对山川、土壤、动物、植物与铁观音树种关系的看法虽然最终都不能予以科学和客观的解构，但在这份对于铁观音人文状况的调查报告中，我们毋宁保留这点玄妙与特殊。正因有这些玄而未知之处，安溪人承认人之于物，尚有未尽的余地，反之因为这种余地，人知道了自身的限度以及由此产生对物的敬畏。另一方面，这几种围绕铁观音与自然环境、自然之物关系的解释，呈现出安溪本土的知识观，恰如王铭铭教授所说："人文不是随着自身的积累而离自然越来越远。人文本身就是自然之道的呈现，从发生学看，与天地并生"，"他们的知识与其说是科学式的创造和发现，毋宁说是原道，是对自然和社会之道的回归"。[4]33

铁观音与制作之人

铁观音树种本是天赐而非人育，而它的后天栽培也是对人物相通的自然原道的遵循与回归。铁观音茶叶，用科学的术语说是区别于无发酵的绿茶与全发酵的红茶之间的半发酵物质，用安溪茶人的话说，茶叶死去活来、活来死去的中间产物就是我们喝的东西。从铁观音树叶到铁观音茶叶，绝不是纯粹自然的过渡过程，完成这二者之间转化的是人。

$$\text{铁观音树叶} \xrightarrow[\text{人工：摇青……}]{\text{半发酵 中间物质}} \text{铁观音茶叶}$$

但凡历经过这一转化过程的茶人都会感叹，铁观音的制作太难了。魏月德曾经抓起一把正待摇青的茶叶对我们说："你们知道这每一片叶子里有做茶的人的多少心酸吗？"铁观音制作难，一方面是因为茶种本身特别敏感。"不同地域、不同土壤种出来的，往往味道差别极大。即使同一座山，山顶和山下的，向阳和背阴的，香味都大不相同。"[8]"今天的天气好做茶，明天就不一定了。不同时间杀青，品质就不同。不能说今天做出来的是好茶，明天也是好茶。今天摇50圈，明天也这么摇，不能，没有公式可循。铁观音做茶难就难在这里。"这是很多安溪茶人的共识。在上述示意图的左方，即在表示自然的一边（根据上文所述，即使人工栽培也可算是在模仿自然），铁观音自身就因其天时、地利的细微差异而拥有了无限的可能性，可以说，左半边的自然物此时是对后方开放的，无时无刻不在变化。

铁观音制作难另一方面是中间的人工。"做茶是要靠手艺的，不是那么简单。"陈双算，这位做了30年茶叶的制茶能手用了一个很形象的比喻："就跟你们读大学一样，大学生很多，研究生才读出来几个嘛。整个安溪县，每个村每个角落，我传授制茶的技艺，做了300多个村，但是一个村真正能够做出好茶的，三五个。没多少人能做出真正的好茶。"首先，这门手艺需要悟性。陈木叶说，很多人可能做一辈子的茶，也做不出令自己满意的茶。其次，它还需要时间的积累。陈木根、陈木叶、陈双算、魏月德等我们所拜访的这些老茶人，做茶的年数无不都是数十年计，很多都是从自己太爷爷乃至更高的先辈就开始做茶，而茶农的年岁一般都在五六十岁，基本上没有年轻人。再次，这是一个传统的技艺传授和学习过程。之所以是传统的，是因为它讲求口传心授，更像旧时传授手艺的师傅-学徒关系，而不是新式的课堂-书本。就像陈木叶说的:"要向以前传统的老茶农讨教。书本总的来说,讲的是理论,有些教茶的老师,你让他做一泡茶出来,肯定做不出来,就算做出来,也不怎么样。"

所以,同样的茶青,工艺不同,做出的茶不同。同样的炒锅炒出来,不同人做的,还是不一样。可能这边是茶王,那边是低档茶。而且,此处所谓的工艺"不像读书一样有公式可循",它是"经验、日积月累的感受"。但在做茶人看来,这种感受"没法用文字确切表达出来,没法用语言表达"。这种不可言说性一方面或许的确是茶农们"说不明白,但懂得做",另一方面还有技艺的神秘性。"这关系到自己的生存,成熟的技术体系,一下子向全社会公开是不可能的","安溪真正会做茶的,不让人家看,不让人家接触的"。这样便在技术传承领域形成一个金字塔结构:徒弟都做好茶了,师傅们再好上加好一点。每位真正的制茶大师心底那一点不可言说的秘密,是做出来的铁观音茶叶多种多样的原因之一,要成为师傅,就要有自己的风格、自己的特色。可以说,每个做茶师傅工艺的个性,造就了每款铁观音口味的个性,反之,最终成形的每一种铁观音口味,又成为制作师傅独特的标签,茶师与茶,即人与物,在这个意义上彼此互通了。

上述示意图左边作为自然物的茶树叶自身随着周边的环境变化充满了无限的可能性,中间的人工因其工艺的个性也具有无限的可能性,最终出来的凝聚着自然与人工双重属性的铁观音茶叶是这两种无限可能性碰撞交织的结点。

时间,是这两条变幻线索你追我赶、相互拉锯的关键。"前一天多么辛苦也没有用，关键在那么一点点时间——第二天做茶的师傅那一点点时间——的拿捏和把握。"陈双算的这席话可谓道出做茶师傅们的心声，因为几分钟乃至于几秒钟之差，茶青已经瞬息万变，自然与人工的最佳结合点便已错过，出来的茶叶就是普通茶了。

对时间的"拿捏和把握"就是做茶师傅的经验与功夫。这个拿捏和把握的过程，最关键的步骤之一便是摇青，可以形象地形容为做茶师傅与茶之间的"共舞"。正如陈木叶告诉我们的，摇青是做茶的人"让它（茶）死，又不让它死。掌握这个度。它死掉了，就不好喝；它不死，你没用"，所以是把茶叶"由活摇到死，由死摇到活"。"它这个叶子是活的，这个叶子很奇妙。如果你观察，它一会儿变涩，一会儿变油亮。你要不动它，它就干了，死了，你要动一下，它就马上活过来。你抓几叶放在旁边，没多久，它就干掉了。软了，你要动它，就会看到它很青翠，看到它的梗一直红进去。"这个梗"红进去"的过程是做茶师傅拿捏和把握发酵程度的标志："水分是这样从这边慢慢拔上去的，叶片蒸发，然后主茎补充水分，所以这个主茎就从最底下慢慢变红，水分慢慢丧失。第一遍水分走了，拔上去了，最下面开始变红，然后一遍一遍，往上走。"而这个水分往上拔，主茎慢慢变红的掌控过程，是最考验做茶师傅功夫的。"做茶好不好，关键看你这水分走不走。如果太快了，整个水分走掉了，整体蒸发，发酵过程没法形成。真正摇得好的，摇完之后，叶片翠绿油亮，还是活的。"

这个"走水"的过程做茶师傅主要凭眼观，让茶吐出苦水，而炒香则是他靠鼻嗅，以气味的微妙变化拿捏和把握炒青的时间。陈双算说："下锅去炒最需要技术，细节不好把握，要是没闻到某个味道，就是发酵过头了，那么出来的水就是淡淡的，肉眼是看不出来的。不用看，只用闻，闻到菠萝的味道，这个时候拿去炒，是兰花香的味道；闻到像卖了三四天的荔枝的味道，这个时候拿去炒是桂花的味道；还有一种是龙眼的味道，炒出来是花香的味道。闻到某种花香就知道能炒出什么样的茶了，闻到马上下锅去炒。"

无论是凭眼观的走水，还是靠鼻嗅的炒香，抑或是其他种种繁复的工序，此时制茶师傅心外已无他物，他的整个世界里只剩下他与茶，最为孤寂却又最为充实，拥有文人挥毫泼墨时的创作激情，也有信徒直面神灵时的庄严神圣。他眼观、手触、鼻嗅，不敢有丝毫懈怠，因为稍不留神，自己就已经追不上对手变化的脚步。他恨不得自己变成那片变幻莫测的叶子以体察它此时的状态，把从原料开始就凝结在其中的丰富"内质物"最完美地释放出来。而茶这时具有了人一样的器官和生理行为，茶叶在吐苦水，舒张毛孔，或者说在做茶师傅眼里活脱脱成为一种人的存在。

恰是与茶共舞，做茶师傅与茶之间的物我互通，才使得自然与工艺这两条多变的线条有可能在此基础上在各自最顶峰的时刻相会，合成出一粒完美的铁观音茶叶。上述示意图中蕴含的最大特征便是千变万化，而这种瞬息万变恰恰为做茶师傅个人技艺的施展，为最终形成的铁观音茶叶韵味的选择，留下了发挥的空间；变化无止境，铁观音的口味就无穷尽，而制茶师傅的创造力也无止尽。尽管陈双算已经做了30年茶，他说他每年每季还要去研究，才能制出不同花香的茶来。铁观音茶叶的生命力，与为其倾注毕生心血的茶人的生命力，在此意义上是共生的。这便是从铁观音树叶到铁观音茶叶转变过程中人与茶的共舞、共通与共生。

在陈木根先生为代表的很多安溪茶人看来，无限多样性正是安溪铁观音最根本的个性。但是，这种个性似乎正面临着丧失的危险。这种威胁一方面来自空调。正如他所说，"传统做茶是和自然环境相通的，空调轻发酵的做法已经与外界的天气变化没有关系了，没有关系就会让铁观音的自然属性降低级别"，即空调把作为自然之物的铁观音树叶本身蕴藏的向周边环境和人工工艺开放的无限可能性割裂了。另一方面是压茶机。"用压茶机直接一压，就完成所有工序了，内质物都外泄了，茶叶里面的青汁流出来，这是人喝的东西啊！"压茶机完全取代做茶师傅与茶共舞那你追我赶、紧张拉锯、人茶互通的过程，人工的丰富性被压茶机简化。自然与人工这形塑和蕴藏于铁观音茶叶中的两重多样性，均被机械无情抹杀，那么制造出的茶叶无疑便是已失去了铁观音个性的铁观音茶叶了。

机械是把双刃剑。最早为安溪引入空调做青工艺的陈木根先生现在却是最反对它的人。他说："1995年，我从台湾借鉴过来时，空调做青工艺的出发点是什么呢？是夏暑茶不能做好茶，夏暑时太热、太湿，空调能保证温度、湿度。是自然环境不能做好茶时，才代替的。"机械只是自然与人工配合过程中的补充，而好茶还是得在自然的温度和湿度环境中做出来。但另一方面，机械并非完全要排斥。例如，陈木根提到一个例子："对于揉捻机，张天福先生历经40多次论证会，历经3年时间，才证明这个机械真正实现了机器代替工艺，后来又发展成用电力代替，转速可以调节。"机械替代人工的前提是必须达到与人工完全相同的效果，其中有两层含义：其一，有的机械需要人工操作，人使用机械的经验与人制茶的经验一样，靠日积月累的拿捏与把握，使用机械并使其在整个生产流程中发挥最佳的作用，本身也成为师傅的一门技艺；其二，完全无须人工操作的机械，倘若它发挥的是和人工一样的效用，对加工对象本身没有任何破坏，这时的机械实则只是人工的另一种形式。

所以，问题的根源不在机械本身，而是在人。正如陈木根所说，人的惰性，把人的智慧从做茶中去掉了。从上文所述可知，成就一粒完美的铁观音茶叶，除了其自身需要吸收天地日月的精华外，更凝聚了很多做茶人的心酸：烈日下采茶、半夜里摇青、炒青、费时的揉捻，等等，这些尚且是做茶时耗费的体力，更重要的是耐得住时日考验的对茶的投入，苦心孤诣地琢磨积累技艺，也要有与茶共舞、共通、共生的悟性和激情。机械不过是人们用来替代人力的工具罢了。因此，陈木根觉得这种做法对不起铁观音，贪天功为己有，只索取不付出，"不用心，怕累，把传统搞丢了"。

从上文对安溪人与物关系的分析中可知，这本不是安溪人对待物的态度。按照陈木根的话说，应该顺应自然之道，把铁观音的无限多样性做到最好，再物竞天择，喝茶的人各取所需便是了。此外，他说："还要向茶学习，它长在自然中，不会因为风吹雨打霜雪压而变节，不因为你采摘而气馁，不因为你高温煅烧而失色，不因为你冲泡而退缩，反而给人以无限甘甜。我们作为一个人，不要太急功近利，要以茶为师，向它学习。做到这一点，铁观音一定越来越好。不是铁观音不好，是人不好。"从安溪的茶人与茶、人与物的关系中，我们再次看到一种对他者的虔敬以及恪守天道的人工。

铁观音与信仰之神

这种对于他者的态度与安溪人的宗教精神一脉相承。无论是他们对铁观音与其他物的关系认识中怀有的那种留有未知余地的敬畏，还是茶师在做铁观音的过程中对天工与人工抱有的神圣感，都说明这种植物承载着安溪人的宗教情结。

铁观音魏说的发源圣地有三道景观：长在岩壁上的铁观音母树，侧卧于旁的茶农魏荫像，一座土地神庙。物、人、神这三者的关系经由当地人无意识地却又如此实在地摆在我们眼前。据魏月德说，这座土地神庙与他的老祖宗魏荫发现铁观音有关：魏荫得到观音托梦后，来到此地发现铁观音茶树，"他就跪拜土地爷，感谢土地爷保佑"。这座小庙在文革时曾遭破坏，魏月德重修了它。貌似这位茶人人生中最热衷的两件事就是制茶和造神。他做茶的厂房盖得颇像一座庙，而他盖的庙里供着他自己造出来的茶神们："里面摆观音，接下来是茶神陆羽、神农、朱元璋、苏龙、魏荫，以后还会不断增加。"在他看来，魏家这个家族，包括他自己这辈子做茶，都是顺应神明冥冥之中的安排，而他拜神、造神正是把这种顺应和安排显化，或者说，人无法琢磨尽的神灵的力量、点化等，正是做茶的人应该用心发现、思考和遵循的道，因为这是产出好茶的非人力所能及的原因。茶，是联系他和神，构建起神和他之间赠予和回馈关系的中介。

在安溪知识分子谢文哲那里，我们听到关于茶、人、神三者关系的另一种说法。与农民出身的魏月德努力造神相比，谢文哲先生认为，制作铁观音，除了技艺之外，"应该还有经验和悟性，这种经验和悟性，来自对土地和天地运行的把握"。在兼有乡绅与士人气质的谢文哲看来，做茶工艺中的神圣力量更应是一种"土地和天地运行"的法则。

魏月德这样农民出身的做茶人，对茶与神关系的理解，更近于闽南的民间信仰传统——对各种各样神灵的创造和敬拜——茶成为连接神与茶人自身的桥梁；谢文哲这样的地方精英，却把这种神圣性解释为一种贯穿天地万物的道，做茶即循道。或许这两种理解也预示着对所做出的茶的品饮会有不同的风格。

铁观音的品饮

"茶是饮料，但是更有另外一种属性，是一种生活方式。饮料的弹性非常大，它的替代品很多，你可以喝其他的茶叶，或者你不喜欢喝茶，就喝一杯白开水。铁观音成为一种生活方式的时候，你才可能离不开茶。有的人早上要先泡一杯茶，否则就感觉欠缺些什么；出去，单纯喝开水肯定不行，一定要带茶。放一撮茶叶到杯子里，这是安溪铁观音创造的生活方式。"安溪县政协主席廖皆明的这席话，道出了喝铁观音对于现在安溪人的日常生活而言意味着什么。茶俨然已成为很多安溪人生活中一日不可或缺、几十年深度依恋的瘾。

对铁观音的品饮，本报告同样从人文关系的视角，从饮茶的器具、喝茶的人、敬茶的神灵三个层次展开。

茶配套

"茶配套"是我们在安溪才第一次听到的词，安溪人用它概括与茶相关的所有器具，包括茶杯、茶盘、茶桌椅、茶摆设，乃至整间茶室。看似简单的一壶几杯、一桌几椅，实则演绎出安溪的社会万象、人生百态。

我们调查期间拜访过许多安溪的茶人，直接感触是在安溪的办公场所里，但凡有沙发的地方必定准备着泡饮铁观音的茶具，每位访谈者的办公桌里必定有一格贮藏着琳琅满目的铁观音茶叶。而在普通人家里，正如谢文哲先生描述的："老百姓家庭再困顿，经济条件再差，他也一定会准备一套干净、精致的茶盘，备好茶。"安溪人把这撮茶叶放入杯子里，便使自己的生活从白开水到具有了"内涵"。这种内涵是一种社会生活："安溪人真好客，入门就泡茶。家家户户即使再怎样简陋寒碜，也会准备一两套茶具，有客人来时，二话不说，烧水泡茶，一杯茶喝下，才开始谈事情。杯不能空，话说完了，茶才凉下来。"民众使用的茶具虽然普通，但不能说没有品位，诚如谢文哲先生所说："品位在中国经常和精英文化联系起来，但是在最偏僻遥远的地方有个老农，他端出一个粗陋的茶盘，很认真地泡茶，这也是有品位。"

茶配套不仅是日常生活之物，也是茶艺师们精心营造的艺术品。唐瑜燕是安溪很有名气的茶艺师，与她聊天我最大的感受是她喜欢到处捡东西，她茶室里的绝大多数摆件都是她自己慢慢收集来的：当茶盘的砖头是她在野外捡回来的，各种造型奇特的石头是从龙门的工厂里、乡村的溪流边淘来的。这些茶配套，虽然全部都源自最现实的生活环境，但经她的审美之眼拣选，摆放到茶室时，便具有了普通生活环境中所不具备的艺术气息。无论一棵小草，还是一朵小花，每一个配套都承载着她发现它时的那份愉悦心情，而当她看到和使用它时，或许又会因为这些物而重温当时的心境。因此，可以说正是这些茶配套，使她营造出一个脱离被洗衣、做饭等所埋没的俗世生活的非日常世界。

茶配套还是安溪地方精英们用以明道之物。我们在谢文哲先生的茶室里喝过许多次茶，每喝一种茶他就会换一套与之相配的茶具，白瓷的、紫砂的、玻璃的，等等，真好比祭司每做一场法事就得换上与此场仪式相配的器物。通过访谈我们也了解到，这套颇费功夫的泡饮方式有个由简到繁、由粗到精的演变过程，也是安溪借鉴融合其他茶区茶道的成果，即使是在安溪本地也有不同阶层的差异。例如，以前并没有用茶夹把茶递给客人的方式，我们在城中茶店喝茶时泡茶人会用茶夹递茶，但在乡下自己取杯喝茶即可；以前的茶具是里面画着龙凤的搪瓷茶盘、带耳朵的茶杯，后来替换成茶瓯，因为它更适于仪式化，便于观茶叶、闻茶香。令我们印象深刻的安溪茶配套还有陈木根先生的天平，每泡一次他都要在天平上先称量一番，确保每泡茶都是标准的7克。他之所以对于茶、水、时间都精确到克、毫升和秒，或许是因为在他看来，这一泡既集合了天地日月之精华，又凝聚了茶师的技艺心血，这两种无限多样性需绝佳配合才产出的茶，也需要最为精准的泡饮方式，把它如此丰富的内涵完全地释放出来，这样喝茶的人才对得起这泡茶。

品味茶与人

铁观音是柴米油盐酱醋茶中的茶，也是琴棋书画诗酒茶里的茶。正如廖皆明先生所言，它创造出一种社会生活方式。安溪人杯中的白开水里因为加入这泡茶叶，而具有了别的韵味。唐瑜燕这些茶艺师从琴棋书画诗酒茶中发掘出茶的超越性，又从柴米油盐酱醋茶中找到茶的实在性。对于安溪的文化精英而言，他们则在努力配合茶的道。这三种品饮方式的共性都是把品茶当成一种仪式。

等级与礼仪

茶是组织起这一场场仪式的纽带。县政协的吴宝炼先生给我们讲过一个生动的事例，"有一天晚上办公楼停电了，没办法烧水泡茶，于是大家就都散了回家了"。或许这些仪式的参与者原本并没意识到是茶把他们聚拢在一起，而当它缺失的时候，才发现茶在其社会交往中的无形力量是如此强大。

这场仪式可以框定社会关系。"我在心里很清楚应该从谁开始倒茶，每次倒多少，已经内化于心了。"谢文哲先生说的这点我们深有体会。我们的每一次访谈都是从喝茶开始，多有几次体验，便已经入乡随俗，身处安溪人喝茶的等级与礼仪体系之中。访谈人一边忙着为我们泡茶，一边听我们的向导倪伏笙老师依次介绍我们，介绍完毕，第一泡茶也备好了。而令人惊讶的是，访谈人倒茶的顺序总能与倪老师介绍的顺序相符，偶尔一两次顺序乱了，倪老师会在一旁显得非常不安，甚至本能地立即从座位上起来，用手势指引泡茶的人应该从哪位开始添茶。

倒茶的次序是依照泡茶的人与在其面前喝茶的每一个人在相互结成的社会关系网中的位置而定，而这种次序反之又会确立和巩固他们在其中的位置，这便是等级。无论泡茶者还是喝茶者，都彼此承认和遵循这套社会关系所赋予他们自身和其他人的行为准则，并以此表达他们在社会结构体系中的角色身份，这便是礼仪。等级和礼仪具有无形的力量，框定身处其中的每个人的心理和行为，因为这套规范中倘若出现了差池，诸如倪老师这样介于主客之间的中间人会出面充当一种监督者的角色，甚至当事人自身都会感到不舒服。仪式上的错误会在另一方参与者这里立即得到纠正，最终让它顺着这套规矩运行。即使在这场以喝茶为中心的仪式里，参与者们弄不清楚各自在社会关系网中的位置，他们也会适时地创造出一种次序来，因为有了等级，才能行使相应的礼仪。看似矛盾的是，安溪人恰是在这套等级与礼仪体系的管束中，茶才喝得安心、自在，没有这种约束的乱喝茶，反倒使人不安和拘束。

正是因为在这场泡茶与喝茶的仪式里，茶与安溪人的等级和礼仪观念相辅相成，所以，他们会把茶作为一种治社会之乱的药。成天在茶山上观看山形地势与茶之关系的魏月德，还在思考着茶与社会："古代的文化、工艺、人际关系、感情消失了，男女不分，高低不分，左右混乱。今天结婚，明天离婚，师傅变徒弟，徒弟变师傅。做茶的人该做茶，卖茶的人该卖茶，读书的人该读书。现在什么都乱了。"他认为这是茶跟社会的矛盾，正是茶与这种混乱的社会有矛盾，才可以借助它来改变："喝茶改变，才能缓和社会矛盾，吵架啊、打架啊，只有茶能解决。"安溪人恰是从手里的这杯茶中，看到了这杯茶之外的世界现在存在的问题，并认为茶可以作为一种解决之道，因为它的仪式感，以及在这种仪式感中形塑的等级和礼仪观。

但自古县志中就形容为"朴野"的安溪人，喝茶绝非仅止于如此社会性的层面，他们更期待的境界正如魏月德修的那座庙的牌匾：茶和天下。一方面，安溪人讲究等级以及由此形成的礼仪，这样社会才有秩序不致乱掉；另一方面，他们并没有因此而丧失对于超越性的追求，因为超越性原本正是他们从茶的品饮中领悟和感触到的重要内涵。魏月德认为"茶和天下"才是最终的道，最高的境界不是斗茶而是论茶。"斗茶是你赢我输，品茶论道是这个茶是哪里来的,哪天采的,用多少时间,摇几下,高人论茶不是斗茶。"在论茶时,道是容的,"你吃咸的,要理解人家吃甜的。什么都是道,只要你把它拢进来就都是好的,融入了"。所以,他才认为茶道是超越其他道的天下之道:"只要有茶喝,常来往,三教九流都可以搞定。"

生活与仪式,这是安溪茶叶的两种面向。正如平淡的白开水里加了一把茶叶,安溪人从日常的生活中品尝到非常的仪式感,一种异于甚至高于寻常生活的滋味。这仪式中有茶和社会,也有茶和天下。社会中的那套等级与礼仪需要"茶和天下"中的超越性来调和,否则极易流于形式和极端,尤其在拜金、官僚等主义猛烈向我们手中这杯茶渗透的当下。"茶和天下"中的道又应基于这套社会秩序,否则便是毫无章法的混沌。把握好这两者间的度,才真正应和铁观音的中庸之道和安溪人的朴野之性。

传统与现代

"小时候家里虽然没种茶,但对茶的印象还蛮深刻的,因为我妈妈是做裁缝的,有店面,每当客人来就要泡茶给人家喝,以前是很粗糙的茶叶,就抓一把带梗的茶叶。我从小就有一种待客礼仪,有时候他们忙我就来泡。"这是唐瑜燕的一段回忆,在她勾勒的这幅生活气息极浓的画面里,我们似乎窥见到很多所访谈到的安溪人口中念叨的传统:传统的茶、传统的饮茶方式。

由此看来,安溪人饮用的铁观音茶叶本身历经了传统到现代的变迁。传统的茶叶没有现在的茶叶这么精细,甚至还带着梗,也没有包装得很精致，都是用纸包成一大包。"最早是泡毛茶，粗加工出来还没精制的，原来茶农哪懂得精制啊！真正安溪铁观音的加工是在20世纪80年代，以前计划经济，只有名字，没有出名，只懂乌龙茶不懂铁观音。"与唐瑜燕作为茶叶消费者的身份不同，从13岁就开始帮人做茶到现在成为铁观音制作技艺国家级非物质文化传人，魏月德可以说是铁观音从传统到现代转型过程中的参与者，反之也是无数双像他这样的茶人的手亲手造就了这一转型。20世纪80年代末90年代初，一批像他这样的茶人最先从计划经济的笼子中脱颖而出，肩挑背驮，去汕头、厦门，乃至于南洋闯荡。安溪的茶业在努力试图接续上被新中国成立后一系列运动和革命所中断的清末民初的盛况。虽然其时的铁观音还带着计划经济时代的梗，但初步在安溪的众多茶类中崭露头角。

"我到武夷山茶博会推广传统铁观音，爱茶的人看到传统铁观音，就会过来看。我摆了两张桌子，参展的三天里，整个桌子都是满的。他们说，你一定要回归传统。懂茶的人喝到我的茶，他会说，哦，好久没有喝到这种传统的茶了。"魏月德记忆中的计划经济结束约20年后，安溪德峰茶业的王荣辉再次亲历了传统与现代的碰撞，不过这次是前市场经济时代与后市场经济时代铁观音的不同品味：原本的浓香型与为迎合绿茶市场消费者而创制的清香型，融会了人的智慧、艺术的手工制茶与省时省人力的机械造出的茶。力图使安溪铁观音正本清源，回归传统正味的陈木根先生，初次见到我们时，依次泡了10余泡茶，从很像唐瑜燕、魏月德回忆中计划经济时代带梗的青涩的粗制毛茶，到用割茶机、压茶机和空调机做出的机械茶，再到带有茶师个人手艺高低不同的人工茶，最后压轴的是一泡百年茶树的陈年老茶，几乎是从现代倒喝回传统，把安溪茶叶的历史给喝了一遍。

从上述喝茶人的不同记忆和感触中，可以发现安溪人对于什么才是传统铁观音的度是在随时代、工艺、口味的变化而不断调整的。20世纪90年代初的魏月德当时认为自己正在做区别于计划经济时代的现代铁观音，到21世纪初，他那一代人手下的铁观音已成为传统的标志，而在陈木根先生泡给我们的那一序列的茶中，过去和现在是如此矛盾交织，压轴的好茶是新近采用的最传统工艺炮制的最古老的茶叶。传统的铁观音，一方面是安溪人现在和未来在不断研发的口感，一方面是他们通过这种新发明不断想追溯和回归的原乡滋味。

"我会在父母住的房子里放一些茶，有时晚上突然想念一个茶的味道和气息，就开车回去。打开门，母亲就问我怎么这么迟才回来。是借助茶的渠道来看父母亲，但是我不说，茶有这样一种功用。"在谢文哲先生眼里，好茶是有记忆的茶。如果说上文分析的传统与现代之别，主要是由制茶技艺的变迁带来的对品茶的影响，那么从谢文哲的话中可见，一泡好茶的品评不仅牵涉技艺，更承载着记忆。

"父亲将当季新炒制的铁观音炭焙好，装了一小袋茶叶，放进他已收拾停当的行囊，而后又抓了一小把置于瓯杯。'想家的时候，就冲杯家乡的茶！''有点涩！'少不更事的他只啜了一小口。尽管家里常年制茶，但制出来的茶却悉数成了别人的饮品。作为茶农的儿子,他对茶并没有太多的记忆,感情总是淡淡的。'有点涩?几年后,你再来喝,就不涩了。'父亲果真将当年的茶收藏起来,没有拿去卖。整整20年,他已然成熟,步入收获的中年。而它也已厚积成茶中的精品。当年的青涩,已被岁月熏陶成了沉稳的厚实;当年的香气,已被时光凝固成记忆的内核。"[9]这是谢文哲先生为一款茶编的一本书中记述的故事。在这个意义上,对茶的品饮是对过去的一种回味。

所以,技艺与记忆成为品味一泡好茶的双重内涵。但为何又会出现本节开头提到的现象:现在很多安溪喝茶人在苦苦寻觅传统技艺的茶、传统品味的茶呢?原因之一或许在于安溪人从他者身上看到自身的问题:"我们参观欧洲的葡萄酒酒庄时发现,有些庄园的历史有几百年甚至上千年,庄园中的建筑、一草一木,甚至一颗石头,都没有人会动它,因为西方人引以为豪的就是他们的文化。他们骨子里有崇尚文化的情结,对土地、文化的情感,还有宗教信仰,使他们对大地、对文化有敬畏之心。"反观安溪自身:"没办法,我们的制度已经这样,信仰也是,安溪的茶企成长速度应该是很快的,但没有根基,也没有一个家族属于百年的家族,所谓第几代都是解放后的事情。百年以前的老字号留下什么?经过土地改革、'文革'动乱,该有的东西都没有了。这批茶企的成长速度是快,但和传统文化之间没有连接的根基,除了是安溪的原因外,其实这是大中国的缩影。"谢文哲的一席话道出了铁观音之所以会出现所谓传统与现代这种二分的焦虑的原因,是历史、文化、信仰的断裂,新的茶企、茶人以至于茶本身缺乏与过去的连接。所以，他们会觉得自己手中的那杯茶没有味道，因为味道的源泉——无论是技艺还是记忆，都在被现实冲淡。

这是安溪茶叶的二分焦虑，正如谢文哲先生所说，这也是中国的缩影，我们恰是从安溪茶叶品味的变迁中窥探到更宏观的问题。但稍可缓解这种焦虑之心的是，在安溪，我们庆幸遇到陈木根、王荣辉、魏月德等恪守技艺、努力弥合这二分裂缝的茶人，也遇到谢文哲、唐瑜燕等对承载着亲情、人伦、淳朴社会关系的那杯茶发自内心的眷恋。这是安溪茶叶的传统，但更愿这也是安溪茶叶的未来。

茶敬天地神人

在安溪最传统、最生活化、最具仪式感的观念世界里，最好的茶并不是由人品饮。"很小的时候我就知道茶可以作为供奉神明的东西，当时就是把家里最好的茶拿出来供奉，最好的东西要在这时候用上。""如果我把别人送的好茶拿回去，母亲就会藏起来，留到敬奉神灵的时候才拿出来。"唐瑜燕和谢文哲的这种经历应该是很多安溪人的集体记忆。

安溪人从生到死都离不开茶。据说，旧时安溪人视床如神，小孩出生、满月、周岁、受惊夜哭的时候都要敬床母；当小孩长到16虚岁，要在出生的床前举行成年仪式；每年除夕，妇人家也要敬床母。[8]126 此外，因为以茶为礼的习俗，在婚姻中，男方下聘礼称为"下茶"，女方受聘则称为"受茶"，聘金称为"茶银"。

婚前办盘①要送上当地产的最好的茶；办婚宴时，新娘要逐席向宾客敬茶，宾客要回礼，比如说几句由喝茶带出的吉利话；婚宴后新娘再一一向男方的亲人敬茶，并由此改口，亲人受茶后送出饰物压盅；婚后一个月，新娘回娘家并从娘家带一株茶树回婆家，表示落地生根，开枝散叶。[8]121 祭扫祖宗坟墓，要把泡好的三杯清茶，恭敬地放在祖先坟茔前。供奉祖先的茶与平日以茶待客一样，一定是用水冲泡好的茶，有时在供完之后，人们自己喝掉，因为祖先喝过的茶已沾上了他们庇佑的恩泽，喝下去如同把这种保佑纳入己身之中。而供奉给神灵的茶原本无须冲泡，按照谢文哲先生的解释，或许是在同人的关系上，祖先比神鬼更近一些，人们更容易把祖先当成在时空上分隔开的亲人。所饮之茶的区别构成神与祖先的差异，人与非人的渐变序列通过饮茶方式的不同来标识。

安溪人一年到头也离不开茶。正月初一，凌晨早起，人们开始烧开水，泡新茶，准备与茶配套的糖果，以清茶、美酒、香火先敬天公（即玉皇大帝），次敬土地神，再敬灶君，最后敬祖先。[8]126 正月初九是天公生日，这一天也要以清茶、美酒、三牲拜天公。安溪人祝寿时，也要请本地法师按照祭拜者的生辰八字选一个吉利的日子拜天公。在安溪这片宗教氛围极浓的土地上，一年的时间节律很大程度上还与各种神灵的诞辰有关。城隍爷生日的时候，我们见到很多人提着肉、香烛、纸钱，还有袋装

---

① 古代安溪婚俗的婚前礼仪。男女婚期既定，男家于婚期前若干日，要备齐聘金、礼盘到女家。——编者注

的神茶来城隍庙敬拜；每年清水祖师下山巡境，也要清茶供奉。现在清水岩的住持仍沿袭历代住持留传下来的传统，每天早起三杯清茶供奉祖师，若要出门，住持也会在出门前后祭拜祖师。

虽然我们在安溪没有找到一个具体且作为全行业统一性的茶神，但发现很多神灵与茶有关，或者反之，说明茶已渗透到安溪民间信仰中的很多方面。魏月德可以说是安溪传统、土俗和充满仪式感的茶农、茶商，他自觉自己这辈子做茶就像他的老祖宗魏荫发现铁观音一样，是神灵们冥冥之中的安排和庇佑，而在其人生的每一个重要时刻，他都要烧一炷香，拜天，这个"天"或许是许多神灵汇集在他心里的一种总体形象。有一次，他带我们去铁观音魏说发源地参观完毕，当时天色已晚，但他硬是又开车又爬山地走了很久，正当我们一头雾水不知他要带我们去何处时，他神秘兮兮地把我们引到一座五府大人庙，仿佛是对我们敞开了自己内心的一个秘密圣地。这样的行程安排，说明在魏月德心里，只看铁观音发源地不去五府大人庙是不完整的，就如同他在前台做茶，后台拜庙，缺一不可。每一次泡茶的时候，他都是先敬后品，先泡三杯敬奉神灵，三杯倒掉，第二遍泡的茶才敬客人，他说这是他们的家传。他不同意说第一遍泡茶后倒掉是在洗茶、洗杯的解释，"这是'文革'后的说法，'文革'前是没有洗茶一说的，以前茶多贵重，哪有洗茶，这是敬神的茶，是感恩的心"。不知现在还有多少安溪人怀着和魏月德同样的心理在泡那第一遍茶，倘若是这样的话，喝茶从水接触茶叶的那一瞬间开始便具有极高的神圣性。他第一次当上茶王，坐上茶王轿之前，先摇了摇轿子,他说"先请五府大人上轿,再请我的老祖宗魏荫上轿,第三我上去,每一次摇三下"。在现实世界里,魏月德只不过做了一个摇轿、上轿的平常动作,但在他的观念世界里,此时他是与神灵、祖先同在的。

茶敬天地神人,这是安溪人内化于心的信仰。即使因为生存环境的改变不再有喝茶的习惯,由于信仰根深蒂固的力量,茶与神的关系依然存在。安溪人心底所保有的茶与神的关系,可谓是铁观音的另一种神韵。

安溪茶叶人文关系的历史考察

在对铁观音的工艺与品味的调查中,我们最深的感触之一便是访谈者们关于断裂的表述——向前猛冲式的发展使它无暇回望自己的过去,即所谓的传统,似乎也在不断扔掉后者加诸它身上的沉重包袱,即以更减省的(省时、省力、省事等)发明创新来试图减轻过去的负担,以便更轻快地进步。这种忘却和不断抛弃历史的心态,既已造成安溪茶业与过去的鸿沟,那么现在所处的当下难免成为下一个过去。这也是很多安溪茶人的焦虑:与过去、当下都失去连接的未来到底该怎么走下去?

在这项关于铁观音人文状况的调查中,我们也在尽力探寻弥合这种断裂感的方式。事实上,安溪茶业里的任何一个细节无不包含着历史。所有自然而然的习惯都是由当地的文化意义系统所赋予,做茶、泡茶、品茶,等等,每一种看似个人自由随意的选择,其实都能追溯出来龙去脉,而这些来龙去脉本质上是社会性的,社会性是在历史中形成的。一位历史学家说,一切历史都是当代史,反之也可以说,一切的当下都承载着历史。哪怕一个简单的摇青动作、一个泡茶的姿势,都是在历史中不断形塑和沉淀的安溪地方文化的体现,它的自然而然反而说明其渗透的深刻。

回归历史,跳过这道鸿沟,去看看彼岸的安溪茶世界,正如陈木根、谢文哲所谓的回归原道,也如同追溯铁观音的传统正味,似乎是弥合这种断裂感的一种途径。

詹敦仁:三山与三祠

安溪千百年历史的源头,似乎从一位人物肇始——开先县令詹敦仁(914—979年),他的人生仿佛一颗种子,奠定和孕育了外安溪千年茶道的雏形。

詹敦仁的人生坐标是三座山:生于植德山,隐于清源山,归于佛耳山。詹氏祖基在北,而兴于闽南。唐末乱世,其祖父詹缵与同乡王审知一道跟随王绪南下攻入闽,詹缵看不惯王绪嫉贤妒能,便托词归隐于仙游县植德山下(时属泉州,后属莆田)。王审知封闽王后,多次征召均不出仕。其子世隆(即詹敦仁的父亲)随父隐居仙游。詹敦仁便生于其祖、父归隐的植德山,自幼拜莆田学者徐寅为师,学习儒家经典,被誉为"闽中三绝"之一。王氏闽国政权的当权者王昶想请詹敦仁出山。詹敦仁劝其入贡,归附后晋,王昶想与后晋平起平坐。詹敦仁为求自保,便从仙游逃到泉州——那里有衣冠南渡时流落至此的詹氏一脉——隐于清源山。留从效任泉州节度使后，派跟随王审知入闽的苏氏后裔苏光诲去请詹敦仁下山。詹敦仁为避官场祸端，请求到偏远的南安小溪场当场监，见此地山川人物之美，便请求设县。955年，小溪场和一块增割的南安属地被设为安溪县。不久，詹敦仁举荐王审知之孙王直道出任县令，举家到"有田可耕而食，有山水可居而安"的佛耳山隐居。但佛耳山并非孤峰，它是安溪2934座山峰中的一座，而詹敦仁与其他山头的隐士、僧人的交游勾勒出内安溪群峰之中丰富的人文世界。

詹敦仁生系三山，死后留下三祠——多卿灵惠庙、侯洋詹氏宗祠以及城中开先祠——这三祠是他出世和隐世的三地，所在之地都是安溪自古产茶的地方。多卿北靠佛耳山，是安溪茶叶的主产地之一，五代时期茶叶生产就有一定规模。它也是詹敦仁辞官后第一个隐居地，詹敦仁在此建立清隐堂。有意思的是，詹氏后人的口述与官方县志对其选址的叙述，风格截然相反。

在詹氏族人的描述里，詹敦仁深谙堪舆之术，从凤城到佛耳，不似他的归隐出世之路，更似他在苦心寻觅一块使子孙后代兴旺发达的风水宝地，因为他一路都在察看山形地势中蕴藏的玄机。起先他在湖头看到一双抱山，叹道，"可惜，双抱山会造成男女混杂，伤风败俗"，而湖头平原四周高山龙脉聚而来拱，但正是这里龙脉过多，每到夏天过旺的龙气不易散便会导致瘟疫，所以他继续西进。来到三洋，四周山峰次第相连，本以为是个能出"十八条龙袍"的地方，可惜来到水尾一看，发现溪水落潆过早使地力变轻,有可能是出"十八条袈裟",又忽见远山四合,峰巅散碎,状如袈裟,心中顿生不悦:山势似袈裟,儿孙穷如僧。当他准备到佛耳山佛天岩一块叫"七星坠地"的宝地建房时,晚上佛天岩"九座祖师"托梦给他:此地是佛家之地,不是你詹氏定居之地,并告诉他"鹧鸪啼,鹿运池,风吹茉篱竹扫地"即是他梦寐以求的宝地。后来"鹿运池"处建起祖宇"花心穴","鹧鸪啼"处是二世祖宇,"风吹茉篱竹扫地"处营筑灵惠庙。灵惠庙内设有祖师公神位,春秋两季祭以牲礼。就连佛耳山本身在詹敦仁眼里也是一个"向天蜡烛",风水龙穴,后来,他的儿媳葬在此处。千百年来,詹氏在海内海外开枝散叶,每年农历八月初一到十五,人们都负上白沙一袋,填于茔上,作为"添油",而且有求必应。[10]

如果说詹氏族人的口述正如现今安溪任一小庙中一杯朴野的茶,那么詹敦仁自己写的《清隐堂记》及关于佛耳山的诗作却像一杯桃花源中的清茶。《清隐堂记》中区分了这个"清"字的两种境界。一是耳目之外的清:"烟收雨霁,云卷天高,山耸髻以轩腾,风梳木而微动。殆若晓妆睹镜,夜籁沉声,寒泉聒耳,戛玉鸣琴。非宫非羽,五音不调而自协;不丝不桐,五弦不抚而自鸣。"[11]二是胸襟之内的清:"饥餐饱适,遇酒狂歌,或咏月以嘲风,或眠云而漱石。是非、名利、荣辱、得丧,皆不足为身心之害。"[11]他认为后者才是"真清"。在其诗作中,詹敦仁痴迷于山,甚至到了"甘向西山饿""爱山成癖自忘归"的地步,但不是因其蕴含的风水和能带给族人的运势,而是它与人"非主亦非宾"的关系，他曾"举杯邀佛耳"，也因"不见佛耳面，愧汗不开颜"。此外，还因为与他志趣相投的僧人都在这深山白云之中，清隐堂与佛耳山相背，詹敦仁因此迁居侯洋，但他在佛耳山留下的两处故址终究还是没能脱离与佛道的关系。一是清隐堂改为清禅院。他的旧居让好友行钦和尚居住，名为"介庵"，后来留从效施旧宅建封崇院，以养僧徒，拓展介庵为清禅院，劝化里林氏等乡绅，以家田资给僧徒衣钵之用，院祠有"清禅旧隐古名儒"的诗句。不过，后来清禅院又演变成灵惠庙。二是詹敦仁在佛耳山最高处筑的望云亭。有苦行者来此，直面九峰，改为"九仙岩"。宋代又有两位僧人来此修行，功德圆满后，腾空而去，又更名为"罗汉岩"。

清禅院、灵惠庙是因詹敦仁而起的佛道与民间信仰，詹氏宗祠凝聚的是闽南传统的宗族观念，城中的开先祠则表现出官方和士人对他的崇奉。早在詹敦仁隐居佛耳山时，县中吏民就为他在县衙内大厅之东立了一座生祠。他死后，吏民"道路号泣，立像作佛事者七日"。第二年，为了方便士民祭祀，把它迁到县衙东界外。官方举行祭典，"朔望县袛谒，春秋奠享如社神"，而且免除其家丁役。民众更是崇奉如神，即使没有牺牲香烛纸钱，去求签也很灵验，而这恰好体现出詹县令的"清廉"。安溪置县后的首位进士张读（1066—1145年）在《清隐祠堂记》中写道，北宋末年，开先祠被迁于城隍庙，而且享祀之礼都被废掉，家丁役也不再免除，这事不仅使士人们很愤怒，而且旧祠故地新建的衙门县令也不敢去住，最终只好把祠迁回，恢复享祀之礼。[10]50-51 1267年，在乡绅林济川等人的努力下，朝廷敕封詹敦仁为"靖惠侯"，赐庙额"灵惠"，但县中的开先祠并未改成灵惠祠，反而是佛耳山立了灵惠庙。明嘉靖年间，詹氏子孙詹源从云南宦归，在县令的帮助下，重修了开先祠；万历年间，詹氏子孙詹仰庇退休还乡，再次重修了被倭寇侵袭所毁的开先祠。清代的开先祠尽管没有了官方祀典，却是县里唯一保存的单独的名宦乡贤祠，其余基本被废。直至民国，安溪县警察局局长企图把它改为警察局，詹氏族人告到江西南昌国民党行营，行营让查办此事，并在县署前东边立祠堂一座，举行春秋二祭。

这位开先县令的个人史，也是安溪由茶叶发散出的民间信仰史、隐士僧侣史、官方士大夫史。上文所描述的我们今日在安溪所见的民间日常之茶、文人士大夫之茶与宗教超越性之茶，努力寻找和试图使它们回归的传统，其实早已蕴藏在这位开先县令的人生轨迹与其社会交往的方式之中了。

从茶亭到觉亭

詹敦仁为安溪建城，但安溪除了外安溪的城池，还有内安溪朴野的山川。安溪有众多名山名岩，这些山、岩之所以闻名是因为其上来了仙人、禅师、隐士、名僧、道人，还因为这些禅师、隐士、名僧、道人留下的茶诗。山岩、茶诗与异人相辅相成，山岩生产万物，当然也包括茶，并引来异人，异人因茶而生发诗兴，其异能与茶诗又赋予山岩以灵性。

在这众多山岩中，清水岩与安溪茶叶的历史渊源最为复杂。

岩上有一座茶亭,古时只是一座小茶棚。宋代,清水祖师祈雨、治病等灵验已扩大到南安、永春等周边的县,乃至成为漳泉两郡的守护神,到清水岩的善男信女日渐增多,小茶棚改建为茶亭。茶亭在明、清、民国和新中国成立后历经几次修缮,每次修缮的缘起都脱离不开安溪自身的风土人情,当然也离不了茶。明万历年间,廖同春以举人任安溪知县,因官场纠纷错综复杂,又遇着些舞文奸猾的人,他弃官而归以求洁身自好。但是,廖同春在任期间做过一件意味深长的事,他捐出自己的俸禄,修葺清水岩的茶亭,又改名为"觉亭",在亭前开辟"觉路",直通岩殿,并写下《觉亭》诗一首以咏志:"一落笼樊岁屡更,几将五斗负平生。行看觉路通仙路,静听泉声杂梵声。丹壁留名云吐润,琳宫对涧鸟传笙。同游尽是烟霞侣,千仞岗头好结盟。"[12]著有《名山藏》《闽书》的万历进士何乔远登清水岩并为此写下《觉亭记》,其内容有三:首先,记述清水祖师神通灵异,降服山中诸鬼;其次,感叹亭之胜景,"岩径幽邃逶迤,有亭翼然,其前阴翳郁郁,凡陵麓之变幻,溪涧之浮沉,俱在几席下,是名茶亭,然则岩中之神与其胜观,清溪一大奇也";最后,是升华何以为"觉",信奉佛道的何乔远认为,但凡天下之物,都应以彼入我,而非以我入彼,以我入彼会使神瘁感昏,而以彼入我则神澄而用变,还惺转念,一觉即是。[12]451由此可见,这座小小茶亭是极具包容性的,能容下求仙拜神者在此小憩饮茶,能使世外高人在"山亭偶憩烹云雾",更能使人超越山水,"笑指松原佛手栽,烹将新茗韵清罍",而达到彼我一体或物我两忘的佛者境界。难怪在廖同春、何乔远这些官员士大夫眼里，茶亭是使迷愚者觉的醒世之地，在"道所不及化，法所不及惩"的漏洞处发挥着教化的功能。清光绪年间，江西人廖廷珍任安溪知县，据说他重儒林，好吟咏。他再次重修觉亭，并写下《重修觉亭记》，"亭以茶名，岩中胜景"，并亲自重题"觉亭"二字以表明不忘廖同春重修茶亭并改为觉亭的事。1926年，乡绅刘馀、张典真等出洋募捐重修，并开垦岩山茶畲为岩业。1981年，华侨刘发炎捐资重建。此时兴建觉亭的主要财力资助从本地的官员士人转变为出洋的华侨，他们肯出资重建这么一座亭子，折射出安溪人的出洋史，也折射出清水祖师信仰随着他们的足迹在海外尤其是东南亚的传播史。

这座以茶为名，以觉为道的小亭，关联着安溪的佛道、士人与邑民，串联起安溪海内与海外的世界，也着实沟通着俗世与仙界：亭之下方是芸芸众生相，过了此亭，便走上觉路，进入拜神悟道的神圣场所，而这两个世界的分隔，不过是小茶亭中一杯茶。茶亭是觉与未觉的分隔点，也是民间信仰、士人情怀与佛道境界的融合地，静止的茶亭与亭中之茶似乎有种以静代动、以不变去应万变的力量。茶也是流动的，岩上的茶与岩下的茶在每年清水祖师下山巡境与众人上山朝圣的仪式循环中，进行着功能与意义的转换。通过茶的这种转换，山上山下圣俗两个世界的等级被不断再确定，但恰恰也是因为茶的转换，使两个世界建立起了联系。

清水祖师得到南宋皇帝的四次敕封，每年正月下山绕境三日。古时应由县官亲自主持绕境仪式，按照县衙仪仗排驾，但为使仪式不与县衙事务冲突，后由县令授命拈得"大旗"股的推出一名长者代行职责，立官衔"清水巡境司"，绕境迎春就照此例执行至今。所谓的"股"是指今蓬莱镇平原及金谷镇的汤内、涂桥按照姓氏居住地的人口和自然条件分为顶、中、下三个庵堂，各个庵堂再分出三个保社，每个保社再分成三个佛头股，每年清水祖师的绕境活动从每个庵堂中各选一股轮值。"大旗股"则是抓阄拈得"大旗"的佛头股。清水祖师巡境从此项准备活动开始，而茶的踪影也出现了，它在整个过程中主要现身于五个场合：挖大旗、请火、下山、入轿和巡境。整个巡境过程是拈到大旗的佛头股推出旗头、旗手二人，在正月初二到指定地点挖"大旗竹"，挖掘前需按俗例准备"茶古鸡酒饭"。茶古就是茶壶，敬奉守护大旗的福德正神，祭祀完毕后才能挖竹。清水祖师落座绕境前，仪仗队要去觉亭外的三忠庙请三忠火，把三忠火请到岩殿后，再在佛前请祖师公火。这时，岩僧奉上清茶三杯，跪在佛前念诵："恭维太岁某某年，正月初几日早，恭迎清水大师，敬献清茶三杯，伏乞恩主一半下山绕境，一半守护山岩"，然后把火一半拨入火鼎，一半留在岩灶中。绕境仪式开始，清水祖师像先由便轿抬至山下鹤前村的"头干庭"，要举行敬献茶花的仪式。茶花共108朵，由新纸扎成，其中白色茶花72朵，摘得者会生男孩，红色茶花36朵，摘得者会生女孩。这些花都扎在一株茶树枝头上，献花时被信男善女们争抢摘光，只剩下茶树进入巡境阵容中。接下来是在恭请祖师进入大辇轿的时候，要在案桌上排好清茶、米酒、青菜等，由岩僧敬奉祖师。最后是在巡境的仪仗中，要有人抬着献花后的茶树枝。除了每年的迎春巡境，除夕以及请神分炉时，也必须有茶。每年除夕，岩僧要备办清茶、米酒、五果、青菜为清水祖师过年。正月初一子时，岩僧备办清茶五杯、糖品五色、礼炮若干，为清水祖师及众神贺新年。各地首次建清水祖师庙时，要回清水岩祖庙请神，准备好辇轿、香炉和敬物，敬物包括茶、酒、鲜花、水果和青菜。而在清水祖师的佛诞祭典上，法师上香后，献寿面、寿桃表示佛寿无疆，献花表示大地回春、风调雨顺，献茶表示玉叶生香、国泰民安，献果表示硕果累累、万事如意，献金帛表示财源滚滚、金玉满堂。

茶亭之上的佛家之茶本是最清净和超脱俗世之物，但最终化成与佛家最为对立的生育力。无论生男生女，天然的茶花仿佛成为一粒粒生命的种子，山下芸芸众生的生命是从山上通过茶树撒下的。在这个意义上，山上茶是山下命的缘起。而俗世之茶本是最平常和凡俗之物，但最终升华为与佛家最亲近之物，成为滋养祖师及众神神像（此处的神像也可视作是他们"身体"的象征物）的养料，它与酒、饭菜、香烛等一道是供养祖师及其众神灵，使其延续其神性的不可或缺的物质资源。因而某种程度上，山下茶也是山上神的源泉。从宋代当地士人刘公锐捐出山林田产在岩上建立清水祖师庙，至明清、民国以来安溪地方乡绅对茶亭的修缮、题咏，以及民众上山对清水祖师的朝拜，这条线索上接以詹敦仁为代表的三种人文传统，也一直在安溪的地方文化中延续。

乌龙：农夫、士族与神灵

外安溪的城中邑民，内安溪的山川僧道，以及在这二者之间的士人，他们共同开创了安溪茶业的三股传统。铁观音所属的乌龙茶的创制依然没有脱离这一传统的格局。乌龙茶的创制相传与一位名叫苏龙的人有关，但关于苏龙的身份以及乌龙茶的发现却有不同传说。对于乌龙的身份有三种说法，其一，在魏月德所撰的《铁观音秘籍》中说，他是明成化年间崇信里贺厝乡松林头即今天的松岩村人，原名苏良。元末北方战乱，加上泉州在宋元时已是商贸大港，所以北方人纷纷流入闽地，有位苏姓员外携管家和仆人辗转迁来安溪贺厝安居。时过境迁，苏员外一家渐渐坐吃山空，于是引导子孙开垦荒山坡地，种田种茶，从书香门第转为男耕女织，但比起纯粹的农民，至少是"耕读之家"。苏良正是贺厝苏家的子孙，除了种田种茶外，还善于打猎。[13]其二，王文礼等人编的《安溪茶叶大观》中讲道，明末清初，安溪西坪尧阳南岩山麓，住着一位隐退的打猎将军，单名唤"龙"，他常年上山打猎、采茶，皮肤黝黑，乡亲们叫他"乌龙"。[6]18-19其三，还是在这本书里，乌龙原本是东海龙王的第六子，因不满父王向水族兄弟征收逍遥捐，犯忤逆大罪，被化身为鳗，贬到安溪蓝田朝天山的深潭受罪。[6]146-147

乌龙茶采制工艺的发现主要有两种传说。一个故事是，一天苏龙（或乌龙）上山采茶打猎，采完茶叶的他猛然看见一头山獐从不远的地方跑过，他腰系茶篓，手持猎枪追赶山獐，最终打中山獐，回到家中宰杀。忙碌之中竟忘了采回来的茶还未炒制，直到第二天才想起来，却发现其茶青叶边变红，叶质柔软润滑，有一股奇异的香味。后来他终于明白是茶青在茶篓中经过抖动，叶缘撞来撞去才会形成红边，有了红边，所制作的茶叶才能形成天然花香味。而另一个故事则带有神话的色彩，传说很久以前，在蓝田朝天山顶，住着一对靠打猎和种茶为生的徐姓父女。一天，女儿娇娇在山涧洗衣时发现一尾鳗鱼朝她摇头摆尾，便把它带回家去。回到家中，娇娇发现父亲留下的血迹，鳗鱼告诉她，她父亲被强盗抓走了。第二天，乌龙变身为一位英俊的青年，拉着娇娇腾云上山营救她的父亲。可惜强盗已将他杀害，乌龙大怒，挥剑杀尽强盗。乌龙同情娇娇无依无靠，从怀中掏出一颗宝贝，说这是他前年跟随父王遨游月宫时观音娘娘送的，它叫茗茶子，是月桂的孪生妹妹，只要落地就可长芽，它的叶能治人间百病。乌龙又将制茶方法传授给娇娇。

至于乌龙茶如何传播，接下来也各自有不同的故事。在魏月德的书中，乌龙茶的传播是靠一位和尚。在贺厝乡土岩庙，即今天的松岩村中部，有一位和尚医术高明，常常为乡民治病，经常到苏良家品茶。苏良把新制作的茶叶送给和尚品尝。一次，一位村民得了怪病，和尚用乌龙老茶冲茶给病人食用，病人因食此茶而康复，从此和尚声名远扬，松林头的乌龙茶也因此名传天下。又说后来有尼姑戏弄和尚，和尚被冤枉，被逼出走同安，后迁往崇安（今武夷山）并传授乌龙茶制作技术。而人们为了纪念苏良，在贺厝高岐立庙供奉他，尊称为"游邀将军"，至今松林头法师做佛事请佛时都必然念到"游邀将军"的名字。[13]8而在王文礼的书中，则是在南岩为乌龙兴建了一座庙，称为"打猎将军庙"。在乌龙太子的神话里，乌龙茶同样与救世济民有关。朝天山下瘟疫盛行，乌龙和娇娇摘下茶叶送给乡民，遏制了疫病。娇娇和乌龙准备在八月十五成亲，可是还没等到月圆之夜，乌龙被龙王带走了，娇娇把那棵茶树称为"乌龙茶"，与之相依为伴，病了喝仙茶消灾，年老岁终时，把茶树和制茶技艺传授给了人们，乌龙茶由此流传。[6]148

神话传说虽然在讲古，但实则都是在喻今。苏良或是乌龙或是苏龙，要么正巧住在后来铁观音魏说的发源地松岩村，要么是在王说的发现地南岩，或者干脆脱离这两者的纠缠，到朝天山顶去了。他被安排的身份也很耐人寻味，无论魏说的主人公魏荫，还是讲述这个故事的魏说传人魏月德，原本都是地道的乡间茶农，但恰恰要把苏良说成是员外后裔、书香门第的子孙。而王说后人王文礼，本是真正的书香门第出身，在他记录的故事里，却把乌龙描述得十分亲民，仿佛就是一个成天和当地茶农一道上山打猎采茶的农夫。龙王太子传说中苏龙超脱了前两者，变成了神仙。

乌龙茶的传播似乎也沿着俗世与非俗世这两条路线。在龙王太子传说中，乌龙茶的传播凭借的是婚姻，此处是神仙与凡人的联姻。而安溪的另一名茶黄旦茶的传播也有类似的故事。安溪当地风俗"带青"，即新娘婚后一个月回到娘家，返回夫家时娘家要有一件"带青"的礼物让她带回栽种，以祝愿她像青苗一样落地生根，也有繁衍子孙的意思。安溪茶叶的一条传播路径是姻亲关系，姻亲关系建立在社会之中。而另一条传播路径则是像那位迁到武夷山的和尚一样，是通过身处尘世之外的寺庙僧侣们的流动。在实际的意义上，茶通过山上寺僧施舍给山下百姓，从而治疗他们肌体之病；在隐喻的意义上，山上寺僧本身就是山下现实世界的"药"，为众人"洗心"。而现实与隐喻的双重意义正是以茶为媒介和象征的。这两条茶的传播路径，如果以茶园为分隔带，前一条发生在茶园以下的平原，后一条则处在茶园上方的高山。所以，茶的地理位置也是茶的中介位置的最直接表达。

这是安溪历史中蕴藏的三种与茶相关的传统，或者说当地人观念世界中暗含的三种面向。

詹敦仁一生系于三山，他的出山与归山，构建起外安溪的芸芸众生柴米油盐酱醋茶的市井世界，以及内安溪的文人、隐士、僧侣们琴棋书画诗酒茶的超越性世界。内与外的横向划分同样也是山上与山下的纵向等级：山下，是柴米油盐果腹后方能饮一杯提升俗世生活滋味的茶；山上，是在琴棋书画尽兴后才会来一杯止住口腹之欲的茶。茶，在地理空间上，是山上与山下、内安溪与外安溪的分隔地带；在象征意义上，是世俗世界与脱俗世界的交界。詹敦仁死后留下三祠，祠中的他既像闽南土俗信仰中懂得很多"迷信"、苦苦为子孙后代寻找龙穴的风水先生，又是追求"真清"、不惹尘埃的清隐先生。专注柴米油盐酱醋茶的民间信仰与只求琴棋书画诗酒茶的超然境界融合在这位朝廷敕封的士大夫身上，在这个意义上，他与上述茶的中介意象相通，所以说，詹敦仁奠定了安溪茶的基调。

清水岩半山上的那座茶亭（即觉亭）之上，是清水祖师等已觉者坐镇之地；茶亭之下，是未觉者的生活。之上的神圣世界是其下世界的周期性雨水和生男生女生命力的源泉，而下面的世界则为其上的神灵们提供节庆和日常的滋养之物。完成这种交换的是茶，是清水祖师巡境仪式上撒向山下的108朵茶花，是善男信女们供奉上的一杯杯清茶。而真正组织起这种交换的是人，是檀越主刘公锐，是使茶亭千百年来屹立不倒的廖同春、何乔远、廖廷珍这些乡绅，而他们身上何尝没有詹敦仁的影子？因此，茶再次与这群人等同，安溪茶的境界也在他们身上延续。

乌龙，在王士让这位士大夫的后人王文礼的书里，他是农夫兼猎人；在魏荫后代魏月德的口中，他是世家大族后裔或退隐将军，或者干脆跳出这二者，变成龙王之子。乌龙茶的传播，要么是通过山下婚姻中"带青"的土俗，要么是通过山上僧侣们的云游。此处，詹敦仁为后代看风水、求兴旺的风水先生面孔与佛耳山中清隐先生的面孔似乎回光一现。

这三种传统勾勒出安溪茶叶的人文世界，也代表了它的三种茶韵。成于同一方风土中的铁观音，当像佛耳山中茶、清水岩上茶、乌龙创制的茶。在这个意义上，现在争执不下的铁观音王说与魏说谁更真实，观音与乾隆谁大并不重要，我们何曾理清过詹敦仁究竟是风水大师还是陶渊明，刘公锐、何乔远到底是乡绅还是佛道中人，更不用说乌龙是神仙、农夫还是名门之后。他们本身就跨越于这三者之间，这恰是安溪的茶与茶人真正实现物我一体之处，也是安溪围绕茶建立起的物、人、神三者共存的观念世界的丰富之处。

结语

以上报告从铁观音的种植与制作技艺入手，勾勒出从自然植物到文化造物的转变过程中，它与自然界的周边之物、与做茶的人、与安溪深厚而丰富的宗教信仰三者间的关系。接着，在报告中，我们借助调查所获资料叙述了当铁观音加工成文化造物以后的品饮，通过所选择的器物，在品饮过程中人们建构起的对过去与现在、生活与仪式、等级与超越性等的认识。我们也对"茶敬天地神祖先"中展现的神圣性，对喝铁观音的人文状况作一番阐释。无论是制作技艺还是品饮方式，都是安溪当地社会历史条件的产物。最后，我们在报告中回归到安溪千百年来与茶相辅相成的几种人文传统，分析其奠基性的作用，我们认为正是这些人文传统对于人、物、神之间关系的神话式论述奠定了其后安溪茶业的发展基调，并且形塑了今日的安溪铁观音茶业。

在调查研究过程中，我们对铁观音的种植与加工形成了一定程度的直接经验，对与铁观音相关的历史与神话式叙述也形成了一定程度的间接经验。这些经验带给我们诸多启发，使我们认识到，至少就其传统而论，铁观音不单是一种农作物，更是一种具有高度人文价值的文化之物。对这一物的生产和消费的考察，使我们领略到了安溪这个茶叶原乡人-物、人-人、人-神关系的总体面貌，我们为其蕴藏的深厚人文内涵而感动，并由之而生发了对于近代以来中国文化处境的反思。

在关于安溪茶业发展的访谈中，我们发现现今的铁观音茶业存在诸多问题：传统制作工艺遭遇机械的介入、农药化肥等现代农业技术对铁观音品质的影响等。总之，以手工来遵循和释放茶性的这一传统正在被各种现代事物所取代，这正是安溪茶业面临的转折点之一。"三机压死安溪。""三机"即割茶机、压茶机、拣茶机这一系列现代发明，既然它们是机械，当然就没有上述人工对于茶、人、神三者关系及合配的观念与实践，其结果就是陈木根先生说的："香韵失去，品牌掏空。背离了传统的十几道工序，就不可能将植物的本性挖掘出来，只能展示其滋味和香气的片面性。"这其中有人的惰性，也有其奴性。一是为迎合国内市场。为了让喝惯绿茶的人喝铁观音，便创造出水白花香等背离铁观音传统正味的茶，不惜削足适履。二是为出口国外市场。"我（陈木根先生）告诉他们，他们只是作为日本的原材料提供者和殖民地而已，如果日本门槛提高，就完蛋了。"市场的多样性与铁观音一样，都是无限的，有人说，以前不喝铁观音，因为太贵，现在也不喝铁观音，因为太便宜。只有把铁观音自身的无限多样性真正地展现出来，才经得起市场变化的考验。

铁观音虽是一种日常饮品，表面上看是经济之物，实质上含有深刻的文化内涵，与古代中国传统中处理天人、人人、人神关系的智慧相通。一泡铁观音当是"阴阳造化"。"阴阳"可以理解为自然天成，一株铁观音是在与周边的山形地势、动物、植物的整体关系中生长出来的；也可以理解为人把茶由自然之物变为文化造物的技艺，男女的分工、茶叶的变化都用阴阳、生死来形容；还可以是信仰，冥冥之中造就这棵神树、决定茶人命运的神秘力量。三者的合配才能完全释放出作为文化之物的铁观音的内涵。上述铁观音茶业存在的诸种问题恰是割裂了它与这三者之间的人文关系。

铁观音所代表的文化精神与19世纪以来中国文化的命运是息息相通的。当时包括茶业在内的中国的各行各业遭受了西方现代化的沉重打击，使得在后来的百余年里，奋起直追般学习西方，从"赛先生"到"德先生"，从"中学为体，西学为用"，到20世纪保留中国文化之根的努力被视为落后甚至反动，铁观音和其他的工农产品一样，其物性、人性和灵性以及三者间的关系被机械的物质主义、科学主义所取代。传统被斥为落后，以机械为表征的现代化似乎要进化出一个全新的中国，而经过百余年的进化，今天安溪的制茶机械甚至比西方都先进，中国似乎比很多西方国家都更为努力地奔向现代化。追求绝对主义的现代化过程，也是包括制茶技艺、饮茶文化在内的传统不断被边缘化的过程。

"对人来说，吃向来不是纯生物学的活动。被吃的食物有它们的历史，其历史与那些吃它们的人的历史有关；而那些被用来发现、加工、备料、上桌及食用的技艺，也有自己的历史，并且也有文化上的差异。食品从来都不只是简单被吃的，食品的消费总是受到意义体系的规定。"[4]146 在这个意义上，对铁观音的品饮是一个历史的、文化的、社会的过程。

安溪历史上的三种人文传统，似乎为后世对铁观音的品饮定下了历史基调。在关于铁观音如何被发现的魏说中，魏荫家世代是农民，但他与铁观音的渊源却又充满宗教色彩，他拜为观音的义子，又得观音托梦才发现这棵旷世奇茗。这个梦伴随着铁观音的历史延续了三百年。魏家的第九代后人、仍旧是个地道茶农的魏月德，也曾神秘又很自豪地告诉我们，在他的茶园里，他为铁观音所立的那尊铁的观音像，也是因观音菩萨托梦给他，机缘巧合下购买所得。如果说在魏月德这类茶人身上我们看到的是闽南佛道正统宗教与民间土俗混杂信仰的融合与延续，那么，王说中的发现者王士让却是一位像詹敦仁、李光地那样的士人。魏荫在山上种茶，而他是在山上读书；魏荫的茶是借助观音菩萨的神力，而王士让的茶是得乾隆皇帝赐名的。在我们还未进这两家的茶店喝茶之前，我们的向导、年轻漂亮的安溪姑娘许雅芬就对我们说，魏月德的茶店，无论装修风格还是他本人的形象，一看到真的就让人想到茶农魏荫的土俗形象；王士让的传人王文礼和他经营的八马茶店，却让人感觉很洋气、一副文化精英的派头。魏月德说他的茶最贵的18万元，最便宜的60元（慈善茶），他就是要让任何人都喝得到铁观音。王文礼的八马茶店则是做"政商礼节茶"。魏家茶店的经营模式更像家族式的，魏月德是它的族长也是师傅，成员和他之间是亲戚、师傅与徒弟的传统师承关系，而王家是现代化的集团管理方式，产品、店面的设计、宣传、营销等都分门别类地有专业的团队。安溪历史上的人文传统依然在影响着它今日的各种饮茶风格。

这座城市也在努力营造铁观音的文化。蓝溪河畔的石头护栏上，每一块栏板都刻有一首与茶有关的诗词，据说有好几万首。当地围绕铁观音也组织过多次主题征歌、征文的活动。这里也有茶叶博览馆、专业的茶艺表演队、茶学院。但文化其实有更广泛和更深刻的内涵，它可以是物质的、实在的，诸如人们生活中的衣、食、住、行，也可以是抽象层面的，比如宗教、艺术、法律，甚至情感。它是一种具有历史深度与社会广度、代代相传的意义体系，这个体系通过上述两个层面将传承的观念表现于各种形式之中。通过文化的意义体系，人与人得以相互沟通，绵延传续，并发展出对人生的知识和对生命的态度。文化的内容即是意义编织成的网，并不是这张网覆盖着社会生活的方方面面——它并不外在于社会，而是它编织了社会生活——它就是我们的社会生活。人们现实中的一切经历，无论思维或是行为，实则都是游走在这张网络上，它是看待世界、思考世界和察觉世界的方式。安溪历史上有丰富的文化资源，即各种不同的人文传统，它们孕育出民间日常之茶、文人士大夫之茶与宗教超越性之茶。相比空有形式而无实质内涵的各种文化包装，山里一个普通老农用粗陋的茶盘很认真地泡一杯先敬神再敬客的茶，似乎才是真正支撑安溪茶文化的意义体系。

"不是茶不好，是这个社会坏掉了"，这是我们在安溪时常听到的茶与社会关系的表述。魏月德这个山沟沟里土生土长的茶农后代，现在正在搞一场造神运动——修一座供奉观世音、陆羽、魏荫的神庙——因为用他的话说："这个社会坏掉了，需要用茶来救它。"他也曾经意味深长地反问:"观音和乾隆,谁大?"言下之意不言而喻,与普度众生的观世音菩萨相比,乾隆皇帝无论管辖范围还是神人等级上,毕竟都差了一些。在这个每一次人生转折点上都伴随着电闪雷鸣等异象的茶农身上,似乎有种闽南最土俗与最超脱信仰的两极混合,这种混合使他通过造神和造茶来救世。然而,现在安溪城中无论大小茶店,论证自家茶叶身价的方式总是通过墙上悬挂的茶主人在为某官员泡茶的照片,官员的级别越高,茶的等级也跟着上涨,这一张张合影与300年前乾隆与殿前的南岩士子王士让围绕铁观音发生的故事结构多么类似。但不应忽略,王士让除了御前奉茶,还修过《仪礼》,注过《六经》,他仍是以仪礼济世,即他并没有脱离魏月德道出的"茶和天下"的境界。观音与乾隆的分歧,似乎少了安溪历史上不同人文传统之间相互包容与渗透的关系,而以王说为代表的具有士人传统的这一脉茶,反而在远离自身的历史文化内涵。

因此,人文状况有好有坏。坏的状况指的是三对关系没处理好——人与自然的关系、人与人的关系、人与神的关系——有时会出现偏差,人过度侵略自然,人的上下关系失去平衡,人缺乏信仰。这些可能也会表现在铁观音的生产和消费上,使铁观音这种伟大的植物失去它的伟大性。在工艺中,物的人性与灵性正被销蚀。铁观音与周边物之间的自然关系,人通过经年累月苦心琢磨出的技艺实现跟它的共舞、共通、共生,乃至于宁肯留有自身认识的余地而对其怀有的神圣敬畏之心,日益遭受包藏人的惰性、急功近利的机械、农药等的威胁。在品味中,物的内涵正被形式消解。茶叶、茶具、包装、茶室越发昂贵、精致，但这泡茶的内涵能否超越很多安溪人记忆中，小时候亲人随便抓一把散茶，用粗陋的茶具，认真地先敬神再为客人泡一杯茶的滋味？

在调查研究过程中，我们采访了不少安溪本地的文化精英，发现他们对于中国茶文化的这一历史遭际是有深刻反思的。他们对于茶叶的生态性的崇尚，固然不能脱离对于乡土产业的命运的关切，但这一关切背后，还潜藏着某种具有更深远意义的思考。这些思考使他们积极活动，推动安溪铁观音事业走出浮躁期，进入一个基于自然与人文生态并重的时代。在安溪，复兴以至保卫传统最初是一个民间的过程，近期逐渐得到上层和中间层的关注。例如铁观音传统的复兴运动，正在成为一个现象，这具有深刻的历史意义，表面看似是经济、技术的问题，实质是文化的。我们认为，安溪这种与铁观音有关的文化精英的行动，隐含着一种新的发展观，对于国家的人文关系定位整体，将有重要启发。

参考文献

[1] 马林诺斯基. 西太平洋的航海者［M］. 梁永佳，李绍明，译. 北京：华夏出版社，2002.
　　费孝通. 从马林诺斯基学习文化论的体会［M］//费孝通. 师承·补课·治学. 北京：生活·读书·新知三联书店，2001：129.

[2] 王铭铭. 莫斯民族学的"社会论"［J］. 西北民族研究，2013（3）.

[3] 渠敬东. 社会理论中的马克思传统与中国当代社会学研究［M］//王铭铭. 中国人类学评论第7辑. 北京：世界图书出版公司，2008：218.

[4] 王铭铭. 心与物游［M］. 桂林：广西师范大学出版社，2006：85.

[5] 安溪县地方志编纂委员会. 安溪县志 [M]. 北京：新华出版社，1994：99.

[6] 凌文斌，李启厚，王文礼. 安溪茶叶大观 [M]. 香港：华文国际出版社，2002.

[7] 陈建中，陈丽华，庄莉. 铁观音——安溪乌龙茶传统制作工艺 [M]. 杭州：浙江人民出版社，2012.

[8] 海帆，谢文哲，罗炎秀. 安溪铁观音——一棵伟大植物的传奇 [M]. 北京：世界图书出版公司，2010：99.

[9] 佚名. 密码1989：一段铁观音的传奇 [M]. 北京：世界图书出版公司，[1989]：18.

[10] 安溪开先县令詹敦仁纪念馆筹建理事会. 詹敦仁学术研讨资料：詹敦仁与民俗文化 [M]. 泉州：[出版者不详]，2003：6-8.

[11] 安溪开先县令詹敦仁纪念馆筹建理事会. 重建开先县令詹敦仁纪念馆暨詹敦仁学术研讨资料汇编 [M]. 泉州：[出版者不详]，2009：30.

[12] 清水岩志编纂委员会. 清水岩志 [M]. 香港：中国文化出版社，2011：324.

[13] 魏月德. 铁观音秘籍 [M]. 北京：人民出版社，2010：6.

聚宝城南：
闽南文化生态园人文区位学考察[1]

王铭铭　罗兰　孙静

摘要：位于福建省泉州市南部的聚宝城南，是市政府规划的闽南文化生态区的一个试点项目。在实地田野调查的基础上，本文探讨聚宝城南在泉州城市化中的历史隐喻以及文化生态区的前景及其与"美丽社区""美好生活"概念的关系。更重要的是，通过当地的都市化进程及地方生活世界的民族志来揭示当地精英叙述中"文化生态"口号的真意。从中我们可以发现，在聚宝城南，当地人的生活世界是由人与人、人与神、人与物诸人文关系构成的整体。这一生活世界包含的符号和实践系统与文化生态园区设计中的所谓"文化生态"之间存在着鲜明差异，所谓的"文

---

[1] 原载于《民俗研究》2016年第3期。

化生态"，缺乏生活世界的整体性认知。

关键词：地方精英，文化生态园，人类学，人文区位学，城市化

引言

聚宝城南，位于我国东南沿海的历史名城泉州市南部，是福建省泉州市地方规划、文化部批准的闽南文化生态园实验区。该区占地 0.5 平方千米，包括三条南北走向的古街，从西至东依次是万寿路、聚宝街和青龙巷。该区之所以被称为"聚宝城南"，主要因它位于泉州城之南，旧时此地有"城南"名号且有海外交通史研究上闻名遐迩的聚宝街，并有许多文物保护单位，故"聚宝"这个旧名可用于形容该地历史上珍宝汇聚的胜景。

2015 年 9 月 16 日，本文三位作者抵达泉州，在聚宝城南片区进行了为期一个月的实地考察。进入聚宝城南前后，我们翻阅泉州文史界积累的资料及新近完成的报告。在这一个月的实地考察中，我们走访了负责文化生态区项目的官员，访谈了介入与未介入这一项目的地方文人、商人、民间庙宇管理人员，造访了设置于聚宝城南片区之内的基层政权机构（如新桥社区、隘南社区）。在此过程中，我们得到了这些机构和人员的协助，并对其在地方中的角色加以研究。与此同时，我们凭借文献资料与踏勘，对片区内各宫庙、水系、路桥、城门进行了分析研究，也采用入户访谈的方式，局部了解了家户私人与公共生活的状况。本文即基于这些直接和间接经验写成。

本文三位作者对于古城泉州有着十分不同的研究经验。我们中，一位（王铭铭）从20世纪80年代中期起就开始运用历史与民族志方法对泉州进行研究，相关著述涉及古城社会时空的转型史及包括传统再创造现象在内的现实情景；另一位（罗兰）自20世纪70年代起专攻非洲人类学与考古学研究，2006年开始进入中国研究领域，曾数次考察过泉州；一位（孙静）2013年进入硕士论文研究阶段，2015年刚进入博士研究阶段，主要关注过泉州乡村工艺与仪式（以安溪铁观音制作工艺为例）。这项研究，部分延续了本文作者各自有过的问题意识，如王铭铭在泉州城乡地方世界研究中显示出的对于地方与世界、开放与封闭、传统与现代杂糅文明的关注，[1]罗兰在关于文化遗产的人类学研究中显示出的对遗产的产权及其与知识精英之间关系的关注，[2]孙静在闽南乡间生业及其与地方社会之关系的研究中显示出的对于物与人之间关系的关注。[3]

不过，此项研究是在当下文化变迁的特定情景中展开的，有着它的特定针对性。经历了一个世纪与传统的决裂，过去一二十年，中国的主流观念形态正在转向传统复兴这个新方向上。代表这个观念形态新方向的，既有知识精英的思想传统的绵延主义主张[4]及商人与百姓的收藏风气，[5]又有日趋复古的文化、宗教、教育政策主张。在文化复兴观念形态的不同表达方式中，与地方社会关系最为密切的，莫过于文化遗产保护这一带有浓厚运动色彩的实践了。"文化遗产"概念本来源于一种有着浓厚全球主义与国族主义意味的文化态度，但矛盾的是，它是涵括的，既有那些著名的世界奇观（如长城）和历史上朝廷所直接营建的宫殿、公共设施及技术与礼仪体系，又有与全球性和国族性关系不大的项目，尤其是富有地方性色彩的文化遗存。既然许多文化遗产扎根于地方，那么，若是相关机构与人员缺乏对地方文化的认知，便难以表明哪些是文化遗产，更难以实施其保护措施。为了亦步亦趋贴近于地方，遗产计划的推行者只能依赖地方来办事。与此同时，随着文化遗产保护政策的出台，地方社区获得了自我表达的新机遇，它们纷纷通过其与上级的关系纽带——地方精英——的作用，来复兴自己的传统。

"地方精英"（local elites）的概念，从社会学有关乡绅的论述[6]引申而来，在史学上，用来指活跃在地方、对地方施加不同方式的支配的人物与家族，包括历史上的乡绅、长老、商人及近代以来地方教育、资本、军事等一些领域的领导者。[7]今日所谓之地方精英者，则可包括地方党政机关、职能部门负责人和工作人员，科研机构人员，学者，企事业单位领导人员，及正在兴起的半政府、非政府性质的非营利组织领导人员等。地方精英在组成、作用方式、观念形态方面都有异质性，也随着时代变化而产生变异，不过，他们有着某种共通的中间型政治理性，起权力的文化纽带（cultural nexus of power）的作用。[8]生于斯长于斯，他们熟知一方水土，同时介于地方的内外之间，对外界有强大的适应力，善于从外界变化中寻找自身赖以影响地方的资源。

在文化遗产保护运动这个大背景下，在各地，文化变迁出现了一个特殊氛围。地方精英依赖既有的地方文化资源创造出一些地方文化的超地方变体，这些变体时而令地方上的人感到它形同四不像，时而给他们带来一定的地方荣誉感。

文化遗产保护运动带来的，不单单是被发明的传统，[9]因为这种传统既仰赖具有一定历史本真性的既有地方性、物质性、社会性、符号性遗存以获得自身培育所需之养料，又需以本真的传统面目出现，以获得认可。然而，必须看到，这种传统与30多年来得以恢复元气的地方生活世界①之间存在着程度不一的差别。在地方精英依赖的地方民间力量相对强大的地方，这一差别，必然要比地方民间力量相对较弱的地方小些。然而，一条鸿沟普遍存在于地方文化的超地方变体与作为文化的地方生活世界本身之间：即使是在地方民间力量相对较大的地方，由地方精英为经营者而再梳理、再组织、再创造的传统，无论怎么接近于其原来版本，其与地方生活世界之间仍存在着鲜明差异，以至矛盾。地方生活世界仍归属于生活在不同地方的人们，作为绵延流动的历史的创造者，地方人的生活，尤其是它的整体性，虽并不符合那些当地文化的超地方变体对文化的界定，却有着自己的体系及表达这一体系所需的象征符号和实践行动。

在聚宝城南，我们观察到了新的变迁情景中的文化分化现

---

① "生活世界"是一个哲学概念，胡塞尔一脉的哲学家曾用来破除主客界线，其作用如王国维对"有我之境"与"无我之境"的辩证。近期，该概念在人类学中广泛使用，用以指一些以民族志为根基的哲学人类学，尤其是关于"常人存在"的人类学。我们用"生活世界"概念时，也接受其对主客之分的模糊化主张，与此同时我们却不以此来形容"存在"。我们意义上的"生活世界"，既指我们所谓的人文关系，又指这些关系的地方史，包括其中含有的"地方性文化自觉"。同时，我们更为强调"生活世界"的整体价值。

象。泉州的地方政府与地方精英经过一段时间的酝酿，于近期决定在这片依据一定历史与人文地理基础划定出来的片区上建立闽南文化生态园，在保护片区既有旧貌的同时，植入闽南文化诸因素，使之与当地生活相结合，向世人展示闽南文化多彩多姿的面貌。分析闽南文化生态园的建设计划，我们看到，它呈现的文化图景，既与20世纪初以来一轮轮新文化运动所反复推行的"绝弃传统"[10]的历史目的论图景有所不同，又比20世纪70年代末以来地方政府实施过的所有文化政策更为接近地方生活的本来面目。聚宝城南之所以被选择为园区的所在地，既是因为这个片区幸免于过去二三十年的建设性破坏，又因为这个片区内部存留的遗迹和社区生活面貌，像一个缩影那样反映着所谓闽南文化的对外开放性与文化土俗性这对立统一的两面。然而，这项建设计划，毕竟与地方精英的文化想象关系最为密切，它借助于地方性知识展示的，是其所谓的闽南文化，而非聚宝城南文化。我们观察到，泉州地方精英从聚宝城南本地选择出来与他们从外部引入的文化因素搭配以表现闽南文化的那套东西，与我们通过实地考察所理解的当地文化，存在着鲜明差异。与我们看到的地方文化分立而来的那个文化的超地方变体，含有一个值得我们解释的吊诡：它与文化遗产保护方案制订者延续既有文化的宣称，是相矛盾的。

文化分立现象代表的吊诡，有着深刻的历史性与社会性。在本文中，我们对这一历史性与社会性进行解析，将围绕分立现象，陈述我们的实地考察之所得。具体来说，将分以下几个部分来叙述:(1)在泉州城市变迁史的大背景下,说明聚宝城南文化遗产项目出现的背景与缘由;(2)借助历史研究,阐明聚宝城南的历史与隐喻属性及与此相关的闽南文化生态园项目的观念特质;(3)分析文化生态园的设计图景,指出其与近期流行的"美丽社区""美好生活"等意象之间的关系;(4)考察聚宝城南历史地理情景,阐述我们对聚宝城南区域历史变迁实际图景的基本认识,指出园区所在地"城乡接合部"的既有本质,反观地方文史叙述的宋元繁荣中心论与文化生态园规划设计上的问题;(5)借助社会科学的历史与质性研究法,从文化的社会学与人类学界定入手,考察作为生活和社会过程的完整体系的文化及聚宝城南水系与宫庙体系之间的密切关系,说明人、物、神三种力量如何在社区祭祀中心汇合;(6)以宫庙与遗址公园的分化和对立为事例,说明我们对当地生活和观念世界中遗产(尤其是宫庙、寺院与传说)灵验价值的忽略及其原因;(7)总结以上内容,引申出关于当下文化分立情景的看法。

描述和分析聚宝城南文化遗产项目及这个项目实施片区的历史与当代状况,为我们理解地方生活世界的当代处境,做了良好铺垫。对我们来说,地方生活世界可用人文关系形态来认识,"人文关系形态"的概念,是从传统人类学方法中关于"ethnos"或一般称之为"文化"的内涵之论述中延伸出来的,过去用来具体指任何一个被研究地点生活世界的整体性,或者说文化的物质、符号-概念、社会、精神诸层次的相互关联性,[11]是由人与物、人与人、人与神的关系构成的某种总体形态。[12]我们认为,迄今所见的国内文化保护或开发计划，通常依据某些对文化的零碎化和表面化定义来拟定，然而，它们却也必然面临着处理文化所意味的人文关系总体形态的任务。因此，我们也用人文关系这个来自自然社区研究的概念，来探究文化保护或开发计划的实质内容。

此处我们在城区研究中运用的人文关系总体形态研究法，接续了人文区位学（human ecology）研究方法。这一研究方法，思想来源于18世纪末至20世纪初之间诸社会学派。对此，学界有对城市社会学的不同解释，我们接受的定义是，"以围绕我们的或围绕文物制度的环境——地理的或社会的环境——为着眼点"，[13]形成一种环境论，对城市的特定空间领域与地方区位，加以关系性（relatedness）的考察。我们的主张是，人文区位学所谓地理的和社会的环境，都有深刻的历史性，这一点在历史悠久的中国，更是明显。因此，关系论的考察，亦应更加重视前后相续的历史关系，不能拘泥于区位或社区的横切面研究。

形成中的聚宝城南

聚宝城南所在的古泉州城，位于晋江北岸，其北、东、西面为群山丘陵环绕，其西及南，晋江自西向东横贯，在城市东南方入海。城市营建之前，此地的原住民为越人，汉人为4世纪以后从华北迁徙而来的后来者。这些自北而南迁徙的移民，或为南渡的衣冠，或为开疆辟土的军绅，或为世家大族，或为平民，他们经过数个世纪的拓殖,消化了越人及其文化,以流域河谷为中心地带,建立起了社区、市镇与商贸网络。[14]作为城市的泉州,既是这些社区、市镇与商贸网络进一步升级的自然产物,又是帝国控制、管理、教化地方社会的人为造物。在其经历的不同历史阶段中,如同中国其他城市一样,泉州的市(集市、贸易中心)与城(镇、行政控制、管理、教化中心)两种属性[15]的势力此消彼长。10—13世纪,市的方面获得相对的支配性,泉州替代开封,成为中国经济史东南沿海周期的中心、[16]"中世纪时世界第一商埠"[17]和"世界货舱"。[18]14世纪之后,随着帝国治理的强化,市方面的重要性,相当大部分让位给了城。然而,市与城二者作为城市这个铜板的两面,始终同时发挥着作用。

泉州经过多次修葺拓建,[19]城市空间并非一成不变。直到14世纪,此地海外交通持续发达,"市井十洲人"来自世界不同地区,筑有各自的神圣建筑,他们共处一城,相互之间有时和而不同,有时存在竞争和冲突。[20]但古泉州城是按照一定的宇宙观原则设计的,[21]因而,其总体面貌长期保留着某种协调性和整体性。

自20世纪20年代起,情况开始出现根本性变化。由地方政府、华侨、部分接受现代文化的精英共同掀起的"拆城辟路"运动,[22]除了给古城增添了一系列欧化建筑之外,还减损了它的城墙、古代文化象征物(如牌坊)、老式街道等。接着,改造、战争性破坏、工业化等,对于古城风貌的破坏愈加严重。20世纪90年代,不同社会力量似乎形成某种合力,促使古城保护成为政策,但即使是到了这个阶段,诸如对东街、涂门街、北门街、后城、新门街等的"修旧如旧",其所起到的效果,仍旧是"破旧立新"。[23]结果是,到21世纪来临时,能体现泉州旧貌的(具有反讽意味的是,所谓"旧貌",其实包括了民国拆城辟路后建立的欧化建筑),只剩下西街、中山路诸路段和所谓的聚宝城南了。若干年前,西街及围绕旧西街、中山路、聚宝城南等的去留问题,在地方诸社会力量当中,引发争论。此后,保护古城的主张取得主导地位,三个旧街区渐渐成为地方精英与政府致力保护的园地。

1993年,泉州市城乡规划局制订《泉州古城区控制性详细规划》(以下简称《古城控规》),为古城规划了土地使用强度、新建筑布局等。1998年鉴于《古城控规》已实施5年,该局又接受市人大代表、政协委员的提案,拟对相关条例进行调整。规划局委托侨乡开发协会进行调查研究,为此,协会组成古城控规调研课题组,对古城进行实地调查,并于同年12月提出《泉州古城调研管见:关于调整〈泉州古城控规〉的若干建议》,在建议中,将几个幸存街区列为"一线三片"保护范围。2000年,市政府再度召集本地各有关部门对修编方案进行初审,当年9月邀请省内外专家对方案进行技术评审,根据专家提出的意见进一步修改完善,形成了正式成果。据称,《古城控规》的修订版,基于对古城保护认识的新提高编制而成,旨在保护古城文物建筑、历史街区、古城的城市格局和风貌特色,保护有形的实体的内容及无形的内容。它确立了"三个坚持",即坚持古城保护的文化观、坚持可持续发展的战略、坚持"保护为主，抢救第一"。[24]

1998年的《古城控规》调整建议，明确将聚宝城南列在南片区内叙述，其内容如下：

> 南片区重点应体现宋元时代的海交文化，而天后宫和南城楼为这一片区的主体。
>
> 天后宫始建于南宋庆元二年，至元代，泉州港已成为世界最大的贸易港之一，海交贸易进入鼎盛时期，元世祖于至元十五年下诏"制封泉州女神，号护国明著灵惠协正善庆显济天妃"，以后又在泉州举行御祭及加封典礼，遂声名远播海内外。
>
> 天后宫应重建梳妆楼和清理周边环境，并加以绿化美化，南城楼已规划重建，可陈列海交文化。
>
> 青龙巷片区，古民居多年来不断损失，只能有多少保护多少。来远驿与车桥头，是对外贸易鼎盛时的产物，目前只留遗址，没有建筑物，对其历史内容，应建立石碑加以阐明，以体现海交盛况。
>
> 李贽故居，应收回入口两旁店屋加以整修，加强管理，重点保护，不要作为单位办公地点。[24]

1998年相关条例修订版提出后相当长时间，对南片区主要是实施控制性规划，但到了2012年，则出现了聚宝城南保护性复兴的计划。这个计划首先在古城南门之外的城乡接合部得以孕育。2012年12月，在若干地方文史学者、宫庙事业热心人士及相关干部的促进下，临江街道办拟定了《临江街道聚宝古街复兴工程计划书》。次年2月，临江街道成立古街复兴工程领导小组。临江街道办管辖的范围是泉州市老城区南隅，古时亦称"南关"，具体包括伍堡、溪亭、隘南、幸福、新桥、跃进、聚宝7个社区，总人口约2.3万。据该办2013年工作计划，古街复兴工程被列为"重塑临江新姿"的关键环节，具体工程内容包括在古街及周边建立影视基地，组织天后宫、富美宫等有益于海峡两岸关系的祭祀朝拜活动，开展民俗表演以及特色旅游、艺术品、珠宝奇石、文物交易相关的商铺建设。为了实施计划，2013年，古街复兴工程领导小组安排对所划定片区的历史文化进行摸底调查，同年12月，开始对古街路面及排水系统加以改造，到2014年9月，该工程得以竣工。2014年11月，由街道办事处一级提出的复兴计划，得到了更高一级政府机关鲤城区政府的重视。当时，区文体局向区政府提交了《关于建设"泉州闽南文化生态中心博览苑"的请示》（泉鲤政文体新［2014］61号），次月，区政府成立了"泉州闽南文化生态中心博览苑"建设指挥部（泉鲤政文［2014］187号）。与此同时，市文化广电新闻出版局向泉州市政府提交了《关于"泉州闽南文化生态园"建设项目的请示》（泉鲤政文［2014］149号），接着，2015年3月，市文化广电新闻出版局又向福建省文化厅提交了《泉州市文化广电新闻出版局关于"泉州市闽南文化生态园"建设项目的请示》（泉文广新［2015］88号）。经过自下而上层层申报，泉州市闽南文化生态园的建设项目最终获得了自上而下的政府支持。

官方发布的聚宝城南保护规划图，覆盖面相当广，几乎涵盖了泉州老城南部未遭破坏的老街区，它北起天后宫，南至宝海庵，东起护城河，西至晋江，除了三条主要街道万寿路、聚宝街、青龙巷之外，还涉及著名的天后宫及中山南路以及横跨晋江水系的顺济桥与泉州大桥。这个地理范围，大致与1998年相关文件所划出的南片区对应。

泉南兴衰

今日聚宝城南的主要遗留物，还是清、民国、20世纪50年代及80年代之后各个时代的建筑，这些风格不同的建筑，层累着几个时代的文化变迁遗迹。这些变迁遗迹，似乎极少与古代海外贸易直接相关。这一带虽有被认定为与海外贸易相关的来远驿与车桥头，但其余遗址则多缺乏这一历史深度。然而，不可否认，正是在聚宝城南所在地域，发生了一场人们迄今难忘的巨变。在那场巨变中，泉州南门外曾从事农耕、捕捞、小规模交通业的社区，转变为世界大港的交通和商贸要地，写就了东方商业兴盛史的一个辉煌篇章。

泉州之前身，为唐武德五年（622年）在南安故郡设置的丰州，州治在今南安丰州，另外就是嗣圣元年（684年）设置的武荣州，州治亦在今南安丰州。不久，武荣州废，三县仍属泉州。699年，划莆田县西部设清源县（今仙游县）。久视元年（700

年），于今泉州鲤城置武荣州，辖南安、莆田、龙溪、清源四县，衙前辟南大街为市，治地建城。州治从丰州迁来今泉州所在地，建成泉州城后，呈四方形，以如今钟楼为界限，北为衙门所在地，南为商贸地带。城建四门，分别是东门迎春门、西门肃清门，南门崇阳门，北门泉山门，城外有桥有壕。五代以后，泉州经济、文化兴盛，城市向南扩大规模，拓建到今天新门街与涂门街之间，俗称"涂门（山）街头"，有七门。北宋时期，与五代相比没有大变化，南部仍以新门、南门、涂门为界，管理对外贸易的市舶司，位于界外。南宋建炎三年（1129年）十二月，偏安东南的赵氏朝廷先将宗室349人迁于泉州，又将管理赵氏皇族的南外宗正司从浙江绍兴迁到泉州。南外宗正司司署，设在古榕巷内水陆寺中，司内设有睦宗院、惩劝所、自新斋、芙蓉堂，还有天宝池、忠厚坊等。皇族的花费，朝廷只给少量补贴，其余则由泉州地方财政负担。[25]为了扩大南宋朝廷的财政收入，南外宗正司不仅直接介入市舶司的管理，向来往商船征税，而且数度修城，使城市从新门、涂门街这一线向南扩大，一直扩到现在的下十字街，建立了一个新的南门城。这段城墙从西南的新门（临漳门）起，沿江筑城，经过水门、南门，转弯到涂门城，接着与五代城址相连接。元至元十四年（1277年），元将唆都带兵攻泉州，泉守蒲寿庚降元，此后，泉南进一步成为外国人聚居的商贸繁荣、宗教多元之地，废罗城之镇南门，拓就翼城，周三十里。[26]

古代泉州城商贸最为活跃、文化接触最为频繁的地域，一直在城之南。"南"之具体所指，随时代变化而不同。不过，有一点值得注意，那就是，它是由城外农耕区域衍化而成的夷夏杂处的商贸与文化交流的中间地带。唐时，城南滩涂农业已有起色，一些世家大族在此定居，主事农耕，供奉祖先和土地神，也持续经营着向水的世界（包括河流与海洋）讨生活的行业，包括捕捞、运输与贸易等。北宋时期，泉州地区的交通贸易已非常发达，以至于朝廷在元祐二年（1087年）设福建市舶司于泉州，管理泉州诸港的海外贸易及有关事务，该司持续存在，直到明成化八年（1472年）才迁往福州。[27]

"泉南"或"城南"之名最早出现于南宋，指新门、涂门街以南部分，该地商贸与文化交流到12世纪初已十分频繁。这一带曾是河滩或池泊地，但当时已部分成为平原，那里的来远驿、聚宝街，是中外交通要地。南宋拓城，将之圈入了城墙之内。元时，"城南"的发展达到顶峰，镇南门更名为德济门，城南被城内涵括，相应地，德济门外的社区开始变为城外。

关于元之泉南，庄为玑先生说过以下一段话：

> 元泉州城最繁华的地方在于"泉南"……从地图上看，自中十字街以南，有三条自北向南平行的街道，主要是在中间偏西的南门新街（中山南路），以西有五堡街，以东有天后路，其间小巷密如蛛网，正是元代繁华的所在地。文献中常提到的通淮街、聚宝街、青龙街、排铺街，最后为新桥溪边的登瀛新街，都在"泉南"的范围内。其中有宗教古迹，如涂门清净寺、车站的番佛寺（即婆罗门教寺）、南门回教

寺（石刻最近译出）、南教场棋盘园的蒲家花园（即今花园头），都是外国人常聚的地方。[26]

泉南或城南隐含着某一历史的奥秘，即正是在府城南面的城乡接合部，城市的市这一方面先发达起来并渐渐得到城的圈入。一如经济史学家苏基朗（Billy Kee-long SO）在《刺桐梦华录》中所指出的，宋代泉州的商业核心圈建在南部郊区，[28]这个地带处于南城墙外，系属郊区，相对远离官府监控。苏氏的论述仅限于宋朝时期，他所标示的城南区域是新门、涂门街以南及德济门以北区域。这一区域在元之后已被纳入帝国的城市管理体系之中了。

明以后，泉州古城还保留着宋元的规模，在城南，商贸交流持续进行，但光景大不如前，通过江海进行的贸易多转为民间，在官府范围内，被重新定义为朝贡，交流范围也大大缩小。元代《岛夷志略》的作者汪大渊到过泉南，说这一带是"诸番辐辏之所"。[29]汪大渊1330年及1337年两次从泉州乘商船浮海，所著《岛夷志略》基本反映了泉州海上交通的范围，这个范围的核心地带，似为东南亚、南亚的岛国部分和大陆近海部分，但延伸范围则是包括非洲东岸北段和红海的"西洋"。明代，泉南依旧是交通要地，但贸易对象却缩小为施坚雅界定的"中国东南宏观区域"（福建、浙南、粤东）内部[30]及琉球。到清代，城市的政治中心被武职部门陆路提督军门取代，城市从文治转为武治，江海地区成为海防要地，[31]泉州"市井十洲人"的往日盛况不再。城南商贸业没有完全退出历史舞台，但它以行郊[32]为形式，以满足内需为目的，集中在德济门外以南、护城河（天水淮）西北的新桥头等地。如今鼍旋宫附近尚存鹿港郊的遗址，新桥头还有1964年出土的海关遗址，其中有清康熙五十五年（1716年）九月所立的清海关《奉督抚两院示禁》石碑，碑刻内容为揭露和取缔海关人员对客商横征和收礼的陋规。[33]

19世纪中叶，随着厦门、福州通商口岸的设立，泉州的区域性经济优势再度下滑，其市的内涵进一步减少。到20世纪初，其形象已是一座保守的老城了。民国时期的古渡口被依次改造，并重新编为第一至第九码头（东海乡竹街林）。20世纪60年代，内港航线及其码头依旧是市民源源不断的物资生命线。[34]现青龙宫东侧的区域，原为农田，20世纪80年代起逐渐建起了运输公司的公寓和宿舍楼，提供给工人居住。聚宝街的黄帝宫在这一时期成为搬运公司的工具室。而富美境的万寿路南段，多是码头工人居住的平房。另外据黄天禄先生所说，当时这条巷子叫"水巷"，售卖咸鱼卤。根据文史资料的记载，"咸鱼起水后尚余留在船舱的咸鱼卤可熬炼成鲜甜的调味品——'鲷卤'，在那个连味精都要凭票供应的年代，市民排长队争相购买咸鱼卤成了码头上的一大奇观"。[34]35

20世纪50年代初，城南除了有大量搬运工人之外，还有生活相当困难的产业工人。泉州市政府为了解决民众的疾苦问题，1952年开始相继办起了社会福利生产组、社（16个），主要是组织手工业生产。数年后，国家处于暂时困难时期，为使城市社会救济对象逐步改变单纯依靠国家救济而生活，1963年由国家拨款，组织20个生产自救组。[35]

过去30年来，泉州的城市面貌发生了两度巨变。20世纪80年代起，城市东扩，越过原城墙划定的城乡界线，进入本为农田乡野的地区。90年代起，城市进一步膨胀，穿透四周的所有界线，按照"打开大门、治理两江、保护古城、开发新区"的方针规划建设。不止如此，在环湾大城市建设框架内，2011年，泉州行政中心在古城东方8千米外的海岸上矗立起来。设计者使行政中心所在地形如一艘巨舰的舰首，泊靠于东海之滨蓄势待发。跟着行政中心东移步伐的，还有主要的医疗、教育、房地产开发、商业机构，它们的新据点建成之后，古老的泉州，功能上将为一座全新的滨海都会所替代。而这一滨海都会的建成，将彻底结束泉州以大溪来连接海洋与腹地的时代，使聚宝城南这一曾经的交通贸易枢纽地带成为故事。无论是20世纪90年代南片区的规划，还是过去几年聚宝城南文化生态园的计划，都是在这样的情景下提出的。正是在泉州滨海都会化的进程中，复兴泉南宋元繁荣景象的愿景被畅想着。这种愿景可能早已深潜于精英与市民中，但作为一种格式化的话语，其出现的直接背景，是1974年泉州后渚港出土宋船这一事件。正是在此之后数年，地方文史界中出现过一轮研究泉州港市的热潮。以上征引的关于城市形态演变史的论述，都是在这个阶段提出的，它为后来的叙述和文化遗产的地理界定，做了奠基性的铺垫。与此同时，不应忘记，也正是在泉南方位得以确认的过程中，对于与海岸保持一段距离的古城如何通海这一问题，地方文史界也展开了研究。如 1978 年冬的一次考察表明，后渚港有数条通往泉州古城的古道，其中有水道一条、陆路四条，水道的终点正是位于泉南南端的聚宝。[36]

文化生态园：美丽社区，美好生活

到我们开始实地考察时，聚宝城南的保护性规划，已从古城控规并经聚宝古街复兴计划，蜕变为闽南文化生态园建设。"控规""复兴""建设"三个词，代表着对物质与非物质文化的三种态度："控规"倾向于守成，"复兴"倾向于发展，"建设"往往被附加上定语，显示其"保护"与"开发"的两面性，具有"控规"与"复兴"的双重性。拟定文化生态园建设计划的相关地方精英人士，因袭了此前控规和复兴阶段的历史意象，其所定义的文化，正是聚宝城南幸免于现代性破坏的能够集中展现泉州历史上发达的海外交通、贸易及与之相关的文化多元景象的那些方面。在这一文化意象中，聚宝城南一如既往地被界定为世界各地的商船进入泉州古城的大门，在此地，聚宝街、青龙巷、车桥头、来远驿等，完好保留的泉州与海上丝绸之路沿线地区通商贸易的遗迹，是具有传奇色彩的海丝故事的物化演绎。

生态园又是什么？官方文件并没有清晰说明。不过，要理解它的所指，不能将"生态"二字与"文化"分开。文化生态园中的"文化生态"一词，似乎与近年出现于城乡规划设计界的绿色设计有一些关联。字面上看，它同社会学的人文区位、时下流行的人文-自然生态等说辞给人的意象有关，可指文化与自然部分的生境。不过，我们发现，这个词的意思，其实与人文区位、人文-自然生态概念无关，它自身是不完整的，必须加上"园"这个字，才能表达制定者的本意。而文化生态园是指分布、展示着文化的原汁原味的园地。这种园地不同于新建的博览园，而是在所在地原有文化脉络的环境内提升出来的，因此被形容为生态。这个意义上的生态，与数十年来社会学家与社会人类学家持续关注的社区生活系统和人文区位系统，本应相互联系。早在20世纪30年代，吴文藻先生就指出，社区是人民、地域、文化构成的整体，文化是其整体的形态，它是社区中的人民"应付环境——物质的概念的社会的和精神的环境——的总成绩"，可分为物质文化（顺应物质环境的结果）、象征文化（或称语言文字，系表示动作或传递思想的媒介）、社会文化（亦简称为社会组织，其作用在于调节人与人之间的关系，乃应付社会环境的结果）、精神文化（有时仅称为宗教，其实还有美术科学与哲学，也须包括在内，因为它们同是应付精神环境的产品）。[13]432-438 同时，社区的完整性，还与其包括的不同关联性相联系，这包括社区的外部关系、纵的或连绵的历史关系[13]470及其所共同构成的人文区位环境。

"文化生态园"这个词组，内涵的丰富性接近于社区概念，但它代表的设计，却与之存在着巨大差距。聚宝城南文化遗产项目建设指导基地就设在德济门遗址对面，毗邻天王宫的一栋民宅内。[1]据鲤城区副区长、项目负责人洪奕蓉女士介绍，其正在实施的工作有三：（1）房屋构件的更新和改造；（2）建立非物质文化遗产保护中心，将临江社区的海员俱乐部改造成博物展览中心；（3）社区营造，举办文化活动，激发社区认同聚宝城南项目的实施理念以打造闽南文化生态园。具体内容如下：

> 项目以临江街道城南街区为主体，涵盖"一河三街"的生态布局（0.5平方千米），拟投入5.5亿元，将在2020年前的5年时间里，以新桥社区的海员俱乐部旧址为中心（建设非遗中心展示馆），以周边的升平奏南音社旧址、传统竞技体育南门国术馆旧址、富美宫、车桥头、明来远驿遗址、海关口富美古渡水系和古榕树、百年古街巷、闽南传统建筑风格古厝等文化遗产与自然遗产为载体，以古城居民所传承的非物质文化遗产为核心内容，建设没有围墙的开放性的泉州闽南文化生态园。[37]

项目组所制作的泉州闽南文化生态园示意图将这片区域划分为若干区块。其中，聚宝街为闽南传统工艺展示区，青龙巷为海丝文化遗产展示区（茶叶、香、雕艺、陶瓷），万寿路为非物质文化遗产展示馆、传习中心、闽南特色民宿街区，富美宫区域成

---

[1] 这座民宅正在成为天王宫与政府角力的敏感话题，祀奉天王宫的公婆巷人被全部搬迁到五堡。旧天王宫被拆，现在的天王宫为新建宫庙，公婆巷人想要恢复天王宫的规模，故意欲购买临近的这户民宅，钱款已筹，但政府迟迟不予批复。

为闽南传统竞技体育展示区。在江滨路与聚宝城南之间架设城南旧事艺术木栈道，不仅符合当下流行的海滨风情审美趣味，而且以思乡念旧为主旨创造了兼具艺术与商业价值的通道。此外，还在这片区域设立若干展示点，包括物质遗产11处、非遗传习所1处、闽南文化生态保护区展示点32处以及自然遗产11处。物质遗产与闽南文化生态保护区展示点的划分不甚明晰。有的民居划为物质遗产，比如李妙森番仔楼，有的划为展示点，比如徐光伟宅。另外，展示点不仅包括民居、商铺，还有文物保护单位明来远驿、明清海关示禁碑，甚至教堂与宫庙。

聚宝城南文化生态园的设计示意图，给我们留下的深刻印象是，建成之后，在总体风貌和内涵上，它将成为晋江五店市传统街区的另一个版本。在实地考察期间，我们走访了这个街区，了解到街区在唐开元年间即开始存在的青阳五店市所在地建成汇集了具有闽南特色的皇宫起红砖建筑、中西合璧的洋楼等及蔡氏宗祠、庄氏家庙、石鼓庙及布政衙、蔡妈贤宅、朝北大厝、庄志旭宅、宛然别墅等100多处老建筑。不同时代的建筑遗存，为街区营造了一个闽南文化的氛围，并被开发成高甲戏、木偶戏、南音等闽南非物质文化遗产的展演地。完整保留的庙宇、宗祠，保持着举办民间信仰习俗活动的传统。与此同时，在不少建于明清和民国阶段的老式建筑里，开发公司还引进了旅游、休闲娱乐、书店、咖啡馆、美食等服务企业。"闽南"和"时尚"两个词，引导着街区建设的方向，使之成为一种杂糅了本地传统与外来时尚的地方。无论是五店市的现有景象，还是聚宝城南的未来图像，都既仰赖地方文史界的研究成果和思想，又依靠正在成为主流话语的传统复兴观念而成就自身。不过，仅用话语分析来解读它们，会使我们忽视这类园区的生活属性。因这类园区既与近年渐渐在各地实施的"美丽社区"建设计划紧密相关，又表达了新兴中产阶级人群以"美好生活"为名义来提升文化品位的愿望。

实地考察期间，我们还参观了一些将闽南与时尚结合起来服务于特定人群美好生活的商店、酒吧、茶馆、客栈、书店。我们的印象是，无论是服务商还是消费者，闽南与时尚这个堪称是对反的概念对子，在当地精英思想中并不矛盾。泉州这座城市的新兴中产阶级与年轻一代，正身体力行，以对立统一的态度，实践着他们理解中的"美好生活"。这种生活，表达了一种对于延续传统与接纳异域文明的双重期盼。

这种杂糅型的文化观念，得到了广泛接受。不仅是我们访谈的官员与文史专家有这个观念，在某些中年商人阶层里也有这个观念。在聚宝街，我们走访了一位商人，在他的住所里，我们看到，客厅正中有一幅巨大的水彩画，画的是聚宝城南的旧影。无论怎么看，我们都发现，这幅画描绘的聚宝城南，既像江南名镇周庄，又像意大利威尼斯。画家对于这个区域的历史显然有深刻的认识和丰富的想象。而那位商人告诉我们，他理想中的未来聚宝城南，就应该建成那个样子，而对他来说，"那个样子"正是聚宝城南的真实过去。我们还得知，这位商人是主张重建街区的活跃人士之一，他主张恢复街区原有的水道，拆除那些快要倒塌的破旧房屋，扩建当地的地方庙，美化当地的商铺，使他的老家回到过去辉煌的美丽社区状态中去，重新成为泉南胜景。

对于泉州出现的建设美丽社区、打造美好生活的运动，我们意识到，这是有一定历史基础的，作为一座有发达海外贸易而又有许多正统规矩的城市，泉州有着开放与封闭的两面性，而把闽南和时尚结合起来的打造美好生活的运动，无疑与这一传统的杂糅性有关。我们也乐见提升生活的文化品位的种种迹象出现，在我们看来，这给生活增添了一些舒适度、美感与享受，并通过生活把自己融入历史中。这不仅是可以理解的，而且在礼仪之邦、往日不再的中国，是有充分必要性的。

然而，我们的这一乐观态度，却也没有妨碍我们认识文化生态园被赋予的美丽社区、美好生活中存在的问题。文化生态园建设的推动者，致力于通过美丽社区、美好生活的塑造，重建其视界和愿景中的传统，但这种传统，不同于我们一般理解的作为历史的总体遗产的文化基础的传统。它极具主观选择性，实是由选择者从过去遗留或积累的象征、习俗、制度、建筑、艺术品、生产工具、交换媒介和货品等甄别筛选出来的事项与符号构成的，这些事项与符号一经选择，即获得了不同以往的意义。这种传统必定忽视以至排斥历史遗留或积累起来的另一些事物与符号，将之置之度外，诱导出一种比文史研究本来已有的局部性历史解释更有选择性的历史记忆，而这种历史记忆，往往源自于历史忘却。

在实地考察中，我们就看到了这一具有主观选择性的传统存在的历史忘却问题。泉州闽南文化生态园的建设计划，相比出现于中国其他地方的相似计划而言，对所在社区既有的历史性和物质文化性基础，有更鲜明的尊重态度，然而，如我们所观察到的，设计示意图的区块划分并未充分体现聚宝城南的基本历史事实，为了凸显聚宝城南在海上贸易中曾扮演过的角色，似乎有意淡化这个城乡接合部曾有过的农耕文化因素，因而在示意图上，清代的车桥头水利碑被排除在外，而被划入了没有内涵的物质遗产类别中。

古老的城乡接合部

在实地考察之前，我们委托泉州中国海外交通史博物馆萧彩雅馆员对聚宝街的历史加以研究。据其完成的《聚宝街地理位置及相关资料报告》，[38] 唐五代时期，现聚宝街的区域属一片称为"南洋"的田地和被称为"天水淮"的区域。宋时，该区域归属晋江乡，为登瀛里。元时，聚宝街所在地为贸易繁盛区域"南关"，归晋江县三十五都管辖。明时，这个片区依旧位于德济门城外，属晋江县三十五都，周边有车桥市、新桥市，设有来远驿。清时，该地因铺内汇聚泉州城诸濠津入晋江大溪，被赋予南门"附廓"聚津铺（里）的地名。可见，历史上的"聚宝"，系属城南的城乡接合部，为帝制下的乡村地方行政单位所管辖。宋以后，此地贸易繁荣，随之被城市化，到了清代，已设"附廓"

加以管理。

通过淡化聚宝城南城乡接合部的演变历史,闽南文化生态园将自己的文化意象抽离于聚宝城南的社区结构、文化历史变迁状况之外,进而也淡化了城乡接合部在古代城市的乡与市孕育方面所起到的关键作用。与此相关,闽南文化生态园在强调以至夸大聚宝城南在古代海上贸易中扮演的角色的同时,却轻描淡写聚宝城南通过内河水系将府城与腹地连接起来的枢纽作用。关于泉州城的水系,清代史地专家顾祖禹在其《读史方舆纪要》第九十九卷中有如下记载:

> 城内有濠颇深广,萦洄三面,独东北阻山麓无濠。濠本在城外,元末拓城,城南濠因入城中。城有门六,水门一,隆庆二年增为三。周广皆因元旧。[39]

顾祖禹所记录的水系,是环城濠的部分,在他所处的时代,泉州城除东北隅因磐石十余丈、地势高昂而水不能与西南临江相通外,其余均三面环水。

泉州城的水系除了环城濠之外,另有八卦沟。八卦沟分布在通淮门水关至临漳门水关之间,长2.6千米。20世纪20年代,为便利交通,在主干道路跨越八卦沟处,市政部门曾以石板或钢筋水泥覆于沟顶,使部分沟段变成涵洞或阴沟。八卦沟与环城濠的水排于破腹沟中,破腹沟乃是晋江支流,北起新门外笋江,沿城西南流经临漳、通津门外,至金山汇于晋江。破腹沟就是聚宝城南的重要贸易运输通道——笋浯溪。虽然现在它已沦为排污泄洪的水道，但是直到 20 世纪 60 年代，还一直是一条重要的内河运输通路。

据新编《鲤城区志》，1949 年之后一段时间，公路尚未完全恢复，大批物资仍靠晋江内河承运。1953 年，晋江地区成立泉安木帆船运输联合社，设 6 个分社，共有内河船舶 641 艘 2402 吨位。到 1956 年，晋江内河运输大道进入鼎盛时期。[40]据富美宫负责人之一黄天禄先生介绍，内河山区的安溪船直到解放前都停泊在一堡宫前售卖杉木、粮食、猪肉等，而另一面来自海洋的船只则在顺济桥下停泊，货物放置在木板上，顺流漂向溪水，沿着笋浯溪至五堡，五堡商铺则直接从木板上用吊绳吊起货物而无须卸载。转折点是 1967 年，当时，沿河兴修水利使得莱州北航道土地后段、五堡内河码头被金山水闸卡断，内河运输量逐年下降，船舶减少，船工改行。另外，在聚宝城南，也就是笋浯溪入晋江所形成的滩涂区域，存在过数个渡口。聚宝街沿江区域即是泉州港古渡口集中的区域，如车桥头、富美、厂口、后山等处都曾设有古渡口。这些渡口与相应的境、宫庙形成一一对应的关系，如富美境，对应富美渡口与富美宫，相应地后山境对应后山渡口与后山宫。这两个境又恰恰分属东西佛不同的祭祀仪式联盟[41]。所以黄天禄先生告诉我们，"我们（富美）舞狮，他们（后山）舞龙，不能混淆的"。两境之间不仅在民国时期发生过一起因仪式而生的械斗事件，而且渡口所卸载的货物也绝不能混淆，相应货物的船只，必须停泊于相应的地点。

在闽南文化生态园的设计理念中，为了体现聚宝城南渡口体系的特点，项目组提出在当地建设海员博物馆的设想。这一博物馆计划在所谓的海员俱乐部基础上翻建，而所谓海员俱乐部，实为运输公司。运输公司是20世纪80年代由搬运公司合并而来的，而搬运公司的公司制形式与清末民国时期的铺境渡口文化已是相去甚远。在聚宝城南靠近晋江的岸边，沿顺济桥向南，依次设立古渡口，形成独特的渡口体系。在《鲤城交通志》的分类中，这是泉州四大港口中的老港区，被称为泉州内港。内港既有内河运输，也有海运。

顾祖禹《读史方舆纪要》卷九十九《天水淮》中，指明了一条重要的勾连城内壕沟与笋浯、晋江的水系，即天水淮。其记述如下：

> 天水淮，府城东南。其地曰南洋，田滨海，苦咸卤。唐大和三年，刺史赵棨鑿清渠，作三十六涵，纳笋、浯二水以灌田，凡百八十顷。取赵姓望名曰天水，方言谓淮为围，俗谓之下围，后陈洪进改曰节度淮。宋守曹修睦亦尝浚治，别营三涵，以便启闭。《志》云：郡东南水门旧曰通淮，以泄城中潴水。先是城内废河与外濠绝，距淮远。宋治平三年，夏潦水溢，屋庐崩坏。越二年，守丁竦穴城为门以通淮，疏潢汙纳之外河，自河注之江，江潮通河，便于舟楫。百货贸迁，皆至于市，因名门曰通淮。元季拓城，通淮门之地在城内，改建门曰南薰。嘉靖中，改门名曰迎春。隆庆二年，守

> 万庆重浚城内外沟河，立临漳、南薰、通淮三水，门城中诸水皆引流入淮，合附近群川达东山渡，入于晋江。[39]4519

据顾祖禹记载，天水淮是引笋浯江水灌溉城外田地的水利设施，这个设施建立之前，已有农田，这些农田因直接临海，所用之水咸卤而不利于农作物生长，水利设施的建设，是应农耕需要而设计的。对于城南的聚落居民如何与新建的水利设施形成关系，缺乏直接的历史记载。然而，参照同时期泉州以北府城莆田沿海地区水利建设情况，[42]可以猜想，天水淮建成之后，水利设施的管理和运用与田地的围垦，主要由当地宗族大姓来进行。这些世家大姓，形成了自己的社会组织，与此同时，在漫长的历史过程中，也相继受到佛教、理学的影响，最终，围绕里社制度，形成了自主的祭祀体系。宋代虽设有东南水门泄洪，但因距离城外壕沟远，城内水溢满便导致房屋崩坏。直到丁琰任太守时（1068年），才将城内河流与城外沟渠相连起来，"疏潢汙纳之外河"，因此"通淮"也有联通了城外的"天水淮"的意思。隆庆二年（1568年），南城的临漳、南薰、通淮三水起的作用，变为"门城中诸水皆引流入淮"。

民间编修的《泉郡富美宫志》中有一幅《清末富美宫环境示意图》，[43]上面标示出了德济门外天水淮的水系。辅以上引顾祖禹提供的信息，可知天水淮乃是城外壕沟。德济门外的瓮城门开在东面（公婆巷提供的图亦可辅证），壕沟顺流向笋浯溪，而沿临漳门、南薰门的这一段城墙的壕沟也是利用了天然屏障——笋浯溪。现在将车桥头水系视为护城河，容易引起误解，实际上旧时护城河已经渐渐变为了内壕沟，比如温陵路段的壕沟。车桥头水系，原是唐朝刺史所扩的天水淮的一部分。随着宋城的建立，通淮门首先建立水关与此水系相连。后南薰门、临漳门将笋浯溪作为护城河，而德济门则又开凿壕沟连接了城内水系与城外笋浯溪。现在这一条支系河流已变为阴沟，只在德济门遗址处可瞥见一二。

如果顾祖禹对天水淮的判断无误的话，这意味着历史的演进应当是经过了如下两个阶段：（1）为了灌溉农田的需要，唐时开凿天水淮水系；（2）宋代将内河与外城的天水淮联通，使舟楫通行。这也就意味着，城南的发展，先是以农耕为主的，到了宋代，其在水系交通上的重要地位才得以最后确立。

隘南社区曾于2009年进行过非物质文化遗产项目调查，该调查涉及民间文学内容，搜集到聚宝社区的众多历史与传说，其中一则"龙须澳的故事"生动讲述了聚宝城南与水有关的故事。传说中的龙须澳是重要内河运输通道，它正是车桥头水系（天水淮之上）。传说强调，清朝的《重修南涂二关外水利碑》大石刻上记载有龙须澳。据该传说，龙王与龙太子来此游玩，路遇玉皇大帝，于是结伴同行。视察人间的时候，玉皇大帝称赞黄帝守孝道，有道义，老龙王则称大禹帝是他们的祖宗。亲属关系是人界与神界建立忠诚可靠关系的方式。龙太子痴迷于此处的盛景，于是走在人群的后面，留在了此处，化为了青龙巷。南面的河道称为龙须澳，即"龙太子吐气汲水"的地方。龙须澳的传说，暗含了聚宝城南人（或青龙巷）在面对周期性洪涝的过程中所想象的陆地与水的关系。洪涝固然来自海洋，但是他们并没有把它想象成可怕的作恶的海神，而是温文尔雅地强调与神存在亲属关系的海神，甚至海神的子嗣——龙太子不愿意回到海洋，而选择留在了陆地上。这表达了海洋对陆地的倾慕与友善。另一方面，龙太子是没法失去水而活的，所以紧挨着青龙巷的河道对于龙太子至关重要。也就是说，陆地也离不开海洋，陆地的繁荣需要海洋之水的灌溉。源源不断的水的意象，既包含农耕的丰产的含义，也象征着从海洋而来的船只、商人带来的财富。因此，龙须澳可谓是陆地与海洋亲和关系的印证，是陆地与海洋在一种长期博弈、竞争之中形成的友善通道。

如今，聚宝城南沿江一代，依稀可见多处装载卸货的码头，让我们想到了斯波义信笔下的宁波。[44]对我们来说，古代泉州与宁波一样，除了有发达的海外贸易之外，还起了地区系统的中心城市作用。聚宝城南，既是繁荣的海外交通的枢纽，又是使中心城市与腹地紧密联系起来的关键节点，在此地，劳动的分工、各地不同的产品及需求和消费的差异，得到了交流。

从水系和境看社区人文区位形态

闽南文化生态园的规划设计，考量了所在社区的民众、地域因素，然而，其所关注的本该作为社区核心方面表现的文化因素，却与社区本身缺乏直接关联。闽南文化本依闽南语的分布范围来确定，作为一个文化区，其核心范围在福建南部的泉州、厦门、漳州等地，中圈在东南沿海宏观区域及台湾、澳门，外围涉及东南亚以至更远的移民社区；内涵上，与具有福建南部地域特色的方言、建筑、民俗、工艺、宗教、民间艺术形式、饮食等相联系。聚宝城南位于闽南文化区的核心范围内，其地方文化无疑富有闽南特色，但是，这个意义上的地方文化，植根于本地人文关系史的土壤中，与广义闽南文化不能等同。如到访聚宝城南的学者王军所言，"城南历史街区的街巷肌理完整，留存文物丰富，原住居民爱乡护土。这片街区历经城镇化高潮而得以幸存，令人惊喜"。[45]然而，必须指出的是，如果文化是指生活世界的整体形貌，那么规划的泉州闽南文化生态园，与此关系不大，更甚者，它将带来这个意义上的文化的某种并不令人乐观的改变。这一文化，表面上是地方性的，实质上与当地生活世界意义上的文化差异甚大。

现泉州辖鲤城区、丰泽区、洛江区、泉港区及晋江市。聚宝城南属于鲤城区下设的临江街道，街道下设社区，聚宝城南恰好横跨了新桥、隘南社区两个基层社区单位。新桥街的名字与顺济桥（又称新桥）有关，而隘南街则是因为街道毗邻大隘门的南面而得名。新桥社区原由临溪社区与旧新桥社区合并而成。临溪社区南至刑侦中队，东至聚宝街，向西穿过水巷尾，向北至万寿路的北段，再向西穿过竹树巷与旧米铺巷。旧新桥社区则是北至土地路，东至聚宝街，包含中山南路、宫塔巷、基督教聚宝堂在内的区域。隘南社区则涵括了聚宝城南余下的聚宝街东部、青龙巷、天后宫、德济门遗址区域。新桥社区常住人口1559人，流动人口406人；隘南社区常住人口2496人，流动人口830人。

新桥社区与隘南社区为基层行政单位，二者均在1952年成立，这样的社区，不是我们在人文区位学研究上所说的社区，因为我们所说的社区与基层政权关系不大，它特指特定区位具体的人的生活世界及其文化形态。举一个例子说，我们在实地考察过程中造访过一位我们称之为"李妈"的普通妇女，她居住在宝海庵附近，年近70，育有三子，大儿子、二儿子外出做生意，小儿子留在身边，与自己同住。年轻时，李妈是晋江从商之家的大家闺秀，后来嫁给聚宝城南一个从商之家的儿子。20世纪50年代，实行公私合营，生意没法继续做，李妈就到临近的工厂上班，自己的丈夫则去另一座工厂上班。不想，丈夫早逝。李妈带着三个儿子艰难地生活，后来大儿子"趁着改革开放的春风"下海经商，获得财富，二儿子跟三儿子也闯出一片天地。退休后，李妈做的事，主要是去寺庙烧香拜佛。李妈说，她年轻时，也要办家庭祭祀活动，但主要是拜祖宗的，因当时寺庙还没有重建。这二十几年来，周围的寺庙逐渐兴起来了，除了拜祖先外，李妈还定期去几个地方祭祀。因为距宝海庵最近，所以她去那里最勤，然后是后山宫，最后是富美宫。后山现在仍有水普（沿水道举行的祀鬼活动）活动，李妈也要去参加。水普的日期是旧历七月二十七、八月十七，主要是超度溺死于水中的孤魂野鬼。其余的日子，如五月十七，是富美宫主祀神萧太傅的诞辰。六月十八则是后山宫主祀神之一康大巡（元帅）的寿诞。宝海庵的节日周期完全是按照佛教徒对佛历的遵守：二月十九观音生辰，六月十九观音成道，九月十九观音出家，十二月初八则是佛成道节的日子。总之，李妈虽然去宝海庵次数最多，俨然是个佛教徒，但她依旧坚持要参与周围其他两宫的主神寿诞活动，甚至连后山的水普活动也会参加。对她来说，节庆的周期占满了她的生活世界，她的生活节奏也由这些节庆调整着。加上每月初一、十五的扫宫门，她偶尔要到宫庙里参与相对简单的仪式活动，初二、十六土地公生日，她则必定前去祭祀。除了宫庙的祭拜之外，李妈最常做也最熟练的就是祭拜祖宗了。李妈说，这些都是她来李家做媳妇跟婆婆学习来的。李氏每位祖宗的生辰、逝世日期都要记得清清楚楚的。除了生辰、逝世需要摆筵席请客、做功德之外，每月的初一、十五都要奉上祭品。这样忙忙碌碌，不知不觉过了快一辈子了。

李妈眼下有个非常烦恼的事情，三个儿子都很孝顺，常回来看她，但是孙辈都选择在别的城市甚至别的国家定居了。这不仅意味着她很少有机会见着她的孙辈，而且还意味着她死后的家户祖宗祭祀成了问题。李妈说，体谅孩子们的处境，所以她决定死后将骨灰拿到宿燕寺去，这样可以由和尚天天念经，又有香油，可以不必初一、十五、生辰、忌日跑来祭祀了。她说，还要把现在还留在家户中由她自己供养的丈夫的牌位一起带过去。

家户的重要意义不仅仅是房屋这一共同居住空间，更重要的是家户共享了一套供养祖宗的体系。近十年以来，泉州城内的开元寺、承天寺相继提供类似李妈这样情况的祖宗供养服务。这暗示着，某种变迁正在进行着，家户要开始以一种新的方式来处理与死亡有关的问题了。李妈这一代人还积极地在宫庙的集体活动与家户的祖宗祭祀活动中来回穿梭，生活便由谋生的一面与死亡的一面共同构成。同时，她的生活节奏也由周围宫庙的节庆周期有序地调节着。

从李妈的例子可以看出，社区对她来说，不是基层行政单位规定的那个范围，更不是通过这个单位来传播的新文化，而是她的生活的一部分。这个社区，跟她的家、家里的人和祖先是紧密相关的，牵涉人的福利。她的家人生活轨迹各有不同，但通过家与她自己通过祭祀活动而形成的社区，把他们联系在一起。李妈罗列的那些时间段及她定期去往的寺庙，构成时间节奏及空间节点，它们融合之后，成为环绕并守护她的家的环境。这个环境是由一个更大的环境环绕着的，其中包括李妈说她去世之后想去的佛寺。

在聚宝城南，人们便是生活在这样的社区空间中的，这些社区空间，核心圈有时候是境，有时候是巷，有时候是街，其中境的重要性最为突出，它们恰是李妈这类人物生活世界的空间节点。

境是民间祭祀空间，但形成于特定的历史地理氛围中，在聚宝城南，与此地历史上的水系关系密切。对这点，李妈并没有同我们多说，而对于短暂访问聚宝城南的外来游客来说，兴许也并不是很容易理解。被圈入闽南文化生态园的区域，北边早已在宋元时期被城墙包围,而近代以来,随着陆路交通对水陆交通的替代,区域内的不少水道被石板和水泥板覆盖,变成路面。区域的南边,现有一道水泥防洪高墙拦住,[①]遮挡了聚宝城南与晋江大溪相望的视线,而近期在东南边耸立起来的新建商品房大楼,则使园区彻底变成了高楼大厦的天井。然而,基于对现有研究成果的解读,我们却又能回望历史,看到聚宝城南的过去。作为临近大溪及大溪入海口的城乡接合部,历史上的聚宝城南,的确有如江南水乡,处在海陆之间,农、工、商共生,活跃着士绅人士和民间社团。境正是不同行业和阶层迎神赛会、定期创造社区的公共性的社会单元,它们在临水之地或跨越溪流的桥梁上建成,与水系相得益彰。

泉郡附廓有三铺十境,包括东门驿路铺、南门聚津铺、新门柳通铺。南门聚津铺下辖水仙、富美、聚宝、青龙四境,铺因汇聚泉州城诸濠津入江而得名。[46]在《泉州城区八卦沟综述》一文中,陈垂成将今之聚宝城南水系划在南门沟的范围内,指出此地的沟有两支,一支从天后宫东的池仔墘沟,集纳义全、龙汇各池水,导出南门水关,汇集天王城边沟过新桥头后沟,越塔堂宫口抵竹树港沟,出海关口入晋江大溪;另一支,则从天王城边沟东端,南下湖岸头注于港仔墘沟,西折至富美宫口出晋江。[47]南门沟水系的形成年代不易考证,但有证据表明,南宋

[①] 1950年代起,为了防洪的需要,政府在聚宝城南外沿筑起了防洪堤。防洪堤有其实际作用,但它却在物质空间上切分了陆海,深刻影响了长期与水世界打交道的沿海居民。

拓建翼城之前,城南全是海滩地和池泊地,南宋至元,被圈入城内,开始演变,今貌估计形成于明清。[26]南门沟两个支流,与南宋城建及天水淮体系的形成有关。在今日聚宝城南,南门沟水系上则分布着仍旧活跃的宫庙。

上面提到的水仙境,范围大致包括南门兜、城楼巷、公婆巷、天王城边、湖岸头、横街、路角头,境庙在南门兜壕沟上,西向,面临街上的水仙宫桥,主祀水仙王。在德济门遗址的壕沟处尚存一块水仙宫桥的石板。一位当地人告诉我们,他们不敢动这块石头,所以它一直留在里面。为了让我们理解得更为深入,这位公婆巷的地方人还邀请了从事道教研究的同乡,向我们解释了水仙王的奉祀。水仙王,大多设在临水区域,泉州城还有平水庙、水仙宫主祀水仙王,也有的奉禹王、宴爷,亦有奉屈原、伍员等。公婆巷人虽然隶属于水仙境,但不自称为水仙人,之所以如此,原因之一是,该境在1949年之后的历次城区改造中消失了。

在历史的风风雨雨中,一些旧有的社区会像水仙境那样衰落,但另外一些则"野火烧不尽,春风吹又生"。当下,闽南文化生态园所在地,多数境庙20世纪80年代以来得以重建翻修,如富美宫、后山四王府宫、黄帝宫(文昌宫)以及青龙宫等。其中富美宫、黄帝宫以及青龙宫分别隶属三条南北向的街巷万寿路、聚宝街与青龙巷(见表一)。

表一　聚宝城南各主要宫庙

时间	宫庙名	现主祀奉神	原主祀奉神
1196年（南宋）	天后宫	妈祖、哪吒太子、广泽尊王	妈祖
1129年（北宋）	青龙宫	吴夲	吴夲
始建年不详	黄帝宫	黄帝（文昌帝）	中央帝、康元帅、水德星君（清同治碑刻）
1506—1521年（明代）	富美宫	萧太傅	萧太傅、关帝爷
1871—1908年（清光绪年间）	后山四王府宫	康保裔、玉公辅、李大亮、周铭中	无
987年（宋代雍熙四年）	宝海庵	佛	佛
始建年不详	金洲寺	佛	佛
始建年不详	鼇旋宫	观音菩萨、龙女、关公、善财、韦陀、地藏菩萨	不详

富美宫位于天水淮出口之一富美渡头，因为在闹市后面，俗称"后富美"，方言讹音"后母尾"。原来富美宫在渡头边的大榕树下，原系居住在港仔墘的萧姓族人所在地。[43]123 相传，富美宫建立于明代正德（1506—1521年）年间，而据清道光辛巳年（1821年）所立之《重建鼇旋富美境武圣殿萧王府行宫石碑》记载，宫庙碑额用"武圣殿萧王府行宫"之称，可见因奉关圣才有武圣殿之设，而萧太傅有汉代儒宗之赞誉，故奉在同一殿堂，称"关萧二夫子"。[43]5-6 清道光辛巳年重建后，富美宫供奉萧太傅为主神，配祀廿四司，还奉祀文武尊王、苏、柳、李三夫人。

后山四王府宫建于清光绪年间，其所在的后山乡一度瘟疫猖獭，受染成灾，先贤公议请神镇瘟，以保平安，于是往晋江池店许坑古灵殿请四大巡分灵来此立庙，这四大巡即康保裔、玉公辅、李大亮、周铭中。宫之右殿又供奉圣母妈、魏大帝，左殿供奉土地公、唆啰嗹（用于五月初五端午节进行的驱邪洁净仪式的龙头木雕），两侧还有班头公，另在溪墘供有渡头公，但宫中龙船已毁。

青龙宫始建于宋高宗绍兴年间，据称为1129年建成，宋元称真人庙，明清称帝君宫，民国则称青龙宫。宫内有保生大帝神像一尊，在其左侧地上奉有一尊青龙宫鸟官爷（熊头），左侧则是鲍郭二夫人、相伴舍人，右侧是汉代温王爷。另外配祀有青龙慈济宫三十六官将，青龙宫班头爷及福德正神。宫的两侧石碑上分别刻有与南宋幼帝有关的陆秀夫与文天祥二人。

黄帝宫主祀与配祀发生过相当复杂的变化。2008年复建此宫的时候，从左至右排列的神祇是康元帅、文昌帝君、黄帝、大禹水德星君，在这四位神祇前方依次是中路财神爷、中央帝以及南门关帝爷。虽然配祀、主祀关系复杂，但基本可以推测土地爷曾经是此宫的主祀。

包括水仙宫在内的五座宫庙，各自之祀神明显存在主祀与陪祀之分，但内容繁复，类型颇多。自清以来，这些宫庙清晰地对应于境的条块布局。但其祀神的综合性，让我们想见，在更遥远的过去，聚宝城南各境内部，既存在宗族、同乡会、帮派、街坊区分，[48]又存在神明会、祖公会、共祭会层次不同的祭祀会组织，[49]祀神繁芜的境庙，很可能是这些区分和层次糅合的产物。

聚宝城南的宫庙所祀主神姓名各异，历史渊源不同，内涵繁复，但还是与更大范围内的信仰空间存在着有迹可循的关系。富美宫是闽南文化区萧太傅信仰的源头，黄帝宫所祀之中央帝没有清晰的地域神庙轨迹可寻，但其配祀的康王爷和水德星君，则与泉州水岸信仰圈息息相关。这两座宫庙的配祀神及其他三座主祀神，来源多可追溯到其他地方的母庙。作为这些母庙分支出来的分香，这些祀神的祭祀，包括回归母庙或向大庙的进香拜谒仪式，将祀神所保护的区位，与更大地理空间范围的圣地联系起来。[50]

这些神庙有搜罗周边失落的祀神，并以各自为中心赋予所在区域以某种宇宙论秩序的传统。这一传统，当下依旧被实践着。最典型的是黄帝宫。该宫原来主祀土地公——可能是历史上的南门土地公，配祀有水德星君、康元帅。宫里存有清同治十二年（1873年）碑刻，记载说："聚津里路角宫崇奉中央帝、康元帅、水德星君由来久矣。"此外此宫还奉祀南门关帝爷。关于诸城门关帝庙，吴藻汀先生在《泉州民间传说》中记载了相关传说，说破坏风水的江夏侯周德兴在离开泉州时，善心大发，告诉泉州信众，要在各个城门奉祀关帝爷，来挽回风水的劣势，诸城门关帝庙于是得以兴建。[51]黄帝宫所祀南门关帝爷，可能来自衰落后的城门关帝庙。20世纪50年代位于此宫之南的文昌宫破败之后，文昌帝君像先藏于民间，后也移至此处祀奉。而黄帝则是2008年重建时，增入庙中的新祀神祇，含义取自中央帝（原来可能指土地公）。在黄帝宫的宫门两根大柱子上刻有红字对联，应是成于民国，对联上写着："龙左鳌右德奠中央，昌南济北帅拥大禹。"这反映了以黄帝宫为中心的区位宇宙秩序：黄帝宫的左边（东）是青龙溪的青龙巷，右边（西）是鳌江边的鼋旋宫，南边是文昌宫，北边是顺济宫；在这南北东西的宇宙秩序中，坐拥中央帝、水德星君的黄帝宫坐镇中央。

聚宝城南的境庙，与所在区域中与水系有关的标准化大庙天后宫[52]也有关系。位于聚宝街之北的天后宫，"在正殿前东、西两侧，前连双阙，后接角亭。现西廊圮毁，东廊尚在。旧时两廊设二十四司，东廊十二司，西廊十二司，奉祀天后辅神及其他从祀神祇。"[53]妈祖辅助神二十四司中，配祀妈祖的，有哪吒太子爷、广泽尊王，富美宫主祀的萧太傅、配祀的文武尊王，后山四王府宫主祀的四王爷，黄帝宫在清代同治碑上记载奉祀过的中央帝（土地公福德正神）、康元帅、水德星君，而其南面的文昌宫则主祀文昌帝君以及天王宫主祀的（天）温王爷。二十四司的不同部门各司其职，如水德星君，司天下水的调节，文昌帝君司文运，哪吒太子司青少年成长，文武尊王则司忠义，其他王爷则负责体察人间善恶。各神祇各司其职，辅佐妈祖天后。[54]

关于庙宇历史，天后宫宫门口的介绍牌上提到，天后宫崇祀海神妈祖林默（960—987年），"有灵异，常拯人于溺"，因而被历代帝王、官府、百姓奉为海神。这一介绍牌还说，天后宫地处"笋江、巽水二流之汇，番舶客航汇聚之地"。巽水应指新门街、涂门街外围的护城河水沟——八卦沟，笋江则应指唐朝刺史赵棨凿天水淮引入泉州城的晋江支流，这两条水道交汇之处应是德济门遗址附近的区域。《泉州府志》说，"泉州浯浦海潮庵僧觉全梦神命作宫"。[53]62看来，其最早的建设，是自下而上的过程，与一个名叫"浯浦"的地方直接相关，而时至今日毗邻的天王宫仍使用"浯浦"称代自己，是城乡接合部交通商贸发达的地方。康熙年间，天后宫被敕封"天后"的封号，神格升高，辅佐神的体系也随之日趋完善。天后宫自德济门建成之后起，有个走向民间的过程，它向聚宝城南一带的民间宫庙传递了宋元泉州海外贸易史记忆，同时也接纳自民间而来的神明系统，令地方宫庙祀神成为天后的护法。

此外，引起我们关注的，还有聚宝城南中消失的巷道。在万寿路的西侧，有竹树港巷、米埔巷及宫塔巷三条巷道。宫塔巷在聚宝城南文化遗产的地图上被标示了出来，但其位置曾发生过改变，而其余两条巷子则在地图上消失了。竹树巷是内山、安溪、永春、德化、南安的山货转运集散地，旁边的海关口渡头，则停靠安溪船（内河船）。当时主要是木柴、木炭、毛竹、秋尾等燃料，还有如德化瓷器、碗、匙、粗纸、竹叶等山货。土地前有许多柴炭店，买卖竹、木、炭，烧砖、瓦片、陶瓷的窑需用大量"秋尾"作燃料，"竹树港"由此得名。"米埔"则是大米等粮食的批发市场。泉州南门"万元木"陈氏因经营大米而成富商。以前，米埔是鳌旋宫的白塔林（有许多白塔），故称"宫塔巷"（亦称塔堂宫），现已是宽9米的大路。鳌旋宫是一座佛寺，由师傅、阿姑及信众一起打理，原先的宫庙占地面积很大，但现在仅存20平方米左右的小开间。据寺院师傅介绍，鼋旋宫建宫之初也有镇水尾的功能，这条水脉即名为鼋江。鼋旋宫正是坐落在新桥西南流向的天水淮的中段。如果宫后巷道如传说所言，因有许多白塔而名为宫塔巷，那么可以猜想，它的历史或许与宋元的海外贸易有关。

我们从《清末富美宫环境示意图》中发现竹树港巷的入海口标有"海关口渡口"，而米铺巷的入海口则有"观音渡头"的字样。再者，根据我们对富美宫理事长黄天禄先生的采访，米铺巷曾有一座小庙，内奉神祇不详，后古渡口被拆，庙宇被毁，就自然沦为备受冷落的社区了。与此相应地，富美宫与后山宫即使渡口不再发挥功能，但是境庙仍然活跃，香火依然旺盛，因此富美人与后山人还保持着极强的社区认同感。

总之，聚宝城南诸社区，与水系之间存在着密切关系，这一事实表明，正是在特定区位的特定生境中，人文关系得以形成。这个区域是城乡接合部水系最为发达的区域，生活在其中的人们，长期要与水这个既带来财富又充满风险的物质相处。古人谓泉州人"以海为田"，就是说，自他们从中原迁徙而来之后，便不能再完全依赖土地来生活和积累财富，他们此时所在的土地，只有规模相对小的平原与分布广泛的丘陵山地。农耕土地的不足，使他们转向水中讨生活。水的流通性能给人们的生活带来益处，这众所皆知。然而，与此同时，水患、风灾与通过水系传播的疾病，历史上也频繁发生，显现着水潜藏的危险。与泉州古城其他宫庙一样，聚宝城南的境庙所祀神明，负有保境安民的使命，在一个以靠水的世界生活而又充满水的危险的地方，这一使命表现为护佑水陆交通及禳解与水相关的灾祸。铺境庙奉祀的地方神明，由古代忠烈圣人崇拜演化而来，这些神明普遍具有护佑与驱邪禳灾的双重能力，故他们被放在水系附近供奉，有深刻的民族生态学（ethno-ecology）理由。正是在特定区位中人与物质世界之间关系这一核心环节上，人与神的关系体系得以建立。这一体系的核心内容，既包括人对神明的敬畏之心，又包括在人神关系中形成的象征-巫术-仪式体系。敬畏之心与象征-巫术-仪式体系，在节庆中得到了最集中的展示，而节庆这一特殊时刻，又充满为了展示神明的力量而形成的人与人之间关系的合力。

遗产与灵验的遗产

一百多年前，基督教传入聚宝城南一带，[①]该教一开始就劝导皈依的居民放弃祖先祭祀，隔断其与铺境庙的关系。接着，革命与形形色色的新文化运动持续爆发，自20世纪20年代起，破除迷信运动则持续对被认定为古代社会的落后面的旧信仰、旧仪式

---

① 据我们对位于聚宝街的聚宝堂颜牧师的访谈，现基督教聚宝堂前身是1888年建立的宣道所，为英国长老会创办，现属中华基督教闽南大会。1910—1920年开始建立堂会，1923年正式建立礼拜堂，并建有求德小学，供教会子女免费上学。1958年，政府禁止聚宝堂聚会，学员前往泉南堂参加教会活动。1982年，聚宝堂恢复，现有信徒1000多人。

施以暴力行动。为了建立新社会，此后地方行政制度屡次变更，划分不再根据铺境体系，而另立与之有时对应、有时矛盾的新社区管理体系。在种种新信仰、新文化、新体系的冲击下，铺境系统被逐渐边缘化。然而，其从数百年前慢慢积累起来的传统，迄今并没有湮灭，依旧在社区生活中发挥着作用。与铺境分区对应的地方公共庙宇，是个人、家户与社区通过对神明的祭祀表达其历史感与社会感的渠道。以铺境宫庙为中心的社区公共节庆活动，是包括聚宝城南在内的泉州城区最富有历史与社会内涵的文化因素之一。

不幸的是，时至今日，在一个"生活就是文化，社区就是园区"成为口号，"留文留魂留乡愁""见人见物见生活"理念成为文化工作指导原则的时代，[37]铺境系统依旧不被当作关键遗产纳入文化遗产名单，它演绎的人-物-生活社区整体性及其曾在海外交通、华人世界性网络中起到的关键作用，并没有得到地方精英的认识与同情，却在某种清末以来成为主导观念思维的压力下，时而被排斥，时而被碎片化为零星的文化遗产因素加以博物馆式的集中。如此一来，在聚宝城南，如同在泉州其他地方，从同一地方的历史中演绎出来两种不同传统，一种深深地嵌入（embedded）当地的人文区位和历史情景之中，一种矛盾地将这些情景化约为文化资源，同时又不能克服与这些情景脱嵌（disembedded）的命运，二者在同一时空中时而并存时而分立，创造出另一种文化图景。

在聚宝城南，我们围绕铺境系统展开的调查研究看到的活生生的人文关系，延续着当地的嵌入式传统，这一传统，可谓是当地古今生活系统的内在组成部分。与此同时，我们围绕着闽南文化生态园规划展开的调研，延续着另一种传统，这种传统在百年前建立，在一个漫长的世纪里，历有变动，却延续着其使自身与前一种传统脱嵌的习惯。能说明分立的两种传统的事例有很多，不过，最为生动的，莫过于德济门遗址与天王宫形成这个例子了。

2001年8月，南片区整改工程开始，一段长约9米的残存城垣在挖掘中露出身影，市政府文物管理部门迅即介入此事，一个由博物馆、市文管办、海外交通史博物馆、闽台关系史博物馆考古人员组成的联合考古队得以成立。经过两个多月的工作，这个考古队清理出面积约2500平方米的遗址。这是一座宋、元、明三代叠压有序、结构完整、规模宏大的城门地基。德济门城垣基础重见天日，随之出土的还有一大批各时期的重要文物，被认为是泉南历史发展的见证。泉州海外交通史博物馆研究员唐宏杰在挖掘工作两年之后的2003年刊文，介绍了出土石刻的种类。[55]据该文，石刻归属于不同宗教，包括伊斯兰教（12块）、基督教（4块）、印度教（5块），此外还有佛教石柱（2块，其中1块是石柱础）、抱鼓石等。这些出土的文物，再次显现了古代泉州的世界贸易大港风范，尤其是它的宗教多元共生风范。随后，泉州市政府投资200余万元建成德济门遗址公园。这个遗址公园，被打造成一个文化休闲平台，分别设计了入口、参观平台、门址展示、遗址标志及相关资料和简介等。2004年11月25日，德济门遗址公园正式向市民免费开放。[56]根据这次的调查，德济门遗址公园确实成为居民文化休闲的公共场所，白天参观的人群并不多，但到晚间，烧烤店、售卖服装的小贩在此处支起小摊，形成了市民气息浓厚的夜市热闹气氛。

我们到访遗址公园，在天后宫的宫门口找到一块介绍德济门遗址的木板，这块木板上是这样说的：

> 元至正十二年（公元1352年），泉州路达鲁花赤偰玉立扩城，废罗城镇南门（在今涂门街头），扩就翼城，开辟新南门，称德济门。明、清均有重建。1948年毁于大火，其址遂埋地下。遗址于2001年发掘整理，建遗址保护公园，较完整地展现宋、元、明、清古城变迁的遗迹。

其实，德济门遗址的毁坏史并不久远。如上述遗址介绍所言，其基地之上的建筑，是1948年才最终毁于大火的。1923—1929年，"当时为了发展交通，拆城辟路，先后拆除了德济门、通津门及南罗城垣"。[22]城门被拆的史实，在1926年到访的张星烺的《泉州访古记》中也有表述："登高远眺，全城风景尽在目中。城为椭圆形，东西长而南北狭，共有七门，南门城垣已拆卸。城内富户住宅甚多，宅中多有园庭，花木蓊郁。我昔读《拔都他游记》，谓泉州人家多花园，占地甚广，故城市甚大。今见情形，尚无异于数百年前外国人之记载也，城市未改，但繁盛已非昔比矣。"[17]

如上文提到的，南宋翼城与元朝城墙虽然大部分重合，但城之内涵并不一样，相应地，城南不但有一个由城外变为城内的过程，而且还有一个分裂的过程，其分界线就是元代新南门——德济门。元代德济门，才最终划分出了城外的城南，也就是聚宝城南。对于这段历史，20世纪80年代发表的陈允敦、庄为玑的两篇相关文章有清晰的分析。[19] 然而，这一点却似乎不被地方文史界关注。对德济门的考古和历史学研究，主要关注出土文物，这些被认为论证了城南是宋元时期多宗教文化融合、商贸繁荣的重要区域。

地方文史界有这样或那样的观点，是正常的事，不过，对德济门重要意义的强调，却起到了另一种强力排他的效果。因为要建遗址公园，并使之显得宏伟，市政府决定将附近的一些民居拆除。公婆巷的民居，正是拆的对象。2001年，德济门遗址出土之后，政府令公婆巷居民集体搬迁，而引起居民的极端焦虑。引起他们焦虑的原因，除了家屋拆毁之外，更关键的是宫庙（天王宫/府）的存废。天王宫先后于2001年5月、2002年10月、2003年11月、2004年1月，向泉州市文化管理部门领导提交了报告，尤其是在写于2001年5月15日的《请求保存浯浦天王府函》（署名"天王府宫理事会负责人林维碧等率众"）中，言辞恳切地强调了天王宫的重要性：

浯浦天王府，祀唐初名将李靖，原系军中保佑神，历代为军营中设置，在泉州德济城下，坐西面东，揖清溪屹立，扼东南要害，朝代迭更，长为军事要地。相传抗倭将领俞大猷，曾在此驻防。嘉靖间，倭寇数次攻泉州城。嘉靖三十八年（1559年）、三十九年（1560年），倭寇两度攻至泉州城下，适李贽返家吊丧，亦"墨缞率其弟若侄，昼夜登陴击柝为守城备"（摘自李贽《焚书·卓吾语略》）。抗日战争时期，日寇数次轰炸，百姓匿于宫中，炸弹于宫边榕树下爆炸而宫无损，群众奉为灵圣，故该宫长为当地民众奉为保护神，乃泉州人民抵抗外来侵略的胜迹。嘉庆丁卯（1807年），泉州名士，进士曾玉梦神召，令撰诗百首，并倡修宫庙，耗钱三万二千五百，官助民办，香火益盛。闻名海内外，现台湾省台北桃园机场东10公里有一天王宫，系此宫所分，颇具规模，董事长周民进先生，于九八、九九年二度至祠庙谒神膜拜进香，九九年十月在泉重塑天王爷金身，迎送台湾，故此宫又为维系两岸同胞亲情一要地。

天王宫原为汉式宫廷建筑，面溪拜庭式水榭，歇山屋盖，主殿三开间，红砖白石，飞檐翘脊，为典型古闽南宫殿建筑，前殿中祀天王，左边奉夫人妈，右奉天德君，两边置班头若干，凛然正气，后设寝宫，坐于德济门下，展泉州人民文攻武备之俗，传中原古风，可为泉州古城添一胜景。周边群众吁请有关部门：尊重民俗，保存历史文明古城之一迹，裨以维系两岸亲情，则感戴之至。

这段材料内涵丰富，表明德济门遗址上覆盖了层层历史痕迹，这种历史痕迹因为过于复杂而渐渐被遗忘，而眼下聚宝城南的新一轮文化遗产实践则进一步排斥这种历史。

在保宫不力的状况下，天王宫人在2002年递呈了另一份报告主送文管办，抄送海丝办、文物局、建设局、规划局、鲤城文体局、指挥部、主管副市长。在这份文件的结尾，他们这样呼吁：

> 恳请有关领导及部门照顾民俗，保存历史文化古城之遗迹，但愿就地给予重建本寺庙，使与德济门遗址连成一体：（1）鲤城实小拆除后恢复原压在教学楼下的石壕沟，其水系东通现德济门壕，西接护城河沟，其水环绕亦可为古城德济门遗址增色；（2）修缮四角亭并恢复天王宫及过四角亭的石板桥五条，使护城河、亭、桥、宫、古城墙遗址成一古色古香的整体，不但有利于遗址的保护，也有利于自然景观的凸显，也有利于两岸宗教信仰之往来，促进早日实现三通；（3）建议恢复两座古桥与德济门关系，则感戴之至。

在这份恳请书后面，还附有天王宫人查阅资料例证此处古迹的历史材料及古建筑物照片。我们从这份恳请书看到两方面值得关注的现象。其一，在遗产实践运动中处于不利位置的情况下，公婆巷人通过利用遗产实践的语言，搜集资料，测绘摄像，对历史文化资源加以利用，从而维护本社区的公共利益。其二，天王府人反复强调其宫庙与德济门之关系。首先是壕沟的恢复，水系的重建，然后是桥、亭、宫的重建。在天王宫人的眼里，这座宫庙的重要性与城门及水系有关。宫中所祀奉神祇是天王爷（天温），"天温访知瘟鬼住所，将毒药骗来吞服而逝，闽北一代众人感其恩德，建庙奉祀称天王爷"。[57] 天王宫一带也有将军乘船驱鬼的神话传说。传说中，将军乘船驱鬼的地点，正是城外的护城河。因此，天王宫人将城门、护城河与宫庙联系在一起，确实不无道理。

不是所有的宫庙都面临天王宫这样的命运。天王宫之外的聚宝城南宫庙，如富美宫、黄帝宫、青龙宫，似乎已与地方政府相关部门形成了相对良好的双赢关系，成功地将自身纳入政府的文化遗产保护计划中，从而获得认可与拓展空间，而且，由于它们并不临近重大考古遗址，因此也未遭到遗址公园的侵袭。20世纪末，罗攀在甲第巷等地的历史与民族志研究中指出，城市一般居民通过创造双赢关系，获得了他们的居住权、差异权及保持日常生活意义体系的权利。[23] 我们在富美宫、黄帝宫、青龙宫所在社区看到的情景，与其得出的结论一致。

然而，必须指出的是，天王宫的失利，并不是偶然的。在地方宫庙与博物馆化的文化遗产保护项目之间，普遍存在着传统的分化，这种分化是致使政府将本属于泉州海外交通贸易、宗教-文化多样性之一部分的天王宫排除在其遗产名录之外的重要原因。与此相关，不少所谓的地方文艺形式，如地方戏，都既与宫庙有深刻的联系，又被政府、学者及与之有着密切关系的文化开发企业所珍视，被纳入非物质文化遗产名单。然而，他们的展示含有的意义，却有着鲜明的不同。对于宫庙来说，地方文艺形式是祭祀仪式的一部分，与之不能相分，不仅用以娱人，而且更重要的是用以娱神，是节庆期间人神之间交流互动关系的重要渠道。作为非物质文化遗产，则主要在原宫庙的表演空间（如戏院和广场）展示，其历史与形式的资料，被收藏于非遗展示馆内，其预期起到的作用，是通过娱人而达到传播闽南文化、收获经济或社会效益的目的。与宫庙结合紧密的地方戏，历史远比被纯粹化为文艺形式的地方戏历史久远，但后者在城市空间中占据的位子，却犹如德济门遗址那样强势。

本文的作者之一曾在一篇论文中对遗产与灵验的遗产做了区分[58]，认为地方精英广为接受的官方遗产定义，清除了遗产之与其所在人文区位特定社会性、神圣性之间的纽带，而在它们的所在地，另一种遗产却依旧发挥着重要的社会作用，这些遗产往往被形容为"富有灵验"，系属神对人的求的应（如泉州地方庙宇里常在匾额上说的"有求必应"）。这种"应"具有神秘性——灵就是指具有神秘性的应，而灵不等同于巫术——它富有社会的内涵，是妥善的人、物、神关系的结果，因此，可谓是特定社区物质、社会、精神层次的集中表现。

德济门与天王宫，作为非遗的地方戏与作为庙宇仪式组成部分的地方戏之间的文化分化，本质上正是遗产与有灵验的遗产分化的外显性表现。

结语

地方精英的生业，来源于其介于上下之间的身份，作为家、国、天下的中介，他们摇摆于地方的上下内外之间。近代以来，地方精英作为文化枢纽的角色变化不大。然而，在可称为国族时代的 20 世纪，相比国族观念的原产地欧洲，东方古国中国创造出的新式国家与其之外的社会、政治、经济领域，更少保留有机联系。[8]217-244 它一面割断自己与帝制时代政治文化体系的联系，一面将自身疏离于被设想为有碍新国家体系成形的地方社会之外。20 世纪上半叶，有那么二三十年，帝制终结导致了地方精英组成的变化，不少有士绅身份背景者，在地方社会中退出历史舞台，其留下的权力真空为无此背景的地方强人所填补。这些地方强人，掌控宗族、地缘崇拜、通婚等地域纽带，并支持它们在现代化中寻找生存空间，[59] 其部分结果是这些地方社会组织的强化。20 世纪 50 年代之后，这些人物多在土改中被打倒，此后，以广义的干部为主要身份的地方精英，既要服从强化了的新国家的新文化要求，又要割舍其与所在地方的社会、政治、经济领域的关系。21 世纪到来以后，被重视的文化遗产保护，似乎改变了现代化的区域权力格局的面貌。此时，部分地方精英赢得了一个新的机会，借此，他们对所在区域文化遗产加以再梳理、再组合、再创造。

泉州的地方精英，正是在区域权力格局的变动进程中展开其文化工作的。作为内部异质的阶层，他们对于该如何处理从古城破坏史中幸存下来的遗产,难免存在分歧,守成与开发之不同态度,即为其分歧的表现。然而,有差异的态度之间存在势力消长格局,目前,守成态度势力似乎已为开发态度势力所成功边缘化,聚宝城南的文化遗产保护,取得主流地位的意见,悄然从20世纪90年代中后期的被动控规,转为2012年以来的"主动复兴或保护性建设"。这种主动复兴或保护性建设的观点,既有地方基础,又与近年来地方之外更广阔的领域里出现的相关话语与实践相关联,其意象中的传统,是有选择性的历史记忆。这一观点正在起的作用,是化这一传统为若干被选择的文化因素的展示空间,让文化生态园所在的区位,从生活世界转变为容器。

文化生态园的文化,并非凭空捏造,它既是泉州历史上此消彼长的市与城、开放与封闭性格的新杂糅,又是地方精英介于历史与现实、局内与局外的双重身份的表现。并且,由于它既已受到自身依托的主动复兴或保护性建设意见之制约,因此几乎可以说是命定地必须依赖社区的历史与文脉来体现自身,从而也几乎可以说是命定地要以那一历史与文脉来塑造自身的形象。

然而,这一文化毕竟不等同于我们借历史与人文区位学所加以认识的。考察聚宝城南,我们认识到,这个片区存在着的文化,基本气质与其所在的地理方位有着深刻的关系。不同于城内,这个片区原本为帝制时期的城乡接合部,自然地理面貌接近于当下所谓的湿地。随着自然地理面貌的改变及迁徙而来的居民与这一面貌越来越频繁的互动,这片区域演化成水系发达的聚落空间。居住在这些空间里的人们,最初主要从事农耕,接着他们凭借其与城市形成的若即若离的关系，开拓出一片交通贸易领域。自南宋起，这片区域中的一个相当大的局部，被扩张中的城市所圈围，而其余则保持其在围墙之外、水陆之间的身份，这一身份继续给予聚宝城南优势，元代尤为如此。

宋元的聚宝城南，有极高的社会流动性，迁徙而来的人们由于择业而产生的流动，来自海洋世界的域外商贸、宗教人士来往于泉州港的流动，构成其流动性的核心内容。如人文区位学奠基人之一派克（Robert Park）指出的，个人和团体的流动，常受流动中的个人和团体能力之差异及社会作用的方式之影响，从而形成一些功能和个性有别的小社区单位（small communal units）或自然区域（natural areas）。[60] 也正是在流动性的发展中，聚宝城南产生了一系列个性不同的自然区域。在对宫庙和佛寺的考察中，我们特别关注到，以境、街、巷为中心的小社区单位，是依顺着水系的自然规律而得以建立的。这一事实表明，这些小社区单位的功能与文化区分，与宋元时期的社会流动有着密切的关系。

明清泉州发生过重大变迁，市消与城长是这一变迁的根本特征。在聚宝城南一带，它导致的后果，包括商贸范围的萎缩，也包括社会流动频率的降低。这一后果，为20世纪初以来数代现代主义者将泉州古城形容为"封建落后文化的堡垒"提供了背景和理由。正是在"逝去的繁荣"的灰暗历史背景下，聚宝城南的小社区单位，获得了更多的象征内涵。通过这些象征内涵，人们得以与过往的历史形成关系，得以将历史化为隐喻，表达他们对于自身处境的理解，判断其走势，畅想其未来。

倘若今日的聚宝城南有一个有特色的文化，那么，借社会学前辈吴文藻先生的话说，这一文化，便可以说是这一地域的人民在不同的历史时期生活的总成绩，我们之所以说是总成绩，是因为无论我们对于区域的兴衰加以何种评价，兴衰本身，都是生活世界的核心内容与符号，与当地人关于好运与歹运的观念混合，它们层层累加，使区域的文化景观充满着纷繁复杂的可能。这意味着，生活世界正是在动态历史中不断形成和再形成的。在不同的历史时期，人们都通过与物质世界及与广义的其他人打交道来创造他们的生活，并使之有意义。在创造生活和赋予它意义的过程中，人们不能没有条件地创造历史，而必须在历史的过去中寻找现在的踪影，在物质世界与广义的其他人形成的条件下，谋得自己的生活。对于外来的自然/理性主义者，物质世界与广义的其他人，似乎都应是指事实上存在的物与事实上活着的人，而直到现在，就我们的考察感受而论，事实并非如此，因为，无论是物还是人，在聚宝城南的生活世界中，通常是借处在生死之间的非事实的存在——抽象的天地、祖先、鬼、神明、佛等——而显现自身的，而无论是物还是人，存在的福利，都受制于这些非事实的存在。

聚宝城南文化，极富历史动态性，充满变化，有着多个过去，能将多个过去层累起来且赋予其连贯性的，既不是海丝故事，也不是闽南文化生态园，二者都采取一种将动态十足的历史静态化为一种"总是那样的"的文化形象，而未能表明其侧重表现的文化，是流动的历史之河的波纹。这个文化，与生活世界不能分离，充满着情感，有着多种关系，能将多种关系——人、物、神关系——融为一体的，也不是选择性的历史记忆与传统。这种记忆与传统，源于忘却与现代性，其背后的历史目的论恰是以多种关系之解体为未来想象的。从而，在当下的聚宝城南，存在着两种文化，一种是对自身与外面的世界开放的历史和生活世界本身，另一种则是凌驾于历史和生活世界之上，表面开放，实则难以冲破自身围城的传统。两种文化都可谓是20世纪80年代以来传统再生产[61]的成果。二者生产方式不同，属于民间信仰的那一种，生产力被传说为神明祖先的冥冥之中的启示，虽则也牵涉活跃人士的带动，但起码在形式上是以境或家族的集体劳动为方式的；属于官方文化之一种，始终有"文化搭台，经济唱戏"的色彩，动力主要来自世俗化的地方精英及其依赖的官方话语，形式是集体的，但实际起作用的，则是个体化的地方精英。

过去30多年来，20世纪初导致的文化分立日益引起反思，随之，两种文化之间的界线正在出现逐渐模糊的迹象，这一迹象令人乐观。然而，把持超地方文化的精英对于地方性知识的淡然，持续为他们的自我认同提供前提，而受知识、国族观念形态和国族制度之限制，他们所能起到的牵线搭桥作用有限。他们能够充分意识到在推行自己的计划时面对的难题，包括从宏观上生态园如何克服遭到大型水泥防洪堤、江滨路、摩天大楼包围的社区，命定地难以重获其本有的江河海洋气韵的难题，也包括从微观上如何获得民居保护性开发所需之产权条件的难题,[①] 不过,他们却难以冲破自设的思想围墙,进入地方的真实情景中。

远观当下城市发展的形势,我们看到,这座古城如今已像是一个被吹起来的气球,立体地膨胀。古城依旧存在,但其主要民生设备几乎都在往它的外面走,留给古城去发挥的,似乎只是某种以"美丽社区""美好生活"为形容的调调。这个调调的基本内涵是被形容为"乡愁"的那种东西。而当我们进入古城,探访包括聚宝城南在内的老社区并近察其风土人情时,我们发现,富有质感的历史依旧演绎着自身,从这一历史中,调调为发挥自己在生活中的作用而借用了许多资源,然而它的质感却远不是历史本身的那种感觉。这种常常被我们感到有些许轻浮的调调,若是成为文化生态园展示文化、收获利益的主要手法,则必定会给古城带来新的破坏。

我们不能确定,对人文区位学研究原则的运用,能给所研究地的现实状况之改善带来何种裨益,不过我们相信,这一方法追求对历史和现实情景给予准确定义,运用它对诸类人文关系加以

---

① 在化聚宝城南为"闽南文化生态园"过程中,地方政府官员与精英(无论是商业精英还是文化精英,还是近期所见的商业-文化精英)都面临一个难题。他们计划将一些"有历史文化价值"的民居"公共化"为展示"闽南文化"、娱乐市民、招徕游客的空间,而这些民居的产权归属极为复杂,多为分家后的若干兄弟姐妹以至堂兄弟姐妹所共有,而他们往往难以达成产权交易上的共识。在一些地方,仍然可以实施强行征地拆迁的政策,但聚宝城南又已被圈定为"文化生态园",强行征地拆迁既可能破坏园区的文化根基,又可能导致民愤。怎么办成了难题。

审视、对文化变迁计划加以分析，除了有助于我们不断贴近事实之外，还有助于让我们认识到，在我们这个空前需要更整体和全面地看待生活的时代，对于这一社会科学的观察和审视办法，有着急切的需求。在相当大的程度上，这一需求出现于一个特殊的历史背景之中，即在失去了文化中间纽带作用之后近百年，地方精英空前强烈地感受到他们的身份缺憾。事实上，他们依旧在权力和话语领域起作用，但这一作用，几乎与他们那一介于内外上下之间的身份无关。要重拾这一身份，他们所需要的，其实并不是他们出于自愿或迫于压力所做的那些自上而下、由外而内地改造社会、再造传统的工作，而是借人文关系体系的认识，重新返回人文世界的历史与现实的现场。人文区位学这一社会科学的观察和审视办法，兴许有助于他们从地方重新启程，回到这一现场，在那里兼容并蓄那些自下而上、由内而外的文化运动，恢复自身的中间纽带身份。我们相信，这个意义上的文化复兴，是有着深刻的历史根据、社会基础及未来前景的。

参考文献

[1] 王铭铭. 逝去的繁荣——一座老城的历史人类学考察 [M]. 杭州：浙江人民出版社，1999.
　　王铭铭. 溪村家族：社区史、仪式与地方社会 [M]. 贵阳：贵州人民出版社，2004.
　　王铭铭. 走在乡土上：历史人类学札记 [M]. 北京：中国人民大学出版社，2003.

[2] MICHAEL R, HARRIET E. Cultural Heritage and the role of intellectuals

in Mali and Cameroon［M］// Chris Shore and Stephen Nugent (eds.). Elite Cultures: Anthropological Perspectives. Oxford: Berg, 2002.

MICHAEL R, HARRIET E. Cultural Rights and Wrongs: Uses of the concept of property［M］// Caroline Humphrey, Katherine Verdery (eds.). Property In Question. Oxford: Berg, 2004.

MICHAEL R, HARRIET E. Reconceptualising Heritage in China: Museums, Development and the Shifting Dynamics of Power［M］// Paul Basu and Wayne Modest (eds.). Museums, heritage and International Development. London: Routledge, 2015.

［3］ 王铭铭，孙静. 物与人：安溪铁观音人文状况调查与研讨实录［M］. 厦门：厦门大学出版社，2016.

［4］ Wang Mingming. To learn from the ancestors or to borrow from the foreigners: China's self-identity as a modern civilization［J］. Critique of Anthropology, 2014, 34(4): 397–409.

［5］ Cheung Sidney. Observation on the antiquities trade in China［G］. Hong Kong: Hong Kong Institute of Asia-Pacific Studies, The Chinese University of Hong Kong, Occasional Paper, 2002（128）.

［6］ 吴晗，费孝通，等. 皇权与绅权［M］. 天津：天津人民出版社，1988.

［7］ JOSEPHE, MARY R. Chinese Local Elites and Patterns of Dominance［M］. Berkeley: University of California Press, 1990.

［8］ Duara Prasenjit. Culture, Power and the State: Rural North China, 1900–1942［M］. Standford:Stanford University Press, 1988.

［9］ ERIC H, TERENCE R(eds.). The Invention of Tradition［M］. London: Cambridge University Press, 1983.

［10］ Tu Wei-Ming. Culture China: The periphery as the center［M］//Tu Wei-Ming(eds.). The Living Tree: The Changing Meaning of Being Chinese Today. Stanford CA: Stanford University Press, 1991: 1–34.

[11] 吴文藻. 论文化表格［M］// 吴文藻. 论社会学中国化. 北京：商务印书馆，2010.

[12] 王铭铭. 民族志：一种广义人文关系学的界定［J］. 学术月刊,2015（3）.
王铭铭. 当代民族志形态的形成：从知识论的转向到新本体论的回归［J］. 民族研究，2015（3）.

[13] 吴文藻. 论社会学中国化［M］. 北京：商务印书馆，2010.

[14] HUGN C. Community, Trade, and Network: Southern Fujian Province from the Third to the Thirteen Century［M］. Cambridge: Cambridge University Press, 1991.

[15] Fei Hsiao-tung. China's Gentry: Essays in Rural–Urban Relations［M］. Chicago:Chicago University Press, 1953: 91–107.

[16] SKINNER,WILLIAM G. Presidential address: The structure of Chinese history［J］. Journal of Asian Studies, 1985, 44(2): 271–292.

[17] 张星烺. 泉州访古记［M］// 周焜民. 泉州古城踏勘. 厦门：厦门大学出版社，1997.

[18] SCHOTTENHAMMER A (eds.). The Emporium of the World: Maritime Quanzhou, 1000-1400［M］. Leiden: Brill, 2001.

[19] 陈允敦. 泉州古城踏勘［J］. 泉州文史，1980（2/3）.
庄为玑. 泉州历代城址的探索［J］. 泉州文史，1980（2/3）.

[20] 林雅婷. 泉州城历史宗教地理与神圣空间争夺［M］// 中国闽台缘博物馆. 西岸文史集刊第2辑. 福州：福建教育出版社，2013.

[21] Wang Mingming. Empire and Local Worlds: A Chinese Model for Long-Term Historical Anthropology［M］. Walnut Creek: Left Coast Press, 2009.

[22] 王连茂. 泉州拆城辟路与市政概况［J］. 泉州文史，1980(2/3).

[23] 罗攀. 迷失的发展——现代化、城市规划与文化遗产保护［D］. 香

港：香港中文大学，2010.

[24] 泉州侨乡开发协会. 泉州古城调研管见：关于调整《泉州古城控规》的若干建议［M］// 周焜民. 泉州古城踏勘. 厦门：厦门大学出版社，2007.

[25] 陈自强. 论宋代泉州南外宗正司［J］. 泉州文史，1980（4）.

JOHN C. The impact of the Song: Imperial clan on the overseas trade of Quanzhou［M］// SCHOTTENHAMMER A(eds.). The Emporium of the World: Maritime Quanzhou, 1000–1400. Leiden: Brill, 2001:13–47.

[26] 庄为玑. 泉州历代城址的探索［J］. 泉州文史，1980（2/3）.

[27] 傅宗文. 宋代泉州市舶司设立问题探索［J］. 泉州文史，1983（8）.

[28] 苏基朗. 刺桐梦华录：近世前期闽南的市场经济 946—1368［M］. 杭州：浙江大学出版社，2012：189.

[29] 汪大渊. 岛夷志略［M］. 苏继庼，校释. 北京：中华书局，1981：385.

[30] 施坚雅. 十九世纪中国的地区城市化［M］// 施坚雅. 中华帝国晚期的城市. 北京：中华书局，2000.

[31] 郑剑艺. 基于明清时期的泉州城市形态研究［D］. 泉州：华侨大学，2006.

[32] 叶青. 泉州行郊点滴［M］// 政协福建泉州鲤城区文史资料委员会. 泉州鲤城文史资料第20辑. 泉州：［出版者不详］，2002.

[33] 沈玉水. 近现代泉州海关［M］// 政协福建泉州鲤城区文史资料委员会. 泉州鲤城文史资料第20辑. 泉州：［出版者不详］，2002.

[34] 吴健康. 泉州内港码头记忆［M］// 政协福建泉州鲤城区文史资料委员会. 泉州鲤城文史资料第30辑. 泉州：［出版者不详］，2012.

[35] 安永绥. 民政福利生产企业［M］// 政协福建泉州鲤城区文史资料委员会. 泉州鲤城文史资料第11辑. 泉州：［出版者不详］，1993.

[36] 黄天柱，刘志诚. 后渚港通往泉州古道的调查［J］. 泉州文史，1980（4）.

[37] 泉州闽南文化生态中心博览苑项目指挥部. 聚宝城南——泉州闽南文化生态园 [M]// 林汉宗. 城南旧事. 香港：国际炎黄文化出版社，2014.

[38] 萧彩雅. 聚宝街地理位置及相关资料 [M]. 泉州：[出版者不详]，2015.

[39] 顾祖禹. 读史方舆纪要 [M]. 贺次君，施和金，点校. 北京：中华书局，2005：4515.

[40] 泉州市鲤城区地方志编纂委员会. 鲤城区志 [M]. 北京：中国社会科学出版社，1999：339.

[41] 阮道汀. 略谈泉州"东西佛"械斗 [M]// 鲤城区方志办，鲤城区政协文史办. 泉州文史资料 1-10 辑汇编. 泉州：[出版者不详]，1984.

[42] 郑振满. 莆田平原的宗族与宗教——福建兴化府历代碑铭解析 [M]// 刘永华. 中国社会文化史读本. 北京：北京大学出版社，2011.

[43] 泉郡富美宫董事会. 泉郡富美宫志 [M]. 泉州：[出版者不详]，1997：123.

[44] 斯波义信. 宁波及其腹地 [M]// 施坚雅. 中华帝国晚期的城市. 北京：中华书局，2000.

[45] 王军. 关于泉州城南历史街区保护的意见 [J]. 福建文化调查，2015（5）.

[46] 泉郡天王府宫理事会. 泉郡天王府简介 [M]. 泉州：[出版者不详]，2004.

[47] 陈垂成. 泉州城区八卦沟综述 [M]// 周焜民. 泉州古城踏勘. 厦门：厦门大学出版社，2007.

[48] 德格洛珀. 一个十九世纪台湾海港城市的社会结构 [M]// 施坚雅. 中华帝国晚期的城市. 北京：中华书局，2000.

[49] 施舟人. 旧台南的街坊祀神社 [M]// 施坚雅. 中华帝国晚期的城市. 北京：中华书局，2000.

[50] STEVEN S. History and Magical Power in a Chinese Community [M]. Stanford: Stanford University Press, 1987: 62–92.

[51] 吴藻汀. 泉州民间传说 [M]. 泉州：[出版者不详]，1985：85.

[52] JAMES W. Standardizing the gods: The promotion of T'ien Hou ('Empress of Heaven') along the South of China Coast, 960–1960［M］// JOHNSON D, Na THAN A, RAWSKI E(eds.). Popular Culture in Late Imperial China. Berkeley: University of California Press, 1985:292–324.

[53] 黄炳元. 天后宫规制与建筑艺术［M］// 泉州闽台关系博物馆. 泉州天后宫. 泉州：［出版者不详］，1990：14.

[54] 杨清江，陈垂成. 从祀诸神录［M］// 泉州闽台关系博物馆. 泉州天后宫. 泉州：［出版者不详］，1990.

[55] 唐宏杰. 泉州德济门出土宗教石刻浅析［J］. 海交史研究，2003（1）.

[56] 尹文丽. 让城门走出孤芳自赏［N］. 泉州晚报. 2012–10–28–(2).

[57] 闵智亭，李养正. 道教大辞典［M］. 北京：华夏出版社，1994：236.

[58] Wang Mingming. EI patrimonio en duda: un templo sus fiestas［M］// DE ROTA J A(eds.). Anthropologia de la Transmisió Heretaria. La Coruňa Servicio de Publications,1998:139–178.

[59] Siu Helen. Subverting lineage power: Local boses and territorial control in the 1940s［M］//David Faure and Helen Siu(eds.). Down to Earth: The Territorial Bond in South China. Stanford CA: Stanford University Press, 1995: 88–209.

[60] 赵承信. 派克与人文区位学［M］// 北京大学社会学人类学研究所. 社区与功能——派克、布朗社会学文集及学记. 北京：北京大学出版社，2002.

[61] Tan Chee-Beng(ed.). Southern Fujian: Reproduction of Tradition in Post-Mao China[M]. Hong Kong: The Chinese University Press, 2006.

地理与社会视野中的民间文化：
惠东小岞考察[①]

王铭铭　吴银玲　孙静　金婧怡

摘要： 小岞位于惠东（惠安县东部），为惠安女居所。当地的生计方式讨海吃以及聚落形态讲风水，体现在海洋、山地、洼地等对比之上。小岞人也通过拜神明、敬祖先来实现自我认同。小岞人生活在一个整合了人-人、人-物、人-神等人文关系的体系之中，惠安女不是例外。从小岞人和他们的祖先营造及再营造的人文关系体系中，可以看到，被人们视作"缺乏历史动力"的民间文化，自身有着强大的创造力。这一创造力的存在，比标签化的"惠东形象"，更应引起政治经济实践者的重视，对其进行研究，也将更有助于更新文化研究的内涵。

---

① 原载于《民俗研究》2017年第2期。

关键词：惠东人，自然-人文地理，人文关系体系，民间文化，社会

引言

小岞位于福建省泉州市惠安县东部沿海地区，三面临海，原本是一个海岛，现一面连接陆地，为典型的半岛。

小岞是惠东的一部分。惠东指惠安县东部沿海地区的辋川、小岞、山霞、净峰、东岭、涂寨以及崇武的郊区部分，区域内特殊的婚俗和女性服饰成为人类学家关注的重点。自20世纪50年代开始，林惠祥、蒋炳钊、陈国强、吴绵吉、李亦园、乔健、庄英章等学者先后在该区域进行实地考察，围绕长住娘家婚俗进行讨论，形成了进化论、传播论到功能论的不同解释。90年代，在崇武古城建成600周年之际，厦门大学、香港中文大学、台北"中央研究院"等机构先后组织了大规模的惠东调查，随后发表了《惠东人研究》《崇武人类学调查》《崇武大岞村调查》《惠安民俗》等学术成果。1994年，美国人类学家萨拉·弗里德曼第一次造访惠东，并于1995—1997年来到大岞村进行了为期两年的田野调查，后来写就《亲密政治：华南的婚姻、市场及国家权力》一书，叙述惠安女在不同时期女性形象变迁的问题。

惠东人类学考察一向比较集中于旅游胜地崇武一带，但小岞也并非没有得到研究者的关注。20世纪80年代厦门大学陈国强

先生带领的调研团队短暂涉足小岞，而后，日本学者清水纯等人在小岞进行短期的田野调查。1998年新年期间，集美大学夏敏到小岞进行了文学人类学研究。2012年，厦门大学硕士生傅明晴对小岞鱿鱼生产进行了调查。

2016年8月1—12日，本文作者之一（王铭铭）带领一个研究小组（小组由吴银玲博士，博士生孙静与李云轩，硕士生金婧怡，本科生王正原为成员，博士生兰婕参与了前期的文献收集和读书报告环节）进入小岞展开实地考察。考察之前，我们对既有惠东人研究成果进行了初步整理，发现半个多世纪以来，学者们对惠东的关注一直局限于与长住娘家婚俗和惠东妇女特殊服饰相关的惠安女现象，因而，惠东被渐渐标签化为惠安女居所（甚至连国外人类学家萨拉·弗里德曼也主要是借惠安女意象，从身体与政治关系角度展开亲密政治研究的）。[1] 由于惠安女这个意象已在惠东文化区得到极其广泛的接受，并已渐渐成为地方对外形象，因此，无论是学界还是地方精英，对于我们此次实地考察都有某种惯性的期待。而据本研究小组带队人的先期调查经验，这种期待，遮蔽了一个更值得关注的现象。

与人类学学科重建同时，自20世纪80年代以来，包括小岞在内的惠东，与闽南地区一道，经历了一个内容复杂的传统复兴

---

[1] 惠安女意象，出现于国族在内部发现异己的过程中，之后，这一被发现的异己意象，渐渐过渡为地方精英开发的自我形象，在其文化政治和商业开发中，成为本土象征资源。这一意象的出现与演变，与20世纪初开始的文化扭曲史紧密相关。有鉴于此，我们选择暂时与这一意象保持距离，而将注意力集中于小岞的另一面。

过程。[1]在惠东，在民众及包括乡贤（当下往往特指曾经外出经商或从政后归来、经济条件好、社会影响大的人物）和地方干部在内的地方精英等社会各阶层的参与下，旧有寺庙、祖厝得以修复，相关的仪式体系得以重建，[2]在同一进程中，自然人文地理景观也出现了一些变化。

进入小岞，我们看到，尽管此地确有长住娘家传统和特殊妇女服饰，但丰富多彩的地方民间文化（必须指出，地方民间文化曾是宫廷文化和士绅文化的基础，在后者形成之后，长期与之互动，二者之间相互吸收，长期存在着难解难分的关系，其与上层文化脱离，成为民间的过程，更多与20世纪以来国族主义对封建传统的排斥有关）更吸引我们的注意力。我们认为，在形形色色以发展、建设、保护、规划为名实现的文化破坏日益严重的今天，全面搜集、整理、展示小岞民间文化（例如，与海洋相关的渔业文化，与生活相关的衣食住行文化，与地方公共生活相关的寺庙、祠堂、族谱、传说、社团，以及作为精神文化核心内涵的民间人生观、社会观、世界观），有着不可低估的必要性和紧迫性。

我们的调查分两个阶段进行。第一阶段调查三个主题，分别为自然人文地理、宗教社会结构、文体社团；第二阶段则是访谈乡贤、离退休干部、教师、地方学者等地方精英。① 具体而言，8

---

① 在此前的泉州聚宝城南研究中，本文部分作者已经阐述地方精英这一概念的内涵，本次研究沿用这一解释，并据此扩大当地人的乡贤观念，将党政退休人员、教师、文史研究者等也纳入访谈对象范围。

月2—8日,孙静、王正原对小岞的山川、城墙、河道、沟渠、港口、渡头、堤岸等地进行了实地考察和走访,尤其关注解放后小岞自然人文地理的形成原因,收集风水师、地方文史专家、老船长等人的口述材料和民间传说并进行对照,以此重构小岞从浮岛变成一座半岛的历程。在同一时段,吴银玲、金婧怡对小岞9个行政村及其各个角落(自然村)的境主庙、祖厝、小岞基督教堂等进行调查,在当地村干部以及各宫庙负责人的帮助下,形成了对61座宫庙及30座祖厝的普查,了解了各个角落村民的公共生活:在时间上,除传统节日之外,节庆基本围绕着宫庙主祀神的诞辰展开;在空间上,祭祀祖先一般在宗祠或祖墓举行,丧葬仪式一般在祖厝举行,为境主神庆祝生日一般在宫庙举行,普度一般在家门外或头目宫庙前举行。另外收集到东山黄氏、后内李氏三房的族谱草稿,由此得知李氏宗祠的祭祖仪式、当地宗族的组织情况及时代变迁。针对文体社团情况,李云轩采访了南音社、乡剧团、武术馆、惠女服饰创作基地、舞蹈工作室等负责人员,通过访谈了解小岞的雅文化发展概况。8月9—12日,调查工作进入第二阶段,调查小组分别访谈了当地各界精英人士30余位:(从商)乡贤2位;在职干部2位;地方学者2位;离退休人员10位,其中包含曾接待过人类学者的3位;文体相关人员7位;风水师2位。在调查过程中,我们参与观察了丧礼中的办祭、做功德等仪式,访谈了小岞年度节庆概况和惠安女风俗变迁等,并走访了惠安县境主庙青山宫。

在小岞,不同阶层对当地历史的表述各异。此地自宋朝建制开始,即经历起伏波动的兴衰周期。精英阶层偏重强调宋朝是小岞的兴旺时期,认为小岞历史上曾经出过宰相李文会,是宰相故里,所以具有文脉优势。当地乡贤和地方政府官员,因关注在开发中寻找小岞的传统地理和文化优势,而更侧重表述地方大历史。相比之下,普通百姓则更从日常生活的角度讲述各个角落神明的灵验传说,沉浸于20世纪50年代之后小岞渔业经济兴衰的往事。

与闽南其他地方一样,小岞民间文化的基本内容,是地方社会生活的集中表现,其社会空间载体是家族与寺庙,其行动方式是仪式(尤其是公共性的礼仪活动)。仪式活动是集体性的,最集中地表现地方人群分与合的关系逻辑;同时,仪式活动还广泛牵涉人和物质世界与精神世界之间的关系,可谓是广义人文关系[3]的载体。因而,这些活动举办的空间,表现出某种自然地理与人文地理混融的内涵。在整理实地考察资料的过程中,我们特别关注这种地理的混融,试图在自然-人文地理基础上描述仪式社会空间的构成方式。当然,我们并不因此忽视地方历史过程中人的能动作用,而是特别重视地方社团和精英的行动对于民间文化的影响。

以民间文化为进路进入小岞,我们看到,孤立化、标签化的文化意象对于我们认识人文世界起着负面作用;更整体地认识地方,不仅有助于我们推进学术研究,而且有助于我们更清醒地认识现代国家范围内地方精英文化政治的问题。

本报告由以下三部分组成:从区域历史、地理位置以及人口和社区状况三个层面呈现小岞的社区背景;从海洋、山地、洼地等的对比中描述当地的生计方式（讨海吃）以及聚落形态，并且从史料、传说、口述等材料中寻找出小岞从浮岛到半岛的自然—人文地理变迁过程；从民间社会组织层面入手，分析小岞9个行政村的61座宫庙的结构关系、祖厝与宗族组织，从而理清小岞人拜神明、敬祖先的信仰体系，指出乡贤等精英阶层与普通民众之间有关传统与历史的表述差异。

在结语中，我们力求基于考察所得提出一个对于学术研究和现实实践都有益的评论。

历史、人口与社区

宋太平兴国六年（981年），惠安置县，小岞属惠安县崇武乡守节里二十七都。此后，建制屡有变迁。元朝时期，惠安改为四乡十八里，小岞属文质乡延寿里三十都。明朝时期，小岞属黄坑铺三十都。清朝初期，惠安的乡、村建制沿袭明朝。顺治十八年（1661年），清政府命令迁徙沿海居民，小岞村民被迁移到惠西一带，至康熙十八年（1679年）才陆续迁回。此时，小岞设置前内、后内、东山、南赛4个行政村，归属黄坑铺。民国初期，惠安建置沿用清制，1928年设区公所，小岞隶属东岭区公所，1944年惠安裁撤区公所，设置净峰乡，小岞属于净峰乡。[4] 1949年，惠安县设3个区，小岞归第三区（东岭区）管辖。[5] 1961年，小岞成立人民公社，下辖12个生产大队（5个农业大队、5个渔业大队、2个运输大队）。[5] 1984年成立小岞乡人民政府，[5]

2000年撤乡为镇，目前小岞镇下辖9个行政村，分别为前海、前群、前峰、后内、新桥、螺山、南赛东、南赛西以及东山。

宋朝迁入的开基先祖为李、陈两姓，此后，小岞"男女业作，皆归于公，家长掌之"，[6]田园景象美好，家风古朴，地方兴旺。元朝，小岞经济萧条，"户口消耗至明正统间犹未复"。[4]6明朝洪武二十年（1387年），江夏侯周德兴在沿海兴建防护卫所，在小岞置巡检司。沿海各巡检司之间经常换防，导致人口迁移频繁，其他姓氏陆续迁入小岞，如黄、郑、庄、于、潘、叶、林等。[4]7另外，明朝屡屡颁布海禁政策。此间，小岞有不顾禁海令私通倭寇、海上行船的乡民，甚至也有为生活所迫而成为海盗者。在岛上，社会经济农业化十分明显，而由于海岛并不适于农耕，小岞经济处于不利地位。清顺治至康熙年间，朝廷实行近20年的沿海迁界令，小岞经济备受打击。到乾隆时期，特别是康姓先民从加墩徙入前内捕鱼后，小岞的人口和渔业经济才得到空前发达。[4]7道光年间，前内漏尾捕鱼技术的创制，大大提高了生产力，而小岞当时的人口也达到1.3万多。[4]7 1949年以后，小岞有长达20多年的驻军历史，部队调离之后，当地成立过民兵组织。此间，前内大港湾、大沪湾、后内西埯、东埯及南赛，东山的港口，因社会稳定而渔业繁荣。前内基于清末的港口优势，成为小岞的政治经济文化中心。小岞的社会稳定、经济发展带来了人口激增、土地紧张。20世纪80年代之后，随着渔业的衰落，新一代小岞人逐渐走出海岛，成为北上广的第一代城市农民工，后来成长为建筑包工头。如今因为建筑业而获得巨大财富的小岞人，陆续回乡，开始构想家乡未来的发展蓝图，他们也被当地干部群众纳入乡贤行列。

小岞面积约 7.4 平方千米，[1]在这个规模不大的半岛上，分布着若干丘陵。小岞之"岞"字，有山的含义，与大岞相对应。古人航海经过此地，观山势之陡峻而加以命名。嘉靖版《惠安县志》卷二记载："正东一支由小岞大岞二山之间，入至前林港，凡诸溪水之入东井埭者，皆归之。"[6]43 可见，岞山的说法是空穴来风。[2]

早在明代，"小岞巡检司"这一地名已出现。《闽书》曰："小岞巡检司，巡检一员。司在县三十都界，去县四十里，城立山巅，前盱大岞，后盼黄崎，四面环海，屿前后皆为湾湾，贼舟登岸可虞也。"[7]明崇祯年间何乔远在记录小岞巡检司的地理位置时，强调它四面环海的地理特征，而因为巡检司"城立山巅"，所以"贼舟登岸可虞"。这一记载还揭示了小岞所处的位置乃是夹于大岞与黄崎之间。大岞方向即是崇武、泉州湾以南方向，黄崎（今净峰莲城）方向即是黄干屿、湄洲湾以北方向。而巡检司所在的山头，便是今日小岞东山村所地处的东山，民间也称之为莲花山。

小岞"西依七里湖狭长地带接壤净峰镇，南隔雄踞着牛屿的大港湾遥望崇武半岛，北连横卧着鸡笼屿、后尾屿的湄洲湾海域，东临台湾海峡"[8]。1958 年，七里湖被小岞乡民填平，小岞

---

[1] 福建省惠安县地方志编纂委员会.惠安县志[M].北京：方志出版社，1998：81。另外，在调查时，地方干部惯常会说"小岞面积约为 7.6 平方公里"，小岞面积的扩大或与近年填海造地有关。

[2] 宋时出生于小岞的宰相李文会，其父母的碑文上依旧刻有"岞山"二字。

得以修建公路连接净峰镇区。在七里湖消失之前，乡民要么乘坐渡船到净峰前山渡口，要么等海水退潮，沙堤露出水面，再步行至净峰。

小岞自古就有两种通向外部世界的方式，一是海洋，一是陆地。虽然在很长的历史时期里，陆地都只在每日退潮的时候才能浮现，然而从明代的古地图里，可以发现，小岞被视为惠安县县域的陆地组成部分，而非岛屿。

1949年以后，小岞镇下辖的村落经历了一个析分过程。对此，一说"解放初期，小岞镇辖前内、后内、东南三个乡"，[8]另一说"解放初，小岞设前内、后内、南赛以及东山4个大队"，[9]后增设新桥，形成5个大队。第二种说法在小岞被广泛接受。当地村民在追溯家族和角落历史时也会联系到最初的四大聚落，即前内、后内、南赛和东山。整个小岞的自然人文地理、生计方式、宗庙祖厝、公共生活等也基本存在上述4个较大的空间结构关联。1985年1月，生产大队改称村民委员会，陆续从后内析出螺山，南赛析出南赛东、南赛西，前内析出前峰（锋）、前群、前海。[9]2010年，全镇32 267人，8 427户，下设82个村民小组。[8]2村民姓氏众多，构成复杂，包括李、陈、康、黄、郑、庄、洪、邱等。2012年，人口总数为32 765，其中前内人口为12 224，后内人口为9 236，东山人口有3 825，南赛人口7 480。① 据2012年的人口统计，前内人口最多，占小岞总人口的37%，包含3个行政村：

---

① 中国中建设计集团有限公司：《惠安县小岞镇总体规划（2013—2030）征求意见稿》，第4页。

前群、前峰和前海。前群,原前内有个海群渔业队,1982年析分为三个大队时取其"前"与"群"为名。前海村,取前内与海群之首字为名。前峰村,因村位于前群、前海前沿而得名。后内也被析分为螺山与后内。小岞的文史工作者李常青介绍说:"(螺山)原属后内村,古时称后里村,因地处螺山之南坡,也别称螺山(因形似海螺,故名)。1984年拆村时,以后内村的别称'螺山'而定名螺山村。两个村名,实际上仍隐含一个村的整体。"新桥村的得名则是与陈姓的家族源流有关。据传,古时洛阳岭头陈氏村民迁泉州新桥定居,后再迁于小乍(岞)后内建居,以新桥定名。[①]一位退休的村干部告诉我们,新桥陈姓原本因为人口众多在祖宅住不下了,而且周围也没有空地,只能搬迁到别处重新开基,后内至今仍留有新桥陈姓的两间祖屋旧址,位于后内丞相埭桥头边。南赛人口则占了小岞总人口的23%,以一条街道为界划分为南赛东、南赛西两个村。

海陆、山水与文脉

村庄的析分,对人们的社区认同影响并不深刻。小岞人更乐于用方位来命名区位。后内毗邻后海,名为后内,以区别南边的前内。东山位于三山的东面即为东山。方位命名的特点还表现在各村角落的命名上。有的角落以李文会祖宅前的古井为坐标,如

[①] 以上关于村落名称的来源解释,均参考自李常青:《小岞地方掌故:乡镇村庄地名来历》(未刊稿)。

后内村的下井、东井。有的角落以城墙为坐标，如东山村的城门口、城顶和前海村的城仔内。还有的角落将家族房支与地理位置结合起来命名，如东山的顶二房和下二房。

地方社区认同可能恰恰建立在家族历史、姓氏源流以及自然地理的基础之上，而非基于人口因素的行政区划。小岞与家族历史紧密相关的姓氏分布，[①]情况如下：

后内片　　李、陈、王、于、叶、潘、肖、康
前内片　　李、康、卢、黄、林、刘、史、庄、洪、辜、汤、曾、于
南赛片　　庄、洪、邱
东　山　　黄、郑

小岞目前9个村落的行政划分是在1949年之后陆续出现的，时间并不久远。受到家族历史因素的影响，人们对聚落的认同仍然主要建立在前内、后内、南赛及东山四大聚落之上。这四大聚落的划分最早可以追溯到清朝。如前所述，小岞乡民在顺治十八年由于迁海令被迫迁移到惠西一带之后，于康熙十八年回到故乡。当时，小岞设置四大聚落归属黄坑铺，[47]这四大聚落在某种程度上便是我们今日所认识的小岞的基本聚落结构。这一结构与小岞独特的自然地理历史息息相关。

以小岞所处的海域位置加以划分，前内与南赛共享前海、大

---

① 资料来源于李常青：《小岞姓氏渊源及迁入时间》（未刊稿）。

沪湾海域，面向崇武与大岞，而后内与东山共享后海，面向湄洲湾。若以小岞所接壤的净峰镇为坐标，前内与后内作为宜居洼地，与东山、南赛的高山峭壁形成对照。第一种分类下，不仅有后海与前海在不同历史时期的发展沉浮的对照，而且其同一海域内部也屡有纠纷，东山和后内历史上因为后海渔业产权产生过纠纷，并导致了两个聚落长达百年的不通婚誓约。而在第二种分类下，丘陵洼地与山川形成一组对照。丘陵洼地与山川所衍生出的历史人文状况形成迥异的风格，前者崇文，后者尚武（见附录一）。

以下，我们略述几类区位的自然-人文地理构成：

讨海吃，向海而生

后海与湄洲湾

小岞的土壤多为盐碱地与沙质地，不适宜农耕。因此，小岞人多以近海捕鱼和礁石边讨小海为生计。环海的沙滩、礁石以及浅海里盛产各类海产品，主要有鱼、虾、海牡蛎、章鱼、甲鲎（孝）、螃蟹、蛏、蛤、蛎、蚌，还有紫菜、石灰菜、龙须菜等海上天然食用藻类。[10] 当地渔民最初自己食用这些海产品，后来逐渐将各类海产品运往外地交换其他生活所需，或出卖海产品积累钱财以扩大家业。傅明晴就小岞地区的鱿鱼生产进行研究发现，当地食用鱿鱼等海产品的生产方式多样，并且成立了相关渔业组织。[11] 可以说，小岞人基本以海为生。这种靠海为生的生计方

137

式，被乡民俗称为"讨海吃"（见附录二）。

随着小岞人口的增长，聚落的扩大，居民之间逐渐出现海权争端。作为处理争端的办法，不同聚落形成了相应的内海捕鱼领域及渔业周期区分。

后内与前内的沿海港口风貌以细腻白沙滩为主，而东山与南赛的港口风貌则以耸立礁石为主。后内与东山在地理上共享斗尾、黄干岛、鸡笼屿、剑屿所包围起来的后海海域，而前内与南赛则在地理上共享中沟、狗仔尾、大沪湾这一朝泉州湾方向的前海海域。

后海的近海捕鱼传统较为久远。相传李文会在南宋绍兴十二年至十四年间（1142—1144年），先后视察钱塘江和浙江宁波等地方，在治理钱塘江水患时，把浙江宁波沿海的造船经验和浅海地拖网、小罾网生产作业传来家乡。[10] 后海海域以现火电厂所在地的礁石为界，分为西埯与东埯。当前渔船多停靠在西埯，以近海养殖和捕捞为主。还有一个"告海公"的传说涉及后海的海权争端。传说万历八年（1580年）黄介石因海权为惠安张氏垄断，不服上告，状告成功后，泉州知府邱浙亲批："东至东海跨茫茫，西至新礁，南至鸟踏（大岞北），北至竿屿（黄竿）重归后里（后内）村管辖。"[10] 如今在后内境主庙正顺王宫内还配祀告海公黄介石的神像。

后海主要由后内各角落来划分海域，除了闸石护、小竖网作业之外，另外还有地拖网和小罾网作业，都是采用"先到先放网，船多轮流放网"[10] 的朴素原则进行渔业海域划分的。

表一　小岞后内部分角落渔业状况[①]

角落及姓氏	作业方式	区域	渔业周期
后内下库　飞钱陈姓	鲎莲作业	涧尾、后屿尾	农历二至九月
后内东井　陈姓	闸石护作业	后厝婆	全年均可
后内　于姓	小竖网作业	在浅海水深齐腰海域，捕捞小杂鱼卖给钓鱼船当鱼饵	全年均可
各姓氏、角落不限	大罾网作业	依照一定的规则划定海域	每年农历四至八月

表一详细标出了后内各角落作业方式、海域划分及渔业周期情况。海域的划分不仅跟作业方式有关，而且与渔业周期紧密相关。比如在定置网作业中，东山村的小定制海区分布在鸡笼屿东、鸡笼屿南、剑屿内等位置，但在农历四至八月，不能占用后内围罾生产的屿尾、屿东边以及鸡笼屿、中网脚捕捞海区。[10]15 东山村与后内村曾因后海海域的问题发生过严重争执，最终两村的械斗甚至影响到通婚。[②] 小岞的老人告诉我们，"这两村世代不得通婚，直到最近十几年才有通婚的事情"，即便现在两村有通婚，

---

① 根据 2016 年 8 月 5 日对李常青的访谈，及其文章《浅谈小岞古代渔村乡规民约》，载《净峰文史》，2014 年第 11—12 期，13—16 页。
② 东山村的文史研究者黄海金告诉我们发生械斗的起因是"不识字"：黄氏祖先娶了两任妻子，其中一二三房为大娘所生，四房为二娘所生。大娘死后，家内的事务都落在了后娘身上，把海契图也交给了后娘。后娘生的一个女儿嫁到了后内，娘家这边准备了一些东西带去夫家，给孩子准备的，要找一张红纸包酒瓶，后娘不识字，就把海契当成一般的红纸包裹送过去了。后内人一看到是海契，然后两族人就开始为了海区争了起来，两村于是开始了长达百年的持续械斗，一直打到解放后，由政府出面，海区各分一半。当时先祖就发誓，东山后人再也不与后内族人通婚。

"但还是比较少"。

前海与大沪湾

广义上的前海包括大沪湾，狭义上的前海指的就是狗仔尾以西的海域。1949年以前，前内村的村民几乎就是依赖前海港湾的渔业而生存发展的。

清朝道光年间漏尾（拖网）技术及船只发明后，前海渔业大幅发展，直到现在，前内仍然有许多老人对漏尾捕鱼技术津津乐道。

据海运社老船长李银土介绍，作为转运中心的小岞，在新中国的东南沿海承担着航海运输任务。他说："（海运社的船）主要停在前峰、狗仔尾。大沪湾不能停船，南赛外边的礁石很多，所以只有水涨起来，才能进来。从前的白沙滩没有了，因为建港，建海堤，流水活动不了，造成了淤堵。"李银土对于前内在计划经济时期的重要地位津津乐道，他介绍说："小岞的海运社，有40多条船，在全县，我们排第三名，运输、组织、收入方面比较好。我小的时候，是互助组。你也有船，我也有船，有个合作社，合作社慢慢变大。"小岞海运社是在1949年后经济制度改革背景下成立的，直到改革开放，允许包产到户之后，海运社才解体。海运社的位置即在前内渔港狗仔尾以西的沙滩上。

海运社年代从小岞出发的航线，最北端到达上海及南通港，而往南则到达汕头和广州。当时并没有机械船，用的都是木船，因此在掌握风向、航向上凭借的是船长的经验积累。小岞港口的船吨位 15~50 吨，一般远洋船起码要 30 吨。除了远洋航线之外，还有内海航线，如去泉州港及厦门港的航线。①

前内，凭借狗仔尾大港湾的优良港口，在 1949 年至改革开放前，一跃成为小岞的政治经济中心。先后建有惠安木材厂、渔业水产站（旧址仍在）、供销社（旧址仍在），其中木材厂主要起转运中心的功能，将南平的木材，通过闽江运到福州，再运到小岞，然后在整个惠安县乃至泉州市进行统一分配。

讲风水，依山而居

前内、后内地势低洼，东山、南赛地势高险，构成了山地与洼地的一组对照，促使四大聚落各自形成两组不同的社会文化气质。

洼地

李文承在《小岞镇建制沿革及其变迁》一文中写道："明朝时期，小岞属黄坑铺三十都。具体有后里、前里、东山、南赛、上厝。"[4]6 前内、后内沿袭明朝的里社制度，又因方言缘故，将"内"作"里"。后内的历史最早可以追溯到宋朝，嘉靖版《惠安

---

① 康跃金告诉我们："去泉州的话，船一般停在码头，比如旧的泉州大桥。以前外面全部都是码头，第一、第二、第三码头。东西要靠几号码头，要港务局分配，不然的话，有时候船很多，又要排队，一条条靠。什么都运，没有陆运。我们小岞东西没有什么运出去，只是负责转运。比如转运木头，我们海运社是搞运输的，好像是搬运的。渔业大队，捕鱼的。"

县志》记载道:"李文会,字端友,小岞人。殿中侍御史,历中丞签书枢密院事,兼权参知政事,谪江州居住,复龙图学士,终四川制置使。"[6]292

出身于小岞的李文会,官至侍御史、御史中丞、签书枢密院事兼权参知政事。后内人对李文会的研究及其祖宅、宗祠的保护始于20世纪90年代。1999年11月,经惠安县人民政府批准,李文会宗祠列入第五批县级文物保护单位。长期对后内进行文史研究的李常青对此作了细致的考察,他追溯了后内陈姓、李姓的源流,指出陈氏乃是明朝嘉靖年间发动后内村民修筑民防城堡的乡绅头人,境主正顺王谢枋得也正是当时被请出来"抗倭""佑民"的。

嘉靖版《惠安县志》亦记载了对陈氏家风"古朴"的赞誉:"小岞陈氏,其先侯官人,宋绍兴中,有为惠安丞者,卜居小岞……及李氏替,而陈氏颇盛,入我朝亦替。族姓尚多,有五世同居者,男女业作,皆归于公,家长掌之,无私蓄,无私馈。衣服稍美者,别藏之。有嘉事,递服以出,鸡鸣皆起,听家长命。其日所业无敢怠惰,士大夫好事者,或往观其家,甚有古朴之风,至今不替。"[6]374

李常青介绍说,古时后里村有"陈李同窗"的传说,至明朝中叶,形成了"同住一个村,同饮一口井,同耕一片田,同捕一渔场,同读一社学,同筑一城堡,同御一外寇,同祀一境主"的淳朴民风。[10]

因此,后内受到自上而下的儒家教化较早,也并非没有根据。李常青援引明隆庆四年（1570年）县令叶春及的《惠安政书》，其中记载惠安"三十都"有六所社学，小岞的后里社学便是其中之一。[12] 我们在后内调查之时，遇到几场葬礼，其中一场葬礼举办了办祭仪式，这是后内儒家传统的一种明显表现。能够举行办祭仪式的死者，必须满足其直系后人有读书人这一标准，古时为秀才，现在则为大学生。而参与办祭仪式的所有专家都是丧主所请的退休教师，他们穿上蓝色传统长袍，披上写有"主祭""引祭""赞者"等字样的红绸，根据仪式流程带领孝子孝孙一一拜祭并念诵古文写就的祭文。

后内既有因袭乡绅传统、文教的一面，也有保留乡土色彩、俗民的一面。李文会宅邸的方位在风水学上有深奥的说法，这与小岞的山川地理紧密联系在一起。甚至对于后内人来说，理解了李文会的府邸风水，就是理解了小岞的山川地理。熟悉地理的当地风水师李伙金告诉我们："李文会的府邸穴位叫金螺脱壳，它左边是龙山，东山那个莲花山，右边是凤山的飞凤下田，凤头在前海村，龙头往东南的地方走，也就是南赛的山脉，那后内的螺山像是海螺爬上山，穴位种在咽喉的地方。以前七里湖净峰，有沙滩，前峰也有沙滩，它们都属于飞凤的翅膀，东山（龙山）从假山蜿蜒到狗仔尾，刚好李文会的祖宅在中间。而大岞山，则是远山来朝，相当于守门的大将军。这座宅邸有山，有水，水动财动，山重重，财源重。"他特别强调，"这是块很灵活的宝地"。李文会府邸的风水世界不仅将小岞的山川囊括了进来，而且隔海相望的大岞山也被视为是朝贡的远山。

山川

据南赛村原党支部书记庄水兴介绍，1949年之前，小岞除了前里、后里，还有南赛里。南赛里，最早叫"南寨"，可能是由偏僻的山寨得名。因小寨受不了外来的侵犯，就叫"南塞"，意在塞住外来侵犯之敌，延续到解放初。后来认为"塞"字不雅，就改为"赛"。[9]55

南赛村地势颇高，整个村落依三山而建。所谓三山，分别是南山、中山、北山。山川呈延绵之势，与东山的莲花山相连。弘治版《八闽通志》中记载："小岞山在三十都。山之阳，多怪石，中穿一洞。洞之中，豁然明朗，可容四五百人。旁有小石门，仅可单人而入。门内丈许，折而右转，有巨石如屏风，以蔽内外。一人持戟守之，虽千百人莫敢犯。"[13]

可以推测，小岞山即为南赛、东山这一延绵山区。作为小岞海拔最高的山，南赛也是历史上传送军情的墩台所在地。据《惠安县志》：

墩台，洪武中，以倭贼登岸量地里远近，于滨海高山绝顶上设立，中有望楼守瞭者居之，夜遇寇则举火，昼遇寇则举烟，使百数十里之内得以知寇至，而为之备。初用民，夫后改属卫所，以军代之。正统中，乃令巡检司拨弓兵代军士，而卫所得以稽勤惰。吾邑有墩台二十三所，曰下朱，曰炉头，曰萧山，曰后黄，曰峯尾，曰高山，曰大山，曰下头,曰海头,曰后任,曰黄崎,曰马头,曰尖山,曰埕埭,曰小岞,曰大岞,曰赤山,曰古雷,曰青山,曰濑窟,曰柯山,曰白崎,曰白沙,自县东北抵。[6]206

南赛三山即为小岞山,也为正史所记载的明洪武年间至正统年间的烟墩(烟火台)所在地。烟墩需要建在滨海的高地,晚上遇到倭寇举火,白天遇到倭寇举烟,以提示军情,防备入侵。"初用民,夫后改属卫所,以军代之",表明南赛也曾建立军事营地,[4]6或为小岞巡检司所辖管。民间传说南赛早在元代就设有烟墩,不过初为民用,且在"抗元复宋"的历史背景之下发挥过作用。①

南赛素有洞穴的传说。其中,比较著名的是蝴蝶洞的传说,林闻绿曾自述:"离我家旧厝东北方向600米,有个'虎空口'。小时候退潮时,曾拿梯子在洞里掏鸟窝。《郡志》记载,其洞可容数百人。传说其洞有只蝴蝶精。1949年以前,小岞乡民遭受兵匪之患,就逃进洞中避难。现因自然变迁,陆地下沉,退潮时已无法进洞。"[9]55这里提到的《郡志》,可以对应弘治版《八闽通志》里"洞之中,豁然明朗,可容四五百人"的记载。另外,此洞还有王审知选妃,追赶蝴蝶精的传说。[14]这个传说生动地将小岞妇女的独特服饰与蝴蝶洞的仙女联系在一

---

① 据李常青介绍,"当时元兵过来,三户要养一个元兵,我们当地人太苦受不了,群众就定在那天,有的人是说八月十五,有的人是说七月二十九,就在烟墩上放火,每三户一起动手,看到放火,就动手,把元兵杀掉,一共三十三个。"

起。除了传说之外，20世纪50年代作为军队的战备需要，南赛一些洞穴曾被挖空。①

身处三山的南赛，自古就与军政联系在一起，地势高险，实乃要塞之地。村民临海而居，世代打鱼为生。②1949年后南赛逐渐成为定置网捕鱼、外海钓鱿鱼的专业化渔村。

与南赛三山相连的东山，与南赛渊源颇深。东山后澳宫（又作护澳宫）中有一尊保生大帝，据说正是来自南赛的三山宫。

东山村的文史研究者黄海金说："我们东山以前是在南赛居住过的，古井前段时间被他们搞掉了，据说那口古井也是我们祖宗开的，年纪大的老人还在说这个事。后来我们退到东山这边来。开基是明代过来的，我们是张坂镇，先在南赛开凿了古井，后来为什么后退呢？因为这边是朝北的港口，遇到台风，小舟打翻了，有浮在港口上的杉木。我们的祖宗就慢慢往后退，可以捡东西，随着海流而来，一进澳口里来，就出不去了，以前鱼很多啊。"东山黄氏的族源传说还有待考察，但是东山与南赛一样作为军事要塞的史实却早已被记载：

---

① 据李伙金介绍："1958年时小岞开了第一条军用公路，因为解放军驻军在这边。公路开到南赛山上。驻军一直到80年代才撤。南赛那座大山是空的，驻军在里面20多年，和我们居民有交往。营房在民房旁边，但没有通婚，当时部队每个星期都放电影，我跟我姐姐都有跑去看。"
② 康跃金又向我们进一步补充了小岞传统渔业的发展状况，尤其提到了前内渔业的发展变迁，在谈到与他们相邻的南赛的时候，他啧啧称赞南赛的捕鱼人"特别狠""特别拼"，不得不对他们服气，而且他也承认在70年代以后随着远洋钓鱿鱼的兴起，南赛的渔业发展越来越兴旺，南赛凭借钓鱿鱼富裕起来的人有许多，而前内在改革开放改制之后的渔业发展却日渐衰落，外出打工的人慢慢增多了起来。

> 小岞巡检司在县东三十都。旧在小兜,徙置于此。成化十八年,巡检孙约重修。[13]1183
>
> 国初为巡检司,洪武二十年,江夏侯周德兴经略沿海地方,设立城池,乃移巡检司于小岞,而置千户所。城周围七百三十七丈,基厚一丈三尺,高连女墙二丈一尺。为窝铺二十有六,城四方各辟一门,建楼其上。[6]199-200

明洪武年间,江夏侯周德兴在东南沿海地区设立城池,将在小兜的巡检司迁移至县东三十都,即小岞。自此小岞成为国家意义上的军事要塞。

据载,小岞巡检司所在地的城墙城围有730丈,现如今东山古城的旧址仍在,仅存城墙180多米,其余城门均毁,北城门尚在。

与南赛相似,多山之地必有风水穴,东山也不例外。东山有好几座比较早的古墓,也有与此相关的风水传说。一个是"大旗留影",据说太阳往西过来,从山看过去,倒影就像红旗,左青龙,右白虎,在东山后澳仔的某处。还有一个螃蟹穴,也是在东山。李伙金介绍说:"(这个穴)传说是漳州人来种的。风水师到处走,挑了很久挑中了这里。这个风水种下去,就出了18个大官。所以每年清明节的时候,漳州人都要来扫墓,都要分供品,分给旁边的小孩。有个小孩没分到,他就哭了,大人就问他为什么哭,他说供品没有分到。他那个大人就很气愤,说看不起这个小孩。但是他不是看不起，是分到这边正好没有了。所以（那个大人）拿一个大灯子，把那个穴位破掉了。后来洪水就流出来，流了三天三夜。第二年漳州人又来祭祀，在海上遇到台风，就都死掉了。"①

从浮岛到半岛，沙堤与七里湖

七里湖在涨潮时将小岞与净峰镇切断，小岞成为岛屿；退潮时又漏出沙堤，可步行至对岸，小岞成为半岛。这个沙堤与李文会有关：

> 小岞陈氏，其先侯官人，宋绍兴中，有为惠安丞者，卜居小岞。是时李文会以故执政还乡，有司沿海筑沙堤以迎之。[6]374

据嘉靖版《惠安县志》记载，小岞陈氏为了迎接李文会回到故里，特地指示有司沿海修筑沙堤以方便交通。民间甚至传说，是"皇帝亲自御批惠安县官把钱山半个挖掘填七里湖"，让李文会坐马车返乡。[12]53 "现（净峰）钱山东侧尚存有当时挖土后留下的遗迹"，[12]53 传说李文会回到小岞之后，内心十分感动，为

---

① 李文承讲述了一个有相似之处却又不同的传说："晋江沙堤的族谱也有说这个事情。晋江沙地是姓李的。提到灯火穴，还有姓黄、郑的。在当时，姓黄的祖墓，灯火会走动，不知道什么原因，一闪一闪，可以转一圈。姓黄和姓郑的，古代是冤家，都是从晋江搬过来的。姓黄的弄这个墓，要分丁包。没分到，郑姓很生气，不分到，就是没有后的意思，姓郑的觉得姓黄的在欺负他们，就叫儿孙把这个穴位弄掉了。后来灯火穴就没有了。"

148

感谢乡人筑堤的艰辛，亲自给小岞李氏题"沙堤传芳"的匾额。至此，李文会后裔均以"沙堤"为堂号。"沙堤"也成为李文会后裔寻根溯祖的依据。清朝刘文元曾留下诗作一首歌颂七里湖，也提到了与"沙堤传芳"相关的故事：

曾闻沧海变桑田，七里湖中信有然。自昔秋盈千涧水，从今春到万家烟。东西来往通东马，南北纷纷起市尘。共筑沙堤迎宰相，也应遗迹记前贤。[12]53

随着海陆关系的变迁，沙堤渐渐被海水淹没，只在退潮时才能露出水面。因此小岞人除了依靠沙堤往来交通之外，还有一条渡船路线连接着小岞与净峰。渡口的位置即在净峰寺的前山渡口及螺山白石仔山渡口。两个渡口均有敬拜渡头公，可见渡船历史并不短。

前海村康先生对我们回忆了填埋七里湖的壮举。据他说，1958年，在飞跃公社的领导下，净峰与小岞之间的交通要塞惠岞公路启动建设。受当时建设热情鼓舞，不管是老人还是小孩，不管是渔民还是农民、工人，全部参与到了建设工程中。人们用沿海的土填入七里湖，不计报酬日夜不停地劳作，长达7里的填海造路工程仅仅七天半时间就完成了。康先生说："当时大家害怕发大水的时候，水冲过来，影响生产生活。害怕啊，所以干劲十足。"对于这段时间里人们的劳动奇迹，除了七里湖壮举之外，还有著名的惠女水库。在小岞，有4座这样的水库：上田水库、五山水库、虎山水库、城西水库。城西水库在前海村，上田水库在东山村，五山水库和虎山水库都在南赛。南赛有处风水宝地"半月潜江"，就是在兴修水库的运动中被破坏的。据李伙金说，因为这块风水宝地，南赛洪姓清朝出过两代骠骑大将军。

然而1958年七里湖被填埋之后，盐碱化严重，风沙增多，被迫在螺山村与净峰接壤的地方开辟林场。这一林场后来成为闻名全国，并与惠女精神联系在一起的惠女林场。1983年、1984年连续被评为福建省"三八红旗单位"，2004年更是荣获了"全国三八红旗集体"称号。惠女林场，创办于1966年。当时七里湖是一片寸草不生、淡水奇缺的盐碱滩地，20位小岞惠女来到此地日夜挖沙种树，整地修田。1984—1994年这10年中，造林1000多亩，成活率达到85%以上。现在，勤劳的小岞惠女们还在这片林场里创办了养鸡场、养猪场、养牛场、育苗基地等，形成集经济、社会效益于一体的生态型产业链。不管是惠女水库，还是惠女林场，小岞的地方建设主力始终是小岞妇女。小岞的劳动分工至今仍有明显的性别因素。这与小岞的自然地理、小岞人的生计方式密不可分。

沙堤与七里湖的演化，是小岞由浮岛变为半岛的重要变迁。但更为重要的是，它揭示了小岞在自然人文地理上所面临的核心议题是海陆关系。

宫庙、祖厝与社会结构

从自然地理到人文社会之间，有着一个鲜明的过渡性范畴，当地人对超自然物和祖先的崇拜信仰具有自然与社会的双重内涵。

初到小岞，调查小组沿着环岛路绕小岛踏勘，发现靠近海洋的一侧，总是会出现一座座狭小而不知名的头目宫庙。这些庙比一般寺庙简陋得多，或许不能称之为正规庙宇。距离海岸线稍远一些则会出现几座为"人（仁）客"修建的庙宇，当中供奉着某某夫人、某某仙王。实际却是万善宫形式，其奉祀对象初为无姓氏的人客，村民通过乩童上身或者抬轿问神等方式确定作为主神的人客的姓氏和诞辰，随后建庙塑像进行供奉。小岞渔民将海上打捞到的不知名尸骨或者大鱼骨收集起来进行掩埋，并且建庙加以祭祀。这些外来尸骨被识别为人客，被认为与客人一样是外来的，但具有鬼魂的阴性。阴性的人客在当地并没有遭到歧视，小岞人相信，得到供奉祭祀之后，人客能够带来渔业的丰产、家族的兴旺等益处。

地域性神庙（境主庙）、各类佛教庙宇和祖厝，一般则修建在离海较远的内陆，或者散落在村落之中。宫庙的数量较多，甚至有些村民很难说清楚自己村子里究竟有多少座庙宇，但是祖厝基本上与宗族的房支和角落存在对应关系，每个村落都有较为明确的祖厝关系体系。

大小不一、代表不同社会空间的祠庙在1949年之后经历30

年的衰落过程。文革时，宫庙、祖厝等建筑，或者被毁，或者被挪作他用。但自20世纪80年代起，宗族和民间信仰开始复兴，祖厝和庙宇大多数得到翻建、扩建，甚至新建。

小岞的宫庙和祖厝分布与自然地理形态紧密联系在一起，这给人极其深刻的印象。为了弄清小岞的宫庙、宗族以及社区公共活动的布局，我们走访了小岞地区9个行政村落中的61座主要宫庙和30座祖厝（其中各个村落的角落、境主庙等情况汇总如表二所示）。出于政府管理需要，小岞在行政上划分为9个村落，但是村民在日常生活中更习惯于通过自然村落（即角落）的方式在信仰和认同上定位自身。当地宫庙和祖厝有专门的委员会或者理事会组织日常管理和仪式活动，其成员绝大部分为退休老干部，以男性为主，而在宫庙里进行祭拜活动的则以女性居多（我们穿梭在不同宫庙和祖厝收集材料的时候，时常会看到穿戴典型惠安女服饰的女性挑着供品前来祭拜）。

表二 村落与境主庙

村落名	角落（个）	村落境主庙（座）	角落境主庙（座）
前峰	3	1	2
前群	5	1	7
前海	8	2	5
后内	6	1	5
螺山	3	0（与后内同）	4
新桥	1	1	2
南赛东	2	1	3
南赛西	6	0（与南赛东同）	6
东山	13	1	8
汇总	47	8	42

从表二可以看出，村落之间的庙宇数量并不平衡，但是每个村落的角落数量和境主庙个数基本一致。东山、南赛（东、西）呈现出来的角落和境主庙的关系比较明确，而前内（前海、前群、前峰）、后内（后内、螺山、新桥）角落和境主庙的关系则显得比较复杂。由于其迁徙和世系流动发生较晚，因而前内、后内两大聚落宫庙体系中表现出层级上的模糊性和不稳定性。例如前群村有5个角落，其中东头角落有3个境主级别的宫庙，分别为马王公宫、苏王爷宫、哪吒行宫（火炮大人宫）。东头被进一步细分为6个小角落（中厝、西厝、东厝、大巷、黄厝、新厝）。这6个角落都有自己的祖厝，而且前群村一位老人还告诉我们这6个角落"每个祖厝有自己的神灵"，它们进一步形成了自己的信仰结构。

拜神明：境主庙与非境主庙

20世纪80年代，厦门大学陈国强先生带领的调查队，曾专门针对寺庙宗教与信仰进行过调研。他们随后出版的《惠东人研究》表明，惠东人的信仰世界是围绕着神、祖先和鬼三个不同范畴展开的。作为惠东文化区的一部分，小岞也并不例外。作为一个海洋文化的承载地，小岞人对于妈祖的崇拜和信仰最为普遍，他们不仅在宫庙里供奉妈祖，而且还将其供奉在家屋、船舱之内。境主是指一个地域内的保护神或者主神，每个村落、角落有自己的境主神，甚至有些房支也有自己的房头佛。就境主神的诞辰日期、供品、庆祝活动、筹办等情况，我们访谈了黄海金，他曾担任过东山莲花寺董事会理事，他说：

> 境主神也有生日，也都办，现在的人都搞不清楚这些神灵是怎么流传下来的，神灵生日都是流传下来的。基本上和观音诞辰是一样的，一样要抬轿子问神灵决定，然后什么时候进香，然后各个角落就去，基本是一样的。最少要做三天，按我们的风俗一般是三天、五天，通常也就做三天。供品和观音不一样的就在于，现在一般供什么都可以，肉也可以，鱼也可以。一般供一些熟的，因为不会坏，三天、五天做完之后拿回来还可以吃。现在一般会在市场上买不会坏的东西，也会买一些自己孩子喜欢吃的东西。最近几年才这样。以前供品比较复杂，也讲究，供品也要由神灵抬轿决定，每家每户都要问一下，供的东西不一样，定到你供什么就得去置办。现在就比较随便了。有些角落有按我们土话说的"龟头"，如果今年你打醮杯打到了，那么今年全年的神的事务都要你来办，一般是两个。他们要管账目收支，现在也要做。请人演戏这些也不一定要他们办，族里有熟悉的人去叫就可以了。

而我们在调查中发现，这里有4座较大的宫庙，对应着前文描述过的四大聚落前里、后里、东山和南赛。这4座较大的宫庙——霞霖妈祖宫、三山宫、正顺王宫和莲花寺，被聚落内部村民看作是境主庙，相互之间具有比较明确的界限，不仅仅表现在地域的区隔上，而且也深嵌在村民的关系结构和认同之中。

妈祖是整个小岞人普遍信仰的神明。霞霖妈祖宫坐落在前内，但是该庙董事认为霞霖妈祖宫不应归为前内境主庙，而应该将妈祖看作是民间文化遗产和小岞的保护神。庙内《霞霖妈祖宫史略》中记载：

> 霞霖妈祖宫（古称下林妈祖宫）始建于明永乐九年（1411年），位于前内宫山东侧，侍奉湄洲妈祖，系湄洲妈祖第四分灵，俗称四妈。是时前内顶许林氏族人于明建文年间（1399—1402年）在海上捕捞，归航时发现一漂浮木料随船而来，拾而归之……更有一林氏夜梦妈祖分灵于此，后往泉州府雕佛厂雕塑妈祖原身瑞像一尊……①

妈祖宫庙经历过几番损毁迁址，于1998年重建，2013年又修建了中军殿和梳妆楼。霞霖宫后有一座马王宫，霞霖宫的董事正试图将这座宫庙更名为马王殿，和中军殿一起，作为妈祖宫的陪神护驾。

和其他几个村落不同之处在于，对于前内的境主神具有一定的争论，其中一些村民曾向我们表示，前内的境主神应该是马王爷，妈祖曾经因为一些历史原因失去了自己的宫庙，于是在一段时间内存放于如今位于前群村的马王宫中。②而我们听到的

---

① 参见霞霖妈祖宫庙内碑文《霞霖妈祖宫史略》。
② 根据2016年8月6日对前群村村委成员及老人会成员的访谈。

155

另一种说法是，这位妈祖曾经在某个落魄的时期寄放于正顺王宫的偏厅。唯一可以确定的则是，妈祖神并不是一直以来被敬重地供奉，有过一段落魄的时日。但现在妈祖的朝圣进香和巡境是当地规模最大的仪式活动，它的巡境路线为大沪—新桥—南赛—东山—后内—螺山—大沪。① 这个路线将整个小岞都囊括进来。不过，如康来水所言，参与这个巡境的其他神明，是"前内的王爷能来，外村则只有妈祖能来，神明的轿子数量以60乘为上限"。这说明霞霖妈祖宫与前内的对应关系仍然更为紧密。

南赛有三山宫，毗连三山，建庙于清乾隆二十九年（1764年），民国期间三次重修，如今的宫庙为1994年重修，庙内供奉保生大帝。保生大帝原名吴夲，字华基，号云仲。据传，他于北宋太平兴国四年（979年）农历三月十五日生于泉州府同安县明盛乡积善里白礁村，眼见父母患恶疾双亡后立志从医，访师学道，寻方求药，慈济苍生。1150年，吴夲死后114年，被奉为神灵，宋高宗下旨正式认可对他的祭祀，并给他的神庙赐名"慈济"。② 据《三山宫保生大帝修建碑记》记载："清初庄氏由熊山迁此定居。为求神方便将原籍莲花宫保生大帝分炉另塑金尊，祀为境主。"

后内有正顺王宫，此庙始建于明朝嘉靖年间，于1992年重修。庙坐东朝西，是为纪念南宋诗人谢枋得而建造，于2006年6

---

① 根据2016年8月12日对霞霖妈祖宫董事康来水的访谈。
② 小岞镇南赛自然村三山宫文物保护小组：《关于南赛三山宫与保生大帝概略资料》，2003年5月31日；庄清文：《保生大帝崇祀和在小岞南赛传播简述》，载《小岞文苑》2014年2月。

月被列入惠安县第九批文物保护单位。

据宫庙内《正顺王宫碑记》："正顺王谢枋得（1226—1289年）是南宋爱国志士、学者、著名诗人，被明朝宣宗敕封为'正顺尊王'。为纪念这位著名的抗元名将，后里村民在大潭北面兴建庙宇一座，直接把宫名定为'正顺王宫'，并被奉为境主，至今已有480多年历史。每年农历十一月二十七前后三天，都以不同的形式举行纪念活动，香火不断，而且分炉在新桥村和前内村。"正顺王宫分为上下两层，二层为谢枋得纪念室，一层又分为前后二室，除了供奉正顺王之外，还供奉他的两位夫人，以及妈祖、告海公和舍仁公等神灵。通常在神灵（只有正顺王和妈祖）诞辰日举行庆祝活动。

东山有莲花寺，原称观音宫，始建于宋度宗咸淳元年（1265年），位于东山卫城南城门内。自宋代以来经过数次修缮重建，如今的宫庙于1985年7月重建。[1] 庙中供奉观世音，俗称观音妈，陪神供奉妈祖和舍仁公。庙内供奉的观音从舟山普陀山分炉而来，已经连续4年在观音诞辰日去普陀山进香。[2]

---

[1] 莲花寺董事会提供《关于小岞莲花寺历史沿革历次维修情况介绍》（未刊稿）。
[2] 黄海金介绍了莲花寺在观音妈进香时的热闹场景：东山最大的节庆，二月十九、九月十九和春节都热闹，不过最热闹的还是观音进香，六月十九。进香的时候要走出小岞的路口（原来在大港湾那里，后来这个地方被当作接尸体的地方了，进香走到的位置就往后退了一点），每家每户还要抬轿。东山全部角落的神都要抬出来去迎接观音，村民都会来。放鞭炮啊，非常热闹。妈祖的轿子一般是女性抬，其他就是男性抬了。观音的供品要素的东西，其他神灵荤素都可以。进香时候观音经过的屋子都要插上小旗子，就是三角形的小旗子。路线一直从前内过来，经过姓邱的屋子，然后绕过来，镇里的人在经过的路上都要摆香案，上面摆供品，迎接。

四座宫庙实质表达的是当地村民对自身历史和文化传统的潜在理解。从风格上看，霞霖妈祖宫的趋势是试图突破地域的联系，想要打造成一个联系海内外侨胞的符号；正顺王宫对神灵的态度则更多地体现在对文化正统和历史正统的强调，这和它附近就是李文会故居存在某种关系，同样，这一正统性不仅是其作为爱国志士的形象，同时联系到当地的历史事件，正顺王信仰和惠安抗倭是联系在一起的；而观音寺则倾向于与海外以及城防的联系，因为他们所处海湾的岸边和海的联系更为密切一些，同时庙宇又在城墙边上，与防卫有某种关联。李银土曾告诉我们，"东山莲花寺是来源于明朝士兵供观音，每一座古城都有观音庙，城门宫则供土地公。群众也要供观音，全小岞都要供"。我们从村民对自身宫庙的解释中可以发现他们有意识地在通过神明重塑自己的聚落认同。

我们走访宫庙时不经意地路过一些非境主庙，通常这时候带领我们走访的老人协会的成员会对我们说，"这些都是他们自己家建的，是迷信，是用来赚钱的"。他们的表述很让我们感到惊讶，细问他们才会多说一些，但是态度十分暧昧，很多时候也只能语焉不详地说些大概，似乎在他们看来，这些神灵与其说是不被认可，毋宁说是处于一种两可状态。

在小岞，当地人的信仰地图内部，其实存在着不同类型的庙宇：

村落层次的境主庙。主要是以上述四座大型的宫庙为主，即东山的莲花寺、前内的霞霖宫、后内的正顺王宫和南赛的三山宫。参与这些宫庙活动的人通常包含了整个自然村落的民众。

角落层次的境主庙。每个角落所建的境主庙，通常是该角落的村民进行供奉，同样会举行诞辰庆典仪式。境主庙内通常有多位陪神。

非境主庙。其他的一些庙宇，比如一些以更小的房支为单位侍奉的神灵，甚至是个人单独兴建的庙宇。

私家神的宫庙。这些神灵原本供奉在自己的屋宅内，随着经济条件改善，村民逐渐为它们建造独立宫庙。在我们调研当中可以看见一些已经建成或是正在修建的宫庙。其中供奉的神灵通常只有一位。这些神灵通常和村落没有情感上的直接联系。然而我们发现这些宫庙在寻求被认可为正统神灵，比如南赛的华南寺、前峰的易文寺。

放置于祖厝的神灵。一些没有修建庙宇的角落会将神灵放置在祖厝的偏厅，通常这些角落人数比较少，在村落中也比较弱势，而且是小姓。

头目公的庙宇。这一类比较特殊，其前身是为海上漂浮而来的人客建造的，属于对鬼的信仰类型，但随着时间发展，庙宇通过占卜、抬轿问神等方式确定所供奉神明的姓氏，使之具象化。例如东山的护澳王宫、南赛的水仙王宫和后内的万善宫。当地人依旧不会将他们和境主神或其他神的神格归为一类。

这6个类别的关系呈现出两条线索：一条是"村落—角落—非境主庙—私家神"这一地域范围、成员范围逐渐消减的序列，公私的分野则是神灵神格降低的体现；另一条线索是"境主庙—

头目公"这一跨越神格的序列。前者是涉及范围和内部阶序的区分，后者则是进行内外、神鬼的界分。通过庙宇表现出来的是当地人对世界认知的逻辑。

公私的意识很明确地存在于当地人对神灵的认识结构之中。在东山的一户人家中，我们看到他们供奉私家神，他说他们供奉的是一个叔叔，叔叔死后有一次托梦给后辈，关于梦的细节这家的主人已经语焉不详了，但是可以确定的是，在这之后这个叔叔就成为他们家供奉的私家神。老人协会的老人们还提到了其他私家神的来源，比如某人出去打工，回来的时候就请回了一尊神灵，或者娶了妻子，她们带进了夫人妈。这些在正统的神灵信仰中是不被接受的，被认为是和公共祭祀相对立的私家神。这样的情形和来源传说与20世纪90年代所做的一系列惠安研究中看到的情况基本类似，[15]暂时没有办法准确地知晓这些神灵的变迁更替情况以及神、鬼之间是否存在直接的联系。

神灵与信仰类型

在我们走访的61座宫庙里，统计出的神明达数百位。对小岞地区的神灵进行分析，可以发现，神灵的来源范围相当广泛，但是其中供奉比较多的是王爷神、妈祖、正顺王、玄天上帝，以及一些战争英雄，具体如下所述：

王爷。在各个角落的王爷庙中，供奉的王爷姓氏和数量都不统一，因而这些不同姓氏的王爷，其来源和传说也都是不确定的。对于闽台王爷的崇拜，不少研究者有过研究，一些人认为这来源于瘟神信仰。具体在小岞这个地方，王爷信仰则以南赛和东山两个区域表现得最为明显，这与两个村落的自然地理和生计方式有着一定的联系。全镇以王爷神作为主神的境主庙共25座，其中南赛有7座，主神有朱王爷、萧王爷、张王爷、吴王爷、李王爷、潘王爷、吕王爷、蔡王爷、黄王爷。东山则为5座，有萧王爷、孙王爷、魁王爷、高王爷、魏王爷。这些王爷神大多会在诞辰之日去泉州富美宫进香，不同宫庙的进香周期不定，通常为隔两年一次。这些王爷的神迹也部分与瘟疫治病等相关。

妈祖。小岞全镇内，妈祖作为主神供奉的宫庙一共是4座，但是作为陪神供奉的宫庙据不完全统计达到12座，此外，妈祖塑像还频繁地出现在祖厝和家户的祭祀体系之中。据黄海金介绍，出海的渔船也会在船舱内供奉妈祖，以保佑出海的顺利。待到每年三月二十三妈祖诞辰，都会举行十分隆重的纪念活动，祈求平安顺利。较为大型的宫庙会举行前往湄洲妈祖庙的进香仪式，以此延续香火兴旺。

正顺王。供奉他的庙宇在全镇共出现3座，其中位于后内的正顺王宫为主庙，在前海和新桥的两处正顺王宫为其分炉。正顺王在小岞传播和家族之间的联系会在后文分析世系关系中涉及，这一脉络很典型地显示着小岞内部信仰自身繁衍和运作的模式。

玄天上帝。玄天上帝宫庙仅在后内村出现2座，分别是后街和下井两个角落的境主庙，两座庙宇相距不远，但是其内部结构和来源传说的差异却非常大，基本认为两者之间没有联系。其中北极上帝宫的来源是石狮深沪上帝宫，而玄天上帝宫中的玄天上帝则是从湖北武当山请来的，2011年扩建之后也基本采用了武当山玄天上帝宫的建筑规格和模式。

战争英雄。小岞有将战争英雄整合进境主神的情况，除了抗元名将正顺王谢枋得之外，还包括抗日的英雄。和其他神灵的不同之处在于这些神灵的塑像以解放军军装形式展现。这几位与战争相关的英雄分别是南赛大家宫中的潘案君，[①] 东山东岳大帝宫中的金太子，[②] 前海王爷宫中的棣北先生。[③] 对这类祀神唯一有文字可查的史料来源于《大家宫的重建碑记》，据载："潘案君，名讳笔生，生前为国民革命军第二十九路军将领，吴淞口抗日英雄，为国捐躯。于民国三十六年阴封为七省巡按，为神来到大家族，灵光普照、驱邪去病、家族兴旺、弟子平安、神名远播，上天续封为十三省巡按。"[④]

以上诸多类型的神灵在内容上涉及不同地域、不同教派以及历史事件的混杂，在时间上也涉及广泛，可是发现其中部分是复兴了原有的传统，部分则是传统的再造，部分则可能是新的创造。当然，在统计的5种类型之外，还存在家族创始神、女性神等其他类型。另外，小岞还有一座基督教堂。据基督教堂的神职人员介绍，小岞全镇基督徒大约1500人，占全部人口的6%左右，具体分布则是在前峰村和前群村以及南赛村多一些。教区隶

---

① 潘案君作为大家宫的主神，最终以王爷神的形象供奉在庙内。
② 金太子作为东岳大帝的陪神，当地人认为他是一位国民党青年将军。
③ 王爷宫暂时位于路墘的祖厝屋子中，棣北先生的身份传说是一位战死的抗日英雄。
④ 资料来源于大家宫外墙所刻《重建大家宫捐资芳名录》。

属于英国伦敦公会，创办初期和总教区有人员往来，如今已经完全没有联系，教会神职人员由上级派遣，资金方面基本需要自行筹集。当地的基督徒通常会在家门刻上"以马内利"等字样取代"某某衍派"之类的宗族堂号。

据教堂神职人员讲述，通常成员参与教会有家族因素在里面，也有部分脱离家族自己改信基督教的。这些成员加入教会后定期参与教堂的团契和礼拜活动，不会再参与宫庙祭祀活动，和当地盛行的民间信仰之间完全没有联系。这些基督徒的婚丧嫁娶都采用基督教的方式，举行葬礼时神职人员去礼拜安慰，但不会做功德。参与祖厝建设的成员，则死后牌位依旧可以进入祖厝，但会用一块蓝布将牌位遮挡。

敬祖先：宗祠与祖厝

与妈祖信仰一样，祖先崇拜在整个小岞相当普遍。小岞到处都能找到传统建筑形制的祖厝。无论是房头还是支派的祖厝，基本上都能起到凝聚作用，强化宗族、血缘的认同。[16] 同时，小岞人对祖厝也存在两种相反的态度：一种认为祖厝建得辉煌美观，不仅能够证明祖先的好名声，也能通过祭祖仪式显示子孙的孝顺；另一种则认为这些仪式是迷信和愚昧的表现。[16]44 20 世纪 90 年代，一些祖厝尚未得到翻修，有的旁厅间住有孤寡老人，这些女性老人在祖厝这种公共空间却仍然保有自己的私人神龛。与阴暗的祖厝相比，后内的李氏宗祠因其历史能够追溯至宋朝宰相李文会而正在翻建当中。人类学研究者夏敏从李文会和与之相关的宗祠祭祀活动当中看到了大小传统之间的张力，他认定，小传统不可动摇，[16]49 所以无论小岞建起了多少洋楼别墅，祖厝终将会以传统的方式得以保存、修葺、翻建甚至是迁建。我们的调查基本验证了十几年前夏敏的判断，因为在小岞土地紧张的情况下，修建祖厝的土地总是能够被村民献出来，而且大部分祖厝已经改建或翻建得富丽堂皇了。但是，现在的祖厝并没有村民居住，而多为村落老人协会活动场所。

在小岞，祖先崇拜和神灵崇拜这两个不同的信仰结构常常让我们感到有些困惑，两者过于亲密的联系使得我们不由自主地去思考其中可能包含的玄机。依据对中国人信仰结构的理解，祖先崇拜和神灵崇拜是两条路径。联系小岞聚落的空间形态及祖厝宫庙修建格局，可以发现祖先和神灵崇拜两者之间形成的相互关系徘徊不定，9个村落中存在3种相关或不相关的形态，而这与历史情景和地方性知识有着一定的联系。

第一种形态，祖厝和庙宇形成两条独立的线索。村落的4座境主庙并没有与之对应的村落级别的祖厝，特别是在一些多姓氏的村落中，神灵崇拜是独立于家族和房支关系的，属于更大范围内的信仰关系。第二种形态，祖厝和庙宇存在一定联系。角落的祖厝通常位于角落境主庙附近，这样的空间结构在小岞极为常见。第三种形态，祖厝发展成为宫庙。一些小姓村民在祖厝的偏厅中摆放神灵的情况比较普遍，在整个小岞自然村落中都有出现，例如后内于氏祖厝中供奉境主神毛王爷，东山郑氏祖厝供奉魏王爷以及一系列陪神，也有村内的一些老人告诉我们，在十几年前还没有修建境主庙的时候，这些境主神都是放置在祖厝之中的。

而从空间层面来看，通婚是形塑小岞四大聚落相互关系的一个标杆。小岞具有非常典型的内部优先婚习俗，并且可以看出比较明显的通婚圈结构，其中南赛和东山形成一个通婚圈，前内和后内则形成另一个通婚圈。

族谱修撰的工作基本上是近几年才相继开始的，从其中叙述的内容和方式也能够看出两者对历史表述的差异。下文，我们将引用来源于各房支热心于宗族事业的老人所撰写的族谱手稿，对此加以说明。

南赛和东山：空间方位的连接

南赛和东山这两个村落位于小岞岛的尽头，山海交替导致地势起伏极大。其中东山位于小岞岛东部，更远处是风车岛，远远就能够看到缓慢旋转着的白色风车叶片。而南赛则为东南部重要的要塞。两者皆较远离内陆，临海少田，祖厝和庙宇的关系相对稳定。以东山为例，东山共13个角落，其中12个角落隶属于紫云黄氏宗族，其中黄氏四房十二支的宗族世系和角落划分完全契合。剩下一个角落属于郑氏，并且这一姓氏在当地的势力很小，因而东山村的情况基本上可以看成是紫云黄氏宗族的宗族村。东山黄氏一共四个房头，每个房头的角落名称如下——一房：城顶、城门、大透（开基祖）、下厝；二房：顶二房、下二房；三房：下硬三（原为东厅、西厅两个角落，后合二为一）；四房：

后新房、顶厝、祠堂、西楼、下库（内陈外黄[①]）。

该地建筑皆依山而起，宫庙祖厝亦错落在山麓中，和村民的屋宅交融在一起。我们发现除却最近新修的将黄氏四房中的4座角落宫庙合一形成的高杨金赛帅宫位于主干道之外，其余祖厝和庙宇都藏在山麓屋宅之中，并且同一角落的祖厝和宫庙之间的距离非常近，相同房支不同角落的祖厝距离也比较近。虽然这和当地土地少不无关系，但是我们似乎还是可以从角落名称中理解黄氏祖先试图表达的相互关系，例如顶二房和下二房只是因两者的祖厝位置的高低关系而定，城顶和城门口亦是依据东山古城的位置而定的。同样的命名法则在小岞的其他村落中也同样能够看到。在他们构建的地图中，空间的逻辑和房支之间的关系是一体的，并且将之清晰地表述在角落的名称中。

有关紫云黄氏开基祖的资料，在黄海金撰写的《黄氏族谱草稿》中有过简略记载：

> 东山村是紫云锦田十六世绪公于明洪武五年（公元1372年）因避抽军逃居至此，初居地在现南赛宫边，开建大井一口，至今尚流传那口大井是东山先祖开建的。先祖为了方便拾取海上漂浮物和四个沪窟，经常有很多鱼入沪窟，后来遂向北迁移，在东山定居，开基建祖祠。

[①] "内陈外黄"的意思是说，他们原本是姓陈的，因为某种原因而改姓黄。

族内老人向我们解读这些族谱的时候，会在介绍中包含对村落之间历史事实的解读，其中先祖传说暗示了徘徊在东山村的两个要素，一是通婚圈的限制，二是海域权的争端。在族谱中黄氏是这样解释东山村和后内村长久以来为海区的械斗以及通婚圈的区隔，黄氏祖先娶了两任妻子，其中一二三房为大娘所生，四房为二娘所生，大娘死后，家内的事务都落在了二娘身上。在料理一门东山和后内的婚事时，不识字的二娘将海契当成一般的红字包裹嫁妆送去，后内将此海契扣下，此后这片海域的归属便成为罗生门，两村于是开始了长达百年的持续的械斗，先祖发誓，东山后人再也不与后内族人通婚。海域权争端和两个封闭的通婚圈在空间层次上的区隔甚至比人文层次上的界分更为清晰。

东山的境主庙莲花寺在东山世系与房支之间的关系中扮演一个非常重要的角色，当地宗族和庙宇神灵之间的关系也表达得比较明确，所以，境主神的活动会引起整个村落的联动。每年观音生日时莲花寺中都会举行进香活动，到东山境内沿着村落一直走到莲花寺，抬轿者会在绕境的家户中插上旗子显示界限。黄海金介绍说："以前也有巡境，现在没什么了，通常走主路，从主要的路口走，每个村都是这样，沿着边界绕，按村绕，不按角落绕，外面的大神灵也可以来绕，小神灵就不行了。绕的时候在家户的边界，就是跟其他地方的交界处，插上王爷旗，一般是抬轿的人来插旗，每年都会举行，为神灵祝寿，一般只是每个角落的主神诞辰的时候绕。"

前内和后内：人事关系的演变

不同于东山村的情形，首先在李氏家族的族谱中流传的是另一套话语体系，这一整套家族史的建构是围绕李文会这一历史人物展开的，而且地方文史学者对祖源等考证走得更为深远，比如李文承向我们提供过李氏可能的三种来源，分别涉及唐朝的统治者李氏家族的不同世代。而不同于东山的另一个情境则是在后内，混杂着多个势力相仿的姓氏，不同家族对于境主神的讲述产生了巨大的张力。

在一些仪式场合，前内后内也能够联系在一起，比如李银土介绍他们李氏的春冬二祭时说："一般我们小岞有大祠堂，分为春、冬两祭。这个祭是在李文会大宗祠举行，春祭由我们前内的后裔到后内去祭祖，冬祭由后内后裔来祭，现在还保留。需要杀猪、杀羊，准备丁包（添丁进财的意思，跟祖先说人丁兴旺，代代相传）。供品有近20种，有茶、五果、红灯、鲜花，还有畜牲（全牲礼）。行三拜九磕头。供注文，需要乐器的伴奏，分不同阶段。祝文要念白，一方念献，一方念供品名，再按顺序献上东西。我们是自己族内祭祖。以前是全族来，但是范围还是小一点，现在更为随意。有文化的人做主持，参加者只要是后裔就可以了，过去是男人来，现在男女平等，都可以来。春祭在二月，冬祭在十一月。"

陇西衍派

据李常青编《小岞自宋至民国大事简介》，闽南李姓五山公之一钱山公于咸平三年（1000年）开基小岞，至元佑五年（1090年），由惠安北门再迁一支李姓陇字辈入小岞江，系李文会先祖。李文承对小岞李氏与周边《李氏族谱》和历史文献的考证，则认为陇西衍派可能有三个迁徙来源，分别是五山公派系、仙景李派系、李德遂派系。其中五山公为最早迁入的李姓，对当地的影响较深，此宗先居晋江三十五都东尾，后分两支入惠，一支迁钱山之边，一支移居白崎。后白崎支部分李氏迁居小岞，因其躲过当时的回汉矛盾，繁衍发展极快，至南宋高宗时期，已成地方望族，加之当时李文会的宰相之位，可以说是李氏鼎盛时期。[17]

沙堤传芳

在小岞，严格意义上的宗祠其实只有一座，就是李氏宗祠。李氏宗祠前身即李文会府宅，始建于南宋绍兴十四年（1144年），原为七进门大院（七落）。其间遭遇地震等灾害，几度毁损重修，再次倒塌。如今李氏宗祠连同李文会故居和古井以及有关他的一系列传说故事，一同被列入了小岞镇文化遗产的名录之中，于1999年获批列入县级文物保护单位。

有关"沙堤传芳"堂号的历史必须从李文会开始说起，据李常青和李文承考证：

绍兴十四年秋，李文会因忤逆秦桧，被迫以参知政事省亲。时小岞为孤岛，过往行人靠舟楫渡过。为了迎接李文会荣归故里，离任县令陈安国、时任县令胡迪发动当地老百姓，挖掘了半座凤山填海，筑起了东至下湖沟头，西至钱山东侧渡头宫，全长七里的沙堤（此后，海湖称七里湖，堤谓沙堤），让李文会的车马经过。

李文会回乡时，见此非常感慨，当即赋诗一首："龙楼凤阁九重城，新筑沙堤宰相行。我贵我荣君莫羡，二十年前一书生。"[18]

因而"沙堤传芳"随之成为李氏小宗的堂号，并且唯有李文会的后代才能够使用。小宗分四房头，分别为上宫后、下宫后、九家宫、棋盘宫。近年李氏族人再次重建李氏小宗四房宗亲谱系，小岞李氏小宗正在修的三落族谱谱头中，开基始祖直接追溯到李文会。

颍川陈氏

颍川陈氏为舜帝后代，迁居小岞的陈姓支系来源有多个，据李常青考证，其中包括了大厝陈姓、东井陈、后顶头陈姓、螺山飞钱陈氏以及新桥陈姓五个支系。① 五支世系之间并没有太过密切的联系，其中大厝陈氏位于螺山西湖，其开基传说是和螺山境主神联系在一起的，圣云宫内碑记有云："西湖开基时，民国38年（1949年）。村民陈运成先生历经三番周折，终在历山重华圣帝的精神支持下，率先开发荒无人烟的七里湖畔——西湖。"螺

---

① 李常青：《小岞姓氏渊源及迁入时间》（未刊稿）。

山飞钱陈氏在20世纪因为家族弱小，屡遭欺凌，后投靠东山黄氏，"内陈外黄"为下库始祖。新桥陈氏则于1450年从漳州市郊迁入惠安，于嘉靖四十年（1561年）再迁小岞东山后沃，后再移南赛"姓邱顶"，人丁始终不旺，多次漂泊最后定居于后内正顺王宫附近，此后家族开始发迹。

正顺王宫与陈李二族

后内村以陈李二姓为大姓，陇西衍派和颍川衍派为两宗族名号。

《泉州正顺王（谢枋得）信仰调查报告》中认为在谢枋得殉国后，其友人李雄将他的画像放置家中纪念，待其去世后，后裔依旧在家中奉祀谢枋得。正顺王信仰在惠安地区的传播则和惠安抗倭斗争有关，明代嘉靖年间后内的境主为舍仁公，随着倭寇侵扰、盗贼横行，村民相议将长期奉祀于李雄后裔家中的正顺王谢枋得迎到庙中，奉为主神。也就是说，正顺王取代舍仁公成为后内的境主一事，正显示出家族力量之争和当地境主神之间的等级升降。

而新桥陈氏则将在一段时间内的家族壮大和正顺王的灵性联系在了一起，在他们关于家族史的记录中，是这样进行描述的：

四处漂泊的约80年时间中，因四代单丁，家族仍未兴旺发达，至精微公时，又面临另外择地定居境地。万历四十年（1612年），新桥陈姓从前内迁到后内，在正顺王宫西边购一地盖房居住，从此开创了该宗族兴旺发展的基业。……至道光十一年（1831年）新桥陈姓人已具一定的规模，成为一个自然村，并逐渐发展成为小岞的一大望族。为报答正顺公庇佑之恩和便于村民奉祀，村民筹资在村中新建正顺王宫并新装金身，从后内宫分炉奉祀。①

以此看来，正顺王宫在新桥的分炉即是明争暗斗，神灵是他们表述家族历史的一个重要因素，在新桥的正顺王宫中，很明显区别于后内的一点在于，将与陈氏开基传说相关的重华圣帝纳入了陪神的范畴，加强与境主神的黏合程度不仅仅是出于寻求神灵的祈福和庇护，更是与境主神的关系本身体现了这一姓氏在后内地区的势力大小以及宗族的兴旺程度。

在东山，世系关系可以从空间的表征中呈现出来，信仰结构依赖于境主神展开，因而在东山，虽然莲花寺经过几次翻修，但其中观音的位置始终没有变过。记录世系关系的族谱似乎冻结住了时间，而重复书写着类似的格局，也正如东山古城的城墙能够清晰找寻到它城门打开时的方向那样，结构在其中变化得极为缓慢。

而在后内，则表现出强烈的对历史的回溯感以及更替性，其中境主庙中呈现了不同宗族之间的张力。李氏族人依托着李文会

---

① 李常青：《正顺王灵验故事之二——小岞新桥陈姓》（未刊稿）。

的文脉的历史正统和迅速发展的陈氏家族展开的拉扯，最终是通过宗族的声望获取对神灵的解释权，正顺王的信仰在陈李二族的角力中逐渐成为了象征符号，在两者间以不同的叙述口吻和历史观来表述传统神灵信仰。

小岞人的自我认同构成了一种圈层结构，外圈相对内圈而成立，反之亦然。比如在面对外乡人时，我是小岞人；面对后内人时，我是前内人；面对前峰人时，我是前群人；面对顶二房时，我又是下二房人。在流动的波纹圈里，人们灵活地界定并区分着自我与他者的关系。然而另一方面，当地人还通过衍派/传芳来叙述"我"与一个时空上更为遥远的他者的联系，即"我"的族源。这一叙述方式与波纹圈的流动性不同，它强调一种源流上的确定性，甚至为了证明这种确定性，当地的乡绅们付出了巨大的努力。

李常青《小岞姓氏渊源及迁入时间》（未刊稿）内的《小岞姓氏衍派/传芳表（部分）》（见附录三）展现了小岞陈姓与李姓在衍派和角落上的分合态势。以陈姓为例，虽同属于后内村，也同属颍川衍派，但是大厝陈、东井陈、飞钱陈却在空间上分立于不同的角落。而新桥头和前内的陈姓，虽同属颍川衍派，却相较于后内其他角落陈氏来说更为遥远。由此可见，由历史原因造成的聚落结构也是决定水波纹认同圈层的亲疏关系的重要因素。地缘认同与血缘认同同等重要。这一案例，表现了小岞内部复杂多变的社区形态结构。

虽然圈层式的认同模式既具有流动性，也具有层级性，但是在超越角落却又低于衍派的中间层意义上，存在相对稳定的聚落结构，仍在影响着今日小岞的社会文化特征。

结语

对于包括小岞在内的惠东广泛存在的惠安女现象到底产生于哪一历史阶段，是独自起源还是在不同族群的文化接触下混杂而生，是文化遗存，还是具有现实功能的具有区域特殊性的性别社会分工方式的表现，学界长期争论不休。[①] 在我们看来，无论这一现象有什么历史，是远古习俗的残存，还是与人们生活于其中的当下关系更为密切，它都是在作为生活世界的地方中存在的，是一个整体人文关系体系的一部分。因此，理解人文关系体系整体，比单独摘出一种现象对之加以历史想象或考证，有着更为重要的意义。

以民间文化为焦点，我们对小岞的人文关系体系进行了整体研究，我们发现，传统上，小岞曾是在自然地理与人文地理紧密呼应下构成的一个完整生态-人文体系，其传统物质文化为渔业、农耕，聚落形态有序分布，错落有致，公共生活与私人生活在民间文化与士绅文化的协调下，形成严密的空间格局与时间节奏。作为小岞人文关系体系的守成的载体，我们称之为民间文化的那套东西有着物质、社会和精神的内涵，[19] 这些使小岞及小岞之

---

① 学界的惠安女话语，近期已与当地文化精英的地方自我表述紧密结合，制造出一种标签化的惠东文化符号，这一符号对我们产生着某种精神压力。

内的诸家族、房支、角落、聚落、村庄成其为社区。这些社区相互之间有凝结为一个更大实体的历史，也有分立、相互竞赛的历史，但无论是合还是分，它们都形成和再形成于一个层次化的自然-人文地理格局之内。这个格局，包含着从自然（或"野"）经一个中间性的地带进入社会秩序（或"文"）的三圈逻辑，但其层次之分的界线不断被穿越着，这就使得在自然与社会之间，长期存在互为转化的关系。

小岞人文关系体系并不是一成不变的，正相反，它的基本特征是不断地再创造，历史上如此，今天也如此。

近代以来，中国各地通商口岸、新民族国家和种种新文化运动，使得介于内外之间的地方精英影响到小岞这一时空坐落的传统。直到20世纪中叶，这一传统还得以延续。而过去60多年来，这一传统先是受到压抑，后又遭受发展主义潮流的严重冲击，在这一冲击下，过去三四十年来，小岞的硬体文化（特别是建筑）发生了巨大变化。当下，自20世纪90年代以来逐步修建的新式住房，在人文地理景观中占据了核心位置，其所留下的剩余地块，仅为环岛沿海地带。然而，必须指出，这些压抑和冲击并没有得到历史目的论者预期的结果。深入到村社中，可以发现，新式硬体文化遮蔽了一个完整的传统软体文化，这个所谓软体文化在物质上体现为人们的生业对于所处地理环境的适应（如渔业文化），在社会上体现为民间文化所起到的对于人际关系的规范，这些规范既体现在包括长住娘家婚俗在内的亲属制度上，又体现在一个杂糅泛灵主义、儒、释、道等内涵的民间信仰体系上。

对于小岞历史的过去，百姓和地方精英存在着争议。在调查过程中，我们时常会问村民，某位神是在什么时候从什么地方请来的？有什么传说？某座宫庙是什么时候建造的？村民会从自己的个人生活史推演出模糊的时间坐标。比如说，某个神是在我爷爷时候过来的，而其实他们更愿意说的是，这座神灵在某个革命时期的某件事上特别灵，或者说，宫庙柱子上刻着的几副对联是抬轿的时候神自己写出来的，写得特别工整、精彩。可见，村民对神灵和庙宇的表述是被一种特殊的历史感环绕的，当地人围绕着神灵的传说进行的是自己的历史叙述。这不同于地方文史工作者的叙述。在地方文史工作者那里，关于神灵的记叙是通过一系列详尽的历史史料考证完成的，而村民口述中的神灵历史，则是通过一个个神明显灵的故事堆积而成的。在这些故事构成的历史中，神灵的灵力、神灵之间的更替、神灵之间的联系、庙宇的变迁、神明代表的社区间的竞争（以至械斗）、聚落变动等，都表达着某种空间感和时间感。

对历史的不同看法，有些缘于地方社会的利益分化，有些缘于人们对于历史的走势的不同判断，但最近则与不同群体对于小岞未来的想象产生了更为紧密的联系。

在小岞，一样也存在着开发主义和文化守成主义的不同观点，二者对于传统都极其关注，但不同人物界定的传统有差异。例如，在开发主义的定义下，传统具有特别明显的实用特征，且极具选择性，这不同于民间的定义，在民间，传统没有明确定义，却在生活中得到实践。

自 2010 年以来，地方政府将小岞的未来发展定位在开发旅游服务业上，基于这个判断，他们对小岞进行重新规划。这次规划看似是新时期小岞的新机遇，但又可谓是作为岛屿的小岞在海陆关系链条上的又一次地位重组。前文提到，沙堤与七里湖的变迁揭示了小岞历史上面临的海陆问题，这不仅是交通便利的问题，而且也是小岞人如何想象自己与海洋及更广泛世界之间关系的问题。在设计和实施旅游规划的过程中，决策人考虑到小岞人在海陆之间的传统属性，却过于急切地将它与旅游服务业联系起来。而我们在实地考察中发现，小岞的这一传统属性，代表着某种有关人与周遭世界的关系的民间思想和实践体系，其意义远远超出旅游。

这一体系最主要反映在与海洋相关的神明创造上。小岞的庙宇体系与闽南其他村落一样，十分复杂。但因为小岞独特的自然地理特征，与山区不同，它有"庙从海上来"的传统。

以后澳宫为例，该庙宇地处东山的后澳仔港口，又名护澳（沃）宫。宫内敬奉水头公、后澳妈、妈祖及一不知名的仙姑。据黄海金介绍，"在这边，以前老祖宗本来要去建庙，也是像这样子，但没有木料，木料很难搞。后来有一次，有一只运很多木料的船，遇到风浪，木料就顺流过来了，所以就有木料造庙了。老人们都说这杉木是有灵力的，后来就用这些木头建成了庙宇。这是从海上漂来的。庙就慢慢建起来了"。

在前内境主公霞霖妈祖也有一个类似的传说，前文已经提到过。不过这杉木已不仅仅是神明的容身之所，而且是其造像本身。传说清代乾隆二十二年（1757年）的一天，前内顶古林氏的漏尾船正在台湾乌丘屿拖网生产，突然狂风大起，众人大惊失色，等海浪平静下来，大家在船头发现了一块异香扑鼻的长方形樟木，漂来的樟木被放在了村内的老树下，却引发了一连串怪事。附近人家的鸡狗鸭猫凡是靠近此处的，大都病倒，甚至死亡。小孩若在此木上嬉戏玩闹，当夜就肚痛、发热。久而久之，村民意识到此木的神奇之处。于是村中康氏、林氏就商议此事，决定以托梦的方式来获得神明的启示。这一梦，梦见的便是湄洲妈祖，于是人们将樟木雕塑成妈祖金身，供奉作为前内境主之尊。[20]

这两个传说，一方面述说了霞霖妈祖宫与后澳宫如何利用海上漂来的木料完成建造的，另一方面也讲述了前内、东山人如何处理来自海上漂来之物的问题。第一个方面把海上漂来之物当作是可利用的无生命的资源，但第二个方面在更深层次上思考了海上漂来之物的属性，比如它是危险的，因为是未知的，所以带有危险的因素，人们感到害怕恐惧，后来通过托梦又将其圣化，成为有灵力的具有保卫功能的神明之物。海上漂来之物除了木头之外，还有鱼骨头、尸骨。小岞人自古便具备一套圣化它们的方式与方法，他们用鱼骨头建造了后内万善宫的香炉，又尊奉所有的无名尸为人客公。南赛的老船长庄亚明介绍说："在海上打捞到了人客公，要捞起骨头，谨慎认真地清洗干净，用金纸包好，然后拿回来供好，敬水仙宫的同时也敬人客。"对海上漂来之物虔诚无比的态度，充分表现了小岞人对海洋的敬畏之心。海洋既是小岞人讨海吃生计之来源，又是其信仰世界的重要组成部分。当来自海洋的物经过一番圣化之后，便在陆地上扎根，形成独有的庙宇空间，继而在小岞复杂的庙宇体系中占有一席之地。

一方面，庙从海上来，小岞人敬神明，对于海洋有敬畏之心；另一方面，神明与庙宇成为他们捍卫，甚至增长陆地利益的重要武器。

近10年来，小岞的旅游建设规划主要有两大作为，一是建成了东山的风车岛，二是开通了小岞的环岛北路。但这两大规划在建设过程中却并不顺遂，它们在不同程度上遭遇了来自庙宇的抵制。首先是东山的后澳宫。因为惠风发电厂的风车建造需要挪用和改变后澳仔的地形，也就有一些景观被破坏了，这些景观的损坏不仅是经济利益的损失，更是风水和灵力的消耗。黄海金说："（因为建设发电厂）石头、风水和景点都被破坏了。最早有8个景点，后来我们开发，又有很多。我们跟政府闹，最后是惠风发电厂给了我们10万块，再加上大庙（莲花寺）里拨款下来，才有钱修葺这间庙。"庙宇破坏赔偿案不止一起，建于清朝的万善宫（俗称万善爷庙）由于环岛北路的兴修而被迫从海岸迁移至田地中，在村民的抗争下，最终获得20万元的赔偿。后澳宫和万善爷庙原本只是小庙，但因为建设赔偿而获得重建的契机。新修的庙宇不仅面积扩大，而且建筑风格更现代化。

小岞的环岛路修建工程于2013年开始，时至今日也只完成了北段的修建工作。通过前内、南赛的路段修建工作困难重重，其中一个重要原因是前内人对修路带来的环境破坏颇有微词。首先是建筑材料带来的海港污染问题，再者是劈山造路的行为带来的山体破坏。如今小岞风水中重要的凤山山脉，已经支离破碎。修到一半停下来的南段环岛路迟迟无法开工。知情人士向我们透露，南段环岛路要通过霞霖妈祖庙，这需要做很大的工作。也就是说，正值庙宇发展上升期的霞霖宫与政府正在就新的建设规划展开博弈。目前博弈的情况是霞霖宫占据上风，政府基于各方原因无法说服庙宇让位于建设规划。更重要的是，前内人的抗争意味着他们眼中的环境是一个整体的世界。他们在意建筑垃圾，意味着他们重视自然环境。他们在意凤山和霞霖宫，意味着他们尊重老祖宗的迷信传统，对风水和庙宇的破坏关乎他们现世及后世的吉凶。

至于后内，在环海北路建设过程中，许多山坡已不可挽回地被破坏。这些可能被开发商视为可利用、无生命的山，在村民看来却是有灵的，有吉凶的。后内村民向我们讲述了这两年净峰人在小岞开发的发发农业有限公司如何买地、卖山的故事。由于环岛北路贯穿后内村，有部分山川被柏油马路一劈为二。发发农业有限公司便是在政府的允许下购买了被马路劈开的半山，既等于买了地，又能把半山的土石卖掉。至于后内先祖李文会祖宅的风水景观，便在众多这样的情况下被轻而易举地破坏了。作为穴位"金螺脱壳"的螺山如今只是一个极易被忽略的小土坡。

即便新的旅游规划试图以景观的语言来达成与当地人世界观上的和解，但是，如同20世纪50年代的水库兴建将"半月潜江"穴位破坏一样，小岞人的世界必然会再次面临被撕裂的命运。然而，如同历史上进行过的一样，当地人正在借助祖先和神明代表的物质、社会、精神体系进行着自己的社区营造，这种营造与起文化撕裂作用的种种破坏性建设、规划、美化形成了一种博弈关系。

我们的研究正是在这一博弈关系所上演的戏剧中展开的，而我们在实地考察中之所见，也深深启发着我们。

如我们观察到的，不久之前，浮在社会面上的话语言说，仍致力于诱使人们相信，现代化文明进程唯有在乡村社区被零星化为一部国家机器的局部（即从作为整体社区的乡村到作为现代世界的对立面或现代国家的零件的乡村）之后方能实现自身。也就是这二三年来，观念形态世界里，出现了一种不同的看法，这一看法一改旧有的化乡村社区整体为现代社会局部的观点，其持有者号召我们珍惜乡村，借乡愁来实现美好生活。

在视乡村为有高度收藏价值的社区整体主义看法的影响之下，乡村发展和村落规划领域加进了人文为本、绿色循环、可持续发展等流行概念。随之，传承发展优秀乡村文化，保护人类文化多样性及资源环境，推动人类生态文明建设之类的说法，也越来越被广为接受。

守护乡土的主张，表面是文化守成主义的，实则依旧奠定在传统、现代二分的有问题的历史目的论主张基础之上，这种历史观将传统社会中的乡村社区视作是全然整体的，将现代社会中的乡村社区视作是全然破碎的，依据这一二分法，在现代畅想传统，悲叹现代的不幸，并将之追溯为整体乡村社区的失落，为了救赎，设计出回归过去的未来图谱。救赎本不能说出于恶意，不过，在其名义下，很可能再次出现借回归乡村社区的整体而重新实施规划性破坏。

我们从小岞人和他们的祖先在历史中营造和再营造的人文关系体系中学到很多，其中，我们得到的最重要教诲是，被我们视作"缺乏历史动力"的民间文化，自身有着强大的历史创造力，正是这一创造力使小岞代表的这一人文类型经久不衰。我们相信，无论是对于学界，还是对于包括地方精英在内的政治经济行动者，这一教诲都是有深刻启迪的。

附录一　小岞人文自然地理状况一览表

自然村	主要姓氏	历史状况	陆地地理	海洋地理	历史建筑	境主公宫庙
后内	李、陈	始于宋，小岞开基祖定居于此	洼地、丘陵	后海、湄洲湾方向	李文会故居、明朝筑造抗倭城堡（民用）	正顺王宫
前内	李、康、林	清道光年间至解放初期，小岞政治经济文化中心	洼地、丘陵	前海、泉州港方向	明朝筑造抗倭城堡（民用）	霞霖妈祖庙
南赛	庄、邱、洪	始于明，军事要塞，设有烟墩	山地、三山（南北、中）、洞穴	前海、泉州港方向		三山宫
东山	黄、郑	始于明，军事要塞，设小岞巡检司	山地、莲花川、墓地	后海、湄洲湾方向	明洪武年间，周德兴筑造军事城墙（军用）	莲花寺

附录二 小岞传统渔业状况表（根据对康跃金的采访整理）

自然村	海域	港口	地貌	作业方式	渔业周期	主神明
后内	后海	东、西埭	沙滩	小罾网	春	正顺王
前内	前海	中沟、前海港	沙滩	漏尾（拖网）	冬	妈祖
南赛	大沪湾	狗仔尾	礁石为主	定置网	春、冬捕鱼，其他时间钓鱿鱼	保生大帝
东山	后海	后澳仔	礁石为主	澳口小定置	仅春天	观音妈

附录三 小岞姓氏衍派/传芳表

聚落/村落	姓氏	衍派/传芳	角落
后内	陈姓	颍川	大厝陈
			东井陈
			飞钱陈（下库陈）
	李姓	陇西	下井李
		陇西/沙堤	岞江沙堤李
新桥	陈姓	颍川	新桥陈
前内	陈姓	颍川	后顶头陈
	李姓	陇西	路墘李、西边李

资料来源：据李常青《小岞姓氏渊源及迁入时间》（未刊稿）一文编订

参考文献

［1］王铭铭. 村落视野中的文化与权力——闽台三村五论［M］. 北京：生活·读书·新知三联书店，1998.

［2］罗攀. 混乱中的秩序：闽南村庄的仪式与社会互动［D］. 北京：北京大学，2001.

［3］王铭铭. 民族志：一种广义人文关系学的界定［J］. 学术月刊，2015（3）：129–140.

［4］李文承. 小岞镇建制沿革及其变迁［J］. 小岞文苑，2012：5-7.

［5］福建省惠安县地方志编纂委员会. 惠安县志［M］. 北京：方志出版社，1998：81.

［6］张岳. 惠安县志. 明嘉靖刻本［M］//天一阁藏明代方志选刊. 上海：上海古籍书店，1982：374.

［7］何乔远，厦门大学历史系古籍整理研究室《闽书》校点组. 闽书（第1册）［M］. 福州：福建人民出版社，1994：991.

［8］小岞镇政府. 小岞镇概况［M］. 泉州：［出版者不详］，2015：1.

［9］林闻绿. 小岞古今谈［J］. 鹭岛岞音——纪念厦门小岞乡亲联谊会成立5周年专刊，2016：52.

［10］李常青. 浅谈小岞古代渔村乡规民约［J］. 净峰文史，2014.

［11］傅明晴. 鱿鱼生产与乡民生活——以福建省惠安县小岞镇为例［D］. 厦门：厦门大学，2013.

［12］正顺王宫文物保护管理小组，正顺王宫管理董事会，谢枋得史料研究编辑组. 后里正顺王宫考［M］. 泉州：［出版者不详］，2006：19.

［13］黄仲昭. 八闽通志：上册［M］. 福州：福建人民出版社，2006：196.

［14］钟敬文. 中国民间故事集成·福建卷惠安县分卷［M］. 北京：中国ISBN中心，1998：293-295.

［15］石奕龙. 从孤魂野鬼到神灵的转化——闽南"私人佛仔"的初步研究［J］. 民俗研究，2000（4）：126-162.

［16］夏敏. 红头巾下的村落之谜［M］. 上海：上海文艺出版社，2000：40.

［17］李文承. 李姓入惠初探［J］. 小岞文苑，2015(1)：910.

［18］李文承，李常青. 南宋惠邑宰相李文会［J］. 净峰文史，2011（1）：12.

李文承. 李姓入惠初探［J］. 小岞文苑，2015（1）：11.

［19］吴文藻. 中国社区研究计划的商榷［M］//吴文藻. 论社会学中国化. 北京：商务印书馆，2010：462-478.

王铭铭. 局部作为整体——从一个案例看社区研究的视野拓展［J］. 社会学研究，2016（4）.

［20］康国金. 前内霞霖宫妈祖像由来传说［J］. 小岞文苑，2013：11-12.

下编

六本书看泉州：
国际汉学家关于闽南的地方研究

王超文　蔡逸枫　黄智雄　孙静　罗兰　兰婕

按语：2014年1月，北京大学社会学系、社会学人类学研究所王铭铭教授组织了一批博士硕士研究生研读闽南文化的海外研究成果，分别是萧婷的《世界货舱——公元1000—1400年的海上泉州》，克拉克的《社区、贸易与网络》，王铭铭的《帝国与地方世界》，苏基朗的《刺桐梦华录》，丁荷生的《中国东南的道教仪式与民间崇拜》以及陈志明的《闽南，中国后毛泽东时代传统的再创造》6本书。2014年3月，这些博士硕士研究生完成了读书报告。《闽南》杂志特向王教授约稿，将这些博士、硕士研究生及相关专家学者对这6本书的介绍一一刊发，以飨读者。

理解历史泉州及其视角：
读《世界货舱：公元 1000—1400 年的海上泉州》

王超文

主题为"宋元时期泉州地区的海上贸易和经济社会发展"的国际会议，1997 年在荷兰莱顿举行，来自不同学科和领域的 11 位参会者，包括美国宾汉顿大学历史学教授贾志扬（John W. Chaffee）、美国尤西纽斯学院教授休·克拉克、英国维多利亚和阿尔伯特博物馆的约翰·盖（John Guy）、芝加哥大学田野博物馆的美籍华裔陶瓷专家何翠媚（Ho Chuimei）、加拿大英属哥伦比亚大学教授理查德·皮尔森（Richard Pearson）、德国慕尼黑大学的教授罗德里希·普塔克（Roderich Ptak）、香港中文大学的历史学教授苏基朗、剑桥大学教授思鉴（Janice Stargardt），以及泉州市文物保护研究中心主任陈鹏和泉州海外交通史博物馆研究员李玉坤等，可谓是众星云集。他们共同致力于得到涉及宋元政治、社会经济历史以及海上贸易的历史和考古方面的更好且更为标准化的理解，同时也包括泉州地方的当代发展、与泰国或印度的贸易关系以及后者的发展等议题。当时在莱顿大学亚洲研究国际中心（IIAS）进行博士后研究的德国女汉学家萧婷，组织并参与了这次会议，而后她在 2001 年编辑出版了包括自己的作品在内的论文集《世界货舱：公元 1000—1400 年的海上泉州》。

萧婷现为奥地利萨尔茨堡大学历史系教授，她在 1993 年获得德国乌兹堡大学博士学位，并先后在德国慕尼黑大学、比利时根特大学等地任教。她精通欧亚大陆的多门语言，包括汉语、法语、英语、西班牙语、日语等，而且研究领域广泛，主要包括晚唐至明清时期中国和东亚的交流史、社会经济史、科学技术史以及墓志铭等。她的主要专著包括《中国宋代墓志铭》（1995）、《中央政府与海洋贸易冲突下的宋代泉州》（2002）等，同时她主编或合编了数十本文集，并担任《纵横：东亚世界交流史研究》《东亚经济与社会文化论丛》编辑。

  按照编者在导论中的考虑，本书的8篇论文大致可以分为3个部分。首先，前3篇论文致力于分析那些相对而言被忽略的社会政治或政治经济问题方面的资料和数据，而其立足点，是把泉州的地方发展放到超地域的历史情境中去看待，即是说要把泉州当作宋朝的一部分；而第二部分包括之后的4篇论文，大体而言是基于考古学方面的证据分析海上贸易的结构，涉及目的地、路线、港口、商品等多个方面，在具体论述中都考虑到了历史背景和时代环境，也就是说一方面把泉州整合进宋元时期的中央政府系统，而另一方面则把泉州与更为广泛的南洋联系起来；最后一篇论文则自成其类，也可以说作为前一部分的延续，是把泉州放入更大的范围中——大东南亚——进行讨论，其关注的问题是，泉州是与中国其余部分的联系更为紧密，还是与假想中的"南洋地中海"联系更密切。下文将以此划分为基础，对本书的主要内容进行概要式的梳理，并在最后提出自己的初步思考。

宋代泉州的兴衰与社会变迁

12世纪是泉州海外贸易发展的高潮，而海外贸易不仅给闽南地区带来了深刻的商业革命，包括内部经济的变迁以及与外部经济联系的日益密切，更进一步说，以此为基础闽南地区也发生了影响广泛的社会变革。休·克拉克在《宋代泉州的海外贸易与社会变迁》一文中，探讨了海外贸易带来的商业革命与深刻的社会变革之间的联系。对于商业革命，他看到从唐代后期开始，闽南从作为联系海外与北方中央政府的贸易中转站，到11世纪泉州港超越广州港成为帝国的主要港口，海外贸易对闽南地区产生了诸多影响。其中一个重要方面就是泉州城的变化，包括城墙的重修，多种宗教寺院和石桥的兴建，打破内地农业经济的限制以及城市人口的激增，等等。总而言之，商业革命带来地方财政的增长，而这种海外贸易所取得的成功与当地社会在科举考试中所取得的成功是同步的。基于对地方志中进士和特奏名进士名单的分析比较，克拉克认为在兴化、泉州和漳州三地，上述两个方面的兴衰具有同步性。[1]具体而言，通过参加科举考试取得成功，是宋代闽南社会中实现阶层流动的途径，而培养考生所需花费的大量资金，则是由参与海外贸易的宗族提供财富支持的。文中提供的韩国和日本的证据，以及方白杜、黄烨等宗族谱系的详细案例，对作者的观点给予了证明。

由此可见，泉州海上贸易的兴衰对于地方社会有着重要意义，而关于泉州海上贸易兴衰的原因则是一个聚讼不已的问题。贾志扬和萧婷的两篇论文，从不同角度提出了对此的看法。前者在论文《宋朝的影响：泉州海外贸易中的宗室》中，从宗室与海外贸易的关系、作为监管者的宗室成员、宗室对海外贸易的直接参与以及作为消费者的宗室成员等4个方面展开论述，其分析反对的是此前认为供养宗室所需的巨大花销是泉州衰落的主要因素的观点。基于地方学者提出的需要对宗室活动给予全面的关照，研究从南宋早期的宗族活动入手，包括宗室南下泉州的整个过程，福州和泉州两个宗室事务中心的成立和运行，宗室人口数量的变化及其分布等方面。在贾志扬看来，首先应该承认的是，供养宗室的花销是巨大的，这可以从人均津贴的数额以及人口数量的增长看出来，甚至地方长官上书朝廷诉负担沉重、财政缺空之苦。在此种背景下，海外贸易的收益实际上起到了补充供养宗室花费的作用。而且，宗室成员也直接参与到商业贸易中，这从关于宗室事务中心长官涉嫌非法获取航船的丑闻，宗室官员私自造酒以及出土的大型远洋航船的标志和货物等方面都可看出。不仅如此，宗室成员还在市舶司中任职，并且占到历任部门管理者数量的百分之十到十一。此外，宗室（官员）参与的一些与海神或其他航海者保护神有关的宗教祭祀活动，也可以作为他们卷入海上贸易的例证。与此同时，贾志扬对于作为消费者的宗室成员是颇为看重的，他认为宗室大量的津贴用于消费，实际上对泉州的经济以及其海上贸易的发展都产生了有利的影响。至此，作者描绘的泉州宗室的角色是双重性的，一方面由于其掌握的资本和消费能力，他们是兴盛时期的重要加速器，而另一方面，由于供养他们需要大量的资金，从而加重了已然垂暮的政府的负担，他们又是衰落时期的拖累。[1]43

萧婷则从苏基朗的观点出发，即在 12 世纪朝廷的财政仍是可控的，其后衰落的主要原因在于纸币的引入和铜的缺乏。[1]14 她的论文题为"金属的角色与泉州引入会子对于宋朝海上贸易发展的影响"，其论点是，除了高税收、腐败、海盗等因素外，泉州经济相对衰落的一个主要原因是朝廷的贬值铜币以及之后引入会子的货币政策。首先应该认识到，金属，包括贵金属的金银以及基本金属的铜、铁、铅、锡等，在古代社会和海上贸易中具有使用价值和交换价值，不仅在贸易中作为一般等价物，而且在亚洲社会的宗教仪式、装饰、建筑等领域都占据重要地位。宋代最初的流通货币是铜币，在一些地方和大型商贸中也有铁币和银的使用。随着商业和贸易的发展，在商人的私人合作中出现了能够在时间和地理上分离购买和支付的交易票据（会子），这既是贸易的结果，同时也是扩展贸易关系所必需的。1172 年开始，朝廷对福建私人会子的使用发布禁令（1186 年则开始强力推行），并开始印发官方会子。这实际上对于朝廷是有颇多好处的，包括减少生产铜币的花费，通过税收持有和吸收大量铜币，并能够以此进行信贷，而从流通中收回铜币应用于政治和军事方面。但随着政府赤字引发的财政危机以及宋金战争的影响，朝廷大大加大了会子的印发量，导致其迅速贬值和物价上涨，从而对国内和国外贸易产生了消极影响。实际上，只要朝廷能够保证其借贷的可兑换性，会子的引入并不会引起问题。问题的关键在于，宋朝政府试图将自己的行政权威和权力凌驾于一般经济规则之上，才导致

六本书看泉州：国际汉学家关于闽南的地方研究

了一系列现象的出现。一方面，朝廷在从流通领域中回收铜币的同时，开始降低新生产的铜币中的铜含量；另一方面，朝廷越是想以铜币形式吸收财富，商人就越致力于从流通领域中收回现金。综合起来，最终导致了铜币本身成为商品，因为新铜币的贬值使得纯铜的价格高于铜币，而且超地域的金属价格差异刺激了金属贸易。此外，萧婷还考虑到了海外市场对于金属需求的原因，包括上文提到的金属在不同领域的作用，也包括一些社会需要宋代的铜币作为自身社会的流通货币等方面。

综上，首先必须意识到，泉州13世纪的衰落有着复杂的原因，萧婷把朝廷失败的通货政策作为其中的主要因素，贾志扬的论文则反驳了把南宋宗室的影响作为主要因素的观点。实际上，这两篇论文都试图把泉州整合到宋朝的整体中进行分析，也就是说，在泉州的兴衰过程中有更为广泛的经济力量在发生作用，包括福建地方经济、整个帝国范围内的经济，甚至是亚洲航海时代的经济波动。[1]42-43

基于考古学证据的泉州内外关系

从休·克拉克的论文中，我们看到了闽南地区的海上贸易带来的商业革命对于地方社会的深刻影响，虽然也涉及城乡关系、城市建设、人口的增长与迁移等方面，但他较为集中论述的是以宗族为主体的社会流动背景下的地方精英社会的形成。本书的第二大部分的4篇论文，则以考古学证据为基础，提供了关于闽南以及泉州城市、陶瓷产业、港口与内陆关系等方面的更为细致的描绘，与此同时，把视角转向海上贸易更为具体的方面。

对于泉州的城市规划方面，《港口、城市与内陆：考古视角下泉州及其海外贸易》一文给出了详细的说明。整体而言，泉州由罗城、子城和衙城构成，并分为10个区域，理查德·皮尔森、李民、李果三位作者进一步给出了24个宗教场所、行政部门、经济中心、学校及宗室聚居区的具体分布，并认为泉州地处晋江沿岸是其兴衰的重要因素。而且，城市规划中显示出的宗教多元化，可以说是泉州经济扩展的关键因素。继而作者转向泉州地区陶瓷生产方面，这与何翠媚的论文《宋元时期闽南地区的陶瓷业繁荣》相关，但有着不同的侧重点。

在《港口、城市与内陆：考古视角下泉州及其海外贸易》一文中，作者首先关注的是泉州地区烧窑的时空分布，确定了宋元之际和明清之际是陶瓷产业发展的高速时期，同时也看到烧窑地点从沿海向内陆高地的变迁过程，这实际上涉及沿海地区与内陆地区的关系问题。作者在认同克拉克关于泉州的发展类似于地中海地区的观点的基础上，指出泉州沿海与其内陆的关系是动态的，即是说两者在不同时期有着不同的经济结构。进而，论文概括了泉州地区政治经济的主要特点以及在地方层次出现的一些变化，在笔者看来较为重要的是，国内贸易性质的改变，使得商品范围从奢侈品转向日常必需品，这就把周边地区整合到泉州经济之中，使得农民不再是自给自足的；在闽南地区出现的多个方面的技术进步或变化，包括陶瓷产业以及航海技术；地方精英卷入贸易，并且作为官员对贸易政策产生影响，而资本和贸易的增长,使生产者、消费者、投资者、管理者之间形成复杂的利益网络,等等。综上,作者基于针对中心-边缘模式的批评,认为泉州的特殊政治经济是一个树状结构,简言之,是中心对其内地没有政治控制力,同时中心从边缘获得经济需求。而《宋元时期闽南地区的陶瓷业繁荣》一文,更为关注于陶瓷的类型学以及生产的阶段划分,认为这实际上与陶瓷产业地点的变化、产品存货数量的变化,以及此种时空变化如何与泉州地区的整个政治经济图景相适应的议题有着密切关联。具体而言,基于对闽南地区博物馆和古代烧窑遗址的考察,并在对传统分类方法调试后,作者把11—14世纪的闽南陶瓷制品分为13类。而对于生产时段的五阶段划分,何翠媚的观点是应该把长时段分为合适的时间单位,如此才能近距离地检视工业的兴起和衰落。此种划分,使她看到了陶瓷生产在地理上的两种迁移方向,即从泉州沿海的南部到北部,以及之后从沿海向内陆的晋江沿岸迁移,而这些都反映了闽南地区的社会经济情况,以及陶瓷产业中阶段性的技术改良。最后,作者提出闽南陶瓷的巨大成功,并非由于其有比其他地区更为出色的工艺和技术,关键在于市场策略、推销基础以及特定的海外客户。

实际上,虽然在宋元时期本地对于陶瓷的需求增长很快,但是生产的大部分产品仍是通过海上贸易出口。[1]257 在这一部分的三篇论文,分别考察了泉州以及中国其他港口与琉球群岛、印度、泰国等地的海外贸易。泉州与琉球群岛的关系一般认为是不那么重要的,因为史料少有记载,但《港口、城市与内陆:考古视角下泉州及其海外贸易》一文基于考古证据，主要包括出土的陶瓷、货币以及其他日常生活或用于宗教仪式的物品，试图表明两方之间密切的贸易关系。约翰·盖的论文《泰米尔商人行会与泉州贸易》，强调了印度与中国之间贸易的长期性和持久性，以及印度教与泉州地方文化之间的相互影响。实际上，中国作为印度商品在东方最早的市场之一（另一个是中东），印度商人早至 6 世纪就出现在中国南方港口的早期贸易中。作者主要考察了大多信奉印度教（也包括佛教和伊斯兰教）讲泰米尔语的印度商人的贸易活动。9 世纪末期中国意识到东南亚而非西亚与印度才是奢侈品的来源地，使得在公元最初几个世纪在东南亚半岛定居的印度商人，以其在当地已经建立的贸易体系与行会组织为基础，广泛地参与到中国与东南亚的海上贸易中。而此种对贸易的密集参与，也使得他们深刻地卷入到泉州社会当中。实际上，宋元政府为了发展贸易，采取了一系列措施鼓励外国商人造访泉州和广州，并且在两地建立了市舶司。而且，泉州的外国商人社区获得了一定程度的法律上的自治。另一个重要的方面则是拥有不同宗教信仰的商人在泉州地区建立了清真寺、寺庙、神殿等宗教场所。通过对泉州泰米尔铭文、印度教寺庙的建筑和雕像遗迹的考察，作者认为泰米尔商人与泉州社会处于一种双向的影响关系中。他提到两个重要的例子，一个是在明代开元寺的建设中，体现出来的受印度教影响的建筑元素；另一个则是在泉州的泰米尔商人所创造的带有泉州地方特色的神话。把眼光转向泰国，思鉴的论文《阴影之后：10 到 14 世纪泉州与泰国南部塞丁普拉的双向海上贸易的考古资料》，试图打破之前研究中由于文本材料的缺乏和偏见，而局限于关注经济产品的名单，忽略了产品来源地具体情况的状态。塞丁普拉作为海洋和文化的十字路口，其出土的中国瓷器自 10 世纪中期起就不断增加，这种趋势持续了整个宋代，直到元代早期才开始减少，而这表明其在中国贸易中扮演越来越重要的角色。具体而言，当地出土的中国瓷器，其特点是来自特定的中国的烧窑，以及具有特定的且有限的形状和特定的质量，在作者看来，这表明了此种海上贸易是极具组织性的，因为商品能够明确地对应目的地的当地需求，并且这种对应有着很长的持续时间。此外，作者还考察了卷入海上贸易，对塞丁普拉的社会、经济以及文化的深刻影响，并在与中国和福冈之间贸易的对比中，分析了中国的南海贸易中不同参与地区的同与异。

概而言之，泉州兴起的原因是由两个方面构成的，一方面是由于地区内部的人口众多而农业生产能力有限的事实，另一方面则是来自外部的对转运贸易的刺激。[1]180 因此，对历史上泉州的理解，应该在考虑沿海与内陆的关系之基础上，把泉州与宋元中央政府的系统整合起来。从《港口、城市与内陆：考古视角下泉州及其海外贸易》一文中可以看到，整个泉州贸易体系实际上是一个非常复杂的网络，有本地商人的维持，有地方乡绅和官员的参与，到明代更涉及朝贡体系的因素，也就是说，贸易的发展使得生产者、消费者、投资者、管理者之间形成复杂的利益网络。[1]204 同时，不可忽略，甚至在一些研究者看来更为重要的是，泉州与更为广泛的南洋地区的相互依赖或相互关联的重要性和影响，这就涉及从更为宏大的体系来理解泉州历史。

理解泉州的视角问题及相关思考

 汉学家与海洋历史学家之间,存在一个看待泉州的视角上的不同:前者从陆地看海洋,后者则从海洋看陆地。而这种差异是有意义的,从中可以看到,泉州的重要性正是因为其处于两个世界之间,其一是中国世界,另一个是中国南部海域世界,或者如罗德里希·普塔克所言,可以称之为大东南亚。作为本书的最后一篇论文《泉州:地处一个东南亚"地中海"的北部边缘?》,作者试图把泉州放到一个更为宽广的空间,指出其在大东南亚概念中的重要地位,并给出对下述问题的看法:泉州是与中国其余部分的联系更为紧密,还是与假想中的"南洋地中海"联系更密切。而笔者也将基于对本文的介绍,陈述个人的初步思考。

 作者从概念问题出发,分析了把布罗代尔(Fernand Braudel)关于欧洲地中海的研究,运用到中国南部海域的适用性问题,他认为大东南亚的概念在一定程度上而非全部,与中国古代的南洋概念在空间上是吻合的。他强调说,本文的目的不是要解决上述概念问题,而是关注宋元时期历史的一些特定方面,具体而言就是空间概念及与其有关的想法或想象。基于对中国南部海域的贸易路线、航海障碍以及空间的细致考察,作者分析了在大东南亚概念下宋元两代的空间概念。需要指出的是,普塔克的分析几乎都是基于古代中国文本,包括宋代的《岭外代答》和《诸蕃志》,以及元代的《大德南海志》和《岛夷志略》。从这些文本中可以看出，对中国南部海域的认知有一个变化的过程，这种变化既与文本作者本人的背景有关，比如宋代的两位作者，一个更熟悉两广和安南，一个则在福建为官，这就导致了两人在地理上的不同视角。而另一方面，这种变化也与航海路线的兴衰联系密切。其中，普塔克比较关注的是洋与海的描述。在宋代，把整个海域分为没有边界的东西大洋，海的指涉范围似乎更小而且在一定情况下是被陆地包围的。在元代，则提供了关于东部航线的更为细致的信息，显示出当时这条航线的重要性。总之，在作者看来，不同的文本作者把东南亚划分到不同的空间部分，这实际上显示出的是共时性视角而非历史性的，而贸易流通的改变只有在不同的共时性层面的比较中才能显现出来。[1]421

与第二部分的几篇论文不同，普塔克的论文完全是基于文字资料的分析。虽然他也指出了文字资料的诸多限制：中国的文字资料具有强烈的政治倾向，关注的是中国性而非地方的特殊性或他性；对中国南部海域的认知，都是来自于此处大东南亚北部边缘的中国，忽视了南部国家和地区的观点；这些资料大多基于儒教伦理，从而把中国描绘为处于优越的地位，而没有给予他者以平等的对待。[1]399-403 与上述文字资料中体现出的偏见相反，考古学证据则以一种完全客观的姿态出现。在笔者看来，就文字资料而言，一方面其中的所谓偏见是有意义的，也正是普塔克的论文得以展开论述的基础，另一方面，文字资料相比于考古资料，可以完成休·克拉克那种细致的涉及个人或家庭的社会经济变迁的研究。[1]313 相比而言考古学资料的客观性和直观性，是其最重要的优势所在，却不得不在一定程度上局限于考古发现的偶然性因素。因此，要完成普塔克所希望的那种，关于可见与不可见的不同地域的联系和交织的全观的研究——既包括具体之物与人的流动，也包括观念、宗教、制度、技术等的流动[1]396——需要两种资料的共同使用，以及不同领域研究者之间的进一步合作。

本书是聚焦但并非是孤立地围绕泉州而展开的关于海上贸易的研究。泉州兴起的内外双重原因，以及导致其衰落的原因的复杂性，使得本书的作者们从两个方面着手：一方面，他们关注泉州与其内陆地区、闽南地区、福建地区以及整个国家和政府的关系，把泉州整合进宋元两代的历史背景和时代环境中；另一方面，则是基于海上贸易而把泉州与广泛的南洋地区相联系，强调此区域的贸易参与方的相互依赖或关联。我们可以从第一个方面看到，对弗里德曼关于中国东南宗族组织的研究的回应，[2]首先是泉州或南方沿海地区对于北方中央朝廷的意义问题。约翰·盖的研究指出，在9世纪末，中国发展了对于南方港口重要性的认识，即南部中国不再是边缘地区，而且随着持续的城市化，其发展了自己对于南海产品的内部市场。[1]287其次是宗族在地方与国家层次上对经济和政治活动的广泛参与，以及中央政府及其成员对于地方商业活动的参与和促进。萧婷在本书的导论中指出，对于海外贸易的一般认识是重朝贡而轻商业的，但我们应该认识到在华南研究中有很多未记录的私人贸易存在，而且，对于官方朝贡贸易与非法的私人贸易之间的区分并非绝对的。[1]1-3 对于地方宗族而言，他们并不满足于通过海上贸易获取大量财富，以及把财富投入到地方建设当中，中国传统思想中的重文轻商驱使他们把财富投入到科举考试的准备和进士的培养中，由此实现了社会阶层的流动以及地方精英社会的构建，也使我们看到了商业革命对于社会面貌及其变迁的深刻影响。

由于本书是围绕泉州展开，因此在与外部关系的层面上主要考虑了泉州与中国南部海域体系之间的关系。而从更大的范围来看，我们可以把泉州作为中国或东方的一部分，在整个世界体系中对其加以理解。实际上，本书的一些研究也涉及这一方面，虽然并不作为论述的重点。何翠媚在关于宋元闽南陶瓷工业的研究中，讨论其是否具有资本主义早期特征的问题。她认为在11世纪初期到12世纪初期，陶瓷生产已经超出了西方意义上的家庭手工业的范围，是建立在认识市场知识的可靠基础之上的，而且有着非常资本化的运作管理方式。[1]268-272 关于宋元工业化的争论很多，但或许我们应该向杰克·古迪（Jack Goody）学习，从更为宏观的角度来审视这一问题。在他看来，工业化不仅是欧洲之事，而且是从东方"偷窃"得来的。[3] 他揭示了关于西方资本主义兴起的特殊性，而且我们应该认识到，资本主义本身的多种可能性，并不存在那种唯一的西方的资本主义。由此，理解历史上的泉州，需要在资料、视角、方法等方面采取多样化的策略，才能为我们还原一个更为真实也更为完整的航海时代。

施坚雅之前，苏基朗之后：
读《社区、贸易与网络》

蔡逸枫

在海外泉州史的研究中，休·R. 克拉克博士凭借其研究闽南中古经济史的专著《社区、贸易与网络》占有重要的一席。此书是海外第一本专门研究闽南地方经济史的英文专著。毕业于美国宾夕法尼亚州立大学的克拉克因此与澳大利亚国立大学毕业的苏基朗、台湾大学的李东华并称为"海外泉州学三剑客"。克拉克现今依然在美国尤西纽斯学院专门从事宋史研究。对于为他奠定学术名声的《社区、贸易与网络》一书，同为宋史研究专家的美国哥伦比亚大学的罗伯特·海姆斯（Robert P. Hymes）评价道："在一个接一个的论题中，其著作表明了，如何能利用零碎分散的史料进行历史研究。克拉克写出了一本充满智慧和成果的地方性著作，同时它又不失却在更广泛的空间和更长时段中关于中国社会历史方面的视野。"

《社区、贸易与网络》一书以朝代为线将全书分为 7 个章节，并附有 5 个附录。第一章"问题与方法"作为导论，通过对闽南人口变迁史的关注，梳理了以泉州为中心的闽南在远古至中唐各个历史时期社群聚落的发展，将泉州作为一个都市的成长过程纳入研究视野。第二章"唐朝晚期"继续关注人口问题，追溯了自安史之乱后闽南人口的变迁及因此引起的泉州行政区域在划分上的变动。在这一章中,克拉克还注意到了北方移民的加剧增长,导致了泉南地区农业开始兴起,主要由水稻种植和两种经济作物(苎麻和大麻)的生产为代表。克拉克还引用了他认为有且仅有的一处史料——清《十国春秋》中刘安仁传的资料——来论证泉州早在唐代就出现了繁荣的南洋贸易。

第三章和第四章研究五代时期。第三章"政权空白时期的政权、结构与行政管理"、第四章"政权空白时期的社会与经济"分别从政治史、政治社会结构、地区财政、税收情况、人口迁徙、土地占有和贸易发展7个方面论证了泉南地区在五代时期得以进一步发展自身,成为国际性港口城市。第五章"宋代的人口与网络"、第六章"宋代的贸易与经济"将研究的时间维度推进到宋代,并开始出现了本书的主题:克拉克所关注的运输网络的形成,以及此网络与泉南地区贸易相互作用的关系。至此,闽南地区由人口的迁徙、商业的兴起而组成的社区,进一步推动市场的完善和城乡经济结构的发展,导致闽南地区出现了复杂的交通-贸易网络。泉州作为一个港口城市至此成长到了最繁荣的巅峰时期。

最后一章"结论"中,克拉克论述了泉州地区在经历宋代极盛的经济繁荣后,帝国皇室的奢侈需求、东海地区海盗的盛行以及官场的腐败等多种因素综合起来阻碍了泉南地区转口贸易的发展,最终一步步导致了泉州这个国际大港的衰落。

克拉克在全书中有两个着重关注的着眼点,即对闽南地区人口增长和商业化进程的重视,这种重视体现在各个章节关于人口和商业发展的详细论述中。

在人口问题上，克拉克在史料稀缺的情况下不懈地梳理了闽南地区人口在唐代前的变迁状况。到了晚唐时期，人口开始出现持续两个世纪的快速增长，直到12世纪开始放缓。伴随着人口增长的是地区网络的扩张，闽南地区的人口在增长的同时也发展了聚落与交通的联系网络。到了13世纪，闽南地区的人口虽然已经呈现了负增长趋势，但整个以泉州为中心的地区已经发展出了一套商业贸易兴盛、运输交通错综复杂的、由多个聚落连接而成的网络。值得一提的是克拉克对于闽南地区人口的相关史料的敏感，如仅依据"都保"（brigade）的信息就重构了一个宋代闽南八县乡村的人口分布图。

另一个重要的关注点是闽南地区在历史上的商业化进程。克拉克之所以如此关注这点，是因为他认为闽南的商业化繁荣相对于其他地区具有非常不同的特点，而这个特点的关键就在于泉州地区所从事的南洋转口贸易。转口贸易的兴衰史可以说是整个泉州城的兴衰史。泉州港的转口贸易在唐末时期已经开始（一些历史学家对此论点颇有争议），但彼时，转口贸易还未对整个泉州地区的经济生活造成重要的影响。到了五代时期，藩镇割据、群国并起的乱世迫使占领泉南地区的闽国政权开始转而关注海上贸易所带来的税收，将其视为重要的财政手段而鼓励发展。宋代建立后，泉州被重新纳入帝国的行政区域，成为政治结构的一部分，而此时的泉州地区已经作为从事转口贸易的大港确立了其独特的经济职能。因此，被重新整合进宋帝国的泉州，其贸易量不减反增，并且在 12 世纪呈指数增长。

克拉克论述到，转口贸易与彼时中国其他经济模式的不同点在于，转口贸易的发展动力不依赖于中国内陆腹地，而依赖于两个条件：其一，国外的货物流动；其二，国内的市场。闽南地区土壤贫瘠，不适合耕种，最好的土地也被寺庙所占据，在小农经济主导的经济模式下很难有人口和经济上的长足发展，但转口贸易的经济模式扭转了这样的局势：转口贸易使得以泉州为中心的整个区域的经济可持续地繁荣发展，摆脱了粮食生产的禁锢，泉南地区在宋代反过来成了吸引大量外来人口的经济大都市。虽然经过 11 世纪和 12 世纪的人口增长，泉南地区的粮食生产实际上已经无法满足其人口的需求，但泉州港用转口贸易带来的财富，从其他地区进口粮食来满足其人口对粮食的需求。在宋代，泉州已经形成了南洋转口贸易对外（印度洋沿岸及东亚各国）、对内（各大小港口及内陆腹地）的贸易网络，从内地的网络中输入粮食。由此可见，转口贸易不仅使泉州地区得以通过进口粮食弥补人口增长所带来的农业负担，也反过来促进了内陆腹地粮食剩余地区的粮食出口贸易。

摆脱了粮食-人口公式禁锢的泉南地区，所获得的进一步发展的契机是将农业生产中心调整到经济作物的种植上，以及更具商品属性的手工艺品的制造上。唐代前的闽南只有苎麻、大麻两种商品化与市场化规模都很低的经济作物，到了宋代，闽南农村已经普及了棉花、甘蔗和荔枝这样的经济作物。在非农外贸产品上，则有外贸瓷、铁器、丝棉纺织品及各种各样的手工艺品。其中以外贸瓷最具有海外市场的声誉，在闽南的区域产业部门中具有举足轻重的地位。所以，转口贸易的经济模式进一步造就了闽南地区商品化手工业的繁荣。

转口贸易带来的第三个变化——这部分也是克拉克特别关心的——是经济互动带来的交通运输系统的改善。11世纪晚期至12世纪，整个闽南地区随着海外贸易的发展出现了大规模的造桥运动。克拉克依据相关史料绘制了闽南八县的桥梁分布图，其史料显示：978—1275年，泉州兴建了156座桥梁，其中建于12世纪的就有82座。桥梁的大规模兴建反映了作为商品分配机制的运输系统的改善；同时也意味着泉州地区商品市场化程度的提高。克拉克承袭施坚雅的理论，认为宋代闽南的市场呈现出一种等级制，由都会、县城、地方集镇等多重市场构成。

在此，克拉克指出，他眼中农业的商业化和桥梁的兴起并非其中一个决定另外一个，而是相互作用的关系：农业的商品化促进了道路交通系统的改善，桥梁的兴建反过来也方便了经济作物的运输。而这一相互作用的关系则依赖于南洋转口贸易：它们因转口贸易的繁盛而兴起，也因转口贸易的衰弱而式微。因而，克拉克在结论中指出，自13世纪起，皇室的奢靡、海盗的猖獗和官场的腐朽共同造成了泉州港转口贸易的衰落，这一衰落则直接引发了一连串事件并造成了灾难性的结局，最终使泉州港的繁荣成了逝去的历史。

从克拉克此书所做研究的方法论看，可以看出他较为明显地受施坚雅理论的影响，并有意无意地对其理论加以继承与发展。

克拉克对施坚雅"区系论"的继承，体现在他与施坚雅一样，认为闽南地区在中国是自成一体的一块区域，并且其历史就是一部区域经济史。在论及泉州地区的市场结构时，克拉克也沿用了施坚雅的市场秩序界定出不同等级的市场与市场之间的联系。但在施坚雅之外，克拉克在反复强调泉南地区在历史上之特殊性的同时，又多次提醒到，泉南地区经济社会的发展与整个国家的格局变动息息相关。因为如果没有国内腹地——诸如杭州、开封等城市——更为普遍的经济模式上的变化（无论是不是主导性的变化，亦无论是否由泉州的经济变化而带动），泉州地区就不会通过与其他地区的贸易而解决粮食进口等事关生存的问题，也就不会出现如此灿烂的区域性繁荣。因而在这一层面，泉州在一定程度上又代表着整个唐宋时期中国商品经济萌发的缩影。

更为重要的是，克拉克的这项研究试图论证早在唐宋时期，通过高度发达的海外转口贸易，闽南地区的商业化已经达到了常规化水平，其程度足以比肩明末清初。这一观点是对以罗威廉为代表的历史学家"明末清初论"的修正。

所以，克拉克此书对于闽南经济所折射的中国共性的提出，也可以视为一种以区域为中心的整体主义方法论，这种方法论在承接施坚雅"区系论"的同时，也做出了试图不忽略整体的尝试。克拉克在这个意义上也修正了施坚雅重区域轻国家的缺陷。

本书是一本研究泉州中古经济史的专著，也是迄今为止研究唐宋闽南经济史最全面的英文专著。受克拉克此书影响最大的人，也许莫过于同为海外泉州学研究者的苏基朗。苏基朗《刺桐梦华录》里，提到与克拉克这本书有关的注释就多达 20 条。虽然苏基朗对克拉克此书多有不同意见，但二位学者在闽南模式上的基本共识是一致的，即闽南在中古史上的经济繁荣实际上是一种跨部门的多元繁荣。在闽南地区发展的长期回环过程中，繁荣从一个部门（海上贸易）传递到其他经济部门，如农业和工业。作为这个发展过程的一部分，越来越广泛的地区和越来越多的人口，或从日益繁荣的海上贸易中直接受益，或从其他因应出口商品大量需求而发展起来的部门中间接受益。经济机遇向其他不同社会阶层的扩展，提高了人们的总体生活水平。这与其他中国传统的滨海中心地区经常看到的情景有很大的不同，在那些地区的经济机遇，只能让小部分城市商人富裕起来。而在苏基朗和克拉克看来，正是以转口贸易为代表的繁荣的海上贸易整合了不断增长的各种社会资源，使闽南的经济扩张因此走上了一体化道路，造就了一个内部整合区域和一个相对和谐的社会结构。

此外，克拉克博士对于零散史料的精准把握和别具一格的研究手法也颇令人称道，例如，他对唐代闽南农村人口分布情况的总结，对晋江和莆田的灌溉工程与闽南移民开垦行为所做的详尽分析，以及前文所述，通过仅有的一点有关都保的资料重构宋代闽南八县乡村的人口分布图，绘制闽南八县的桥梁分布图等。这种处处以史料为据，却又能灵活地在各种庞杂零散的史料中穿梭编织文本的学术能力，也从另一个方面体现了此书的价值。

鲤鱼与渔网：
读《帝国与地方世界：一个长时段历史人类学的中国模式》

黄智雄

王铭铭，泉州人，是中国著名的历史人类学家，目前是北京大学教授。《帝国与地方世界：一个长时段历史人类学的中国模式》是他首次单独署名的英文著作。这本书是以王铭铭于1999年出版的中文著作《逝去的繁荣：一座老城的历史人类学考察》为基础。此书以宏大的历史书写描述了泉州从古代到现代的兴衰史。《帝国与地方世界：一个长时段历史人类学的中国模式》也包含了一千多年的历史书写，它呈现了帝国与地方世界之间，商业、政治、宗教与宇宙观之间相互交错的关系。但这本书的焦点是泉州城市社区中的铺境系统。铺境，作为城市空间的基本单位，对于帝国的行政、宇宙观、地方世界的宗教实践及认同都产生了极其关键的作用。

王铭铭在英国接受教育，而他在书里一直与许多历史学家、人类学家，如萨林斯（Marshall Sahlins）、伊利亚斯（Norbert Elias）、沃尔夫（Eric Wolf），还有诸多的泉州当地学者进行对话。他引用了萨林斯的"历史之岛"的概念，赞成其对历史与神话之间关系的重新思考，而这也促成了王铭铭自己的一个研究问题。可是，对他来说，中国的城市与萨林斯所提的西方的polis（即"理性城邦"）不同，他以历史人类学所研究的泉州是基于对地方历史及当地人的了解。对于他来说，当地的历史感（sense of history）很重要。可是与一些仅仅关心泉州的繁华或者复兴的当地学者不同，王铭铭希望能够通过对一座像泉州这样的中国城市的"变换组合"的书写来进行一种新的历史叙述，引领一种新的历史学。

与他强调当地历史感有关，作者提到了一个民间传说。在这个民间传说中，泉州古城状如大鲤鱼。这座鲤鱼形的城市的风水非常好，而根据当地的解释，只要泉州城能维持它的鲤鱼形状，它就会持续繁荣。可是，这个传说也提到了泉州在明朝的衰落，明代的开国皇帝朱元璋派了风水师周德兴来重构泉州的风水。但"帝国钓鱼人"周德兴想要烧掉泉州两座塔的计划却由于下雨而失败，所以鲤市被保存了下来。这个传说反映了帝国与地方世界相互交缠的互动关系，帝国想要把地方世界纳入自己的统治秩序之中，而地方世界以自己的宇宙观逻辑与帝国进行周旋。

本书的叙述是按时间先后顺序展开的。不过作者关注的核心是，随着朝代的更迭，泉州的城市空间及宇宙观秩序被不断重塑的过程，以及在这个过程中地方世界围绕它展开的争斗。本书的第二章描述了唐宋时期处于帝国边缘的泉州城的繁荣图景。第三章则重点勾勒了元明时期的铺境系统。朝代之间的分分合合促进了帝国对地方的控制，并使其疆域进一步扩大。汉代之前的泉州地区在中央帝国之外，其居民也被认为是"生的"，是没有文明的越人。隋唐五代的政治不稳定时期，大批从北方移民而来的汉人促成了这个地区的城市化和文明化，也促成了闽南地区逐渐地被卷入帝国世界的秩序。

唐代至宋代时期,泉州因为其在海洋贸易中的纽带地位而促成了城市繁荣。虽然宋代理学强调华夷之辨,但泉州市民却视文化和宗教的多元化为常态。通过参与商业活动,非汉人也可以成为泉州城的地方头人。自南宋被蒙古人征服,元朝建立之后,海洋贸易虽然依然持续,但理学所主张的华夷之辨却被颠倒了。在元朝的种族种姓（racial caste）体系里,蒙古人与色目人占了比较高的位置,而汉人的地位比较低。泉州的铺就建立于元朝,成为中央政府实施统治意图的一个工具。元朝的铺的基础在于宋朝原有的政治和空间制度,比如军训铺。元朝的铺的网络是用来管理当地汉人的,同时为了支持中央政府征募民众资源和劳动力。

元朝的大部分行政空间单位被明政府保留,然而明政府在元朝的铺下加上了一个更小的单位,即境。虽然元朝的铺对汉人的统治更像殖民统治,但是明政府对泉州市民的监视却更加普遍。明朝的监视更深更细,不仅因为行政单位更小,而且因为他们强化了对市民的规训（discipline）。比如征募市民参加民兵,实施"互相知丁",强迫市民互相监视,"对彼此的工作休闲了如指掌",及时上报"异常行为"。接着本书第四章指出,明朝对市民规训的加强,与儒家、理学的复兴及随之而来的教化有关。通过礼仪和日常生活的规训,来教化民众的心灵,从而把明朝的统治合理内化。

明代的朝廷寻求天下的大一统,对泉州市民的生活产生了深刻的影响。理学的复兴,及明朝对边疆的防御,导致了明政

213

府禁止海洋贸易，并抽税征兵。为了维持当地的社会稳定，明代朝廷还限制了泉州城的移民，并禁止市民转行。此外，与教化直接相关的是，明政府决定改建和加固泉州城的城墙。在本书第五章，作者指出，古今中国的城市规划一般会以帝国的宇宙观的原则来进行。可是，明代统治者却认为泉州人误解了帝国的宇宙观秩序，呈现出商业的空间秩序，导致空间秩序乱了。

通过改建泉州城，重构其城市空间，明政府试图限制泉州堕落的商业文化，并推崇正统儒教来影响城市空间及其居民。明朝早期，政府把泉州的庙宇移动到更符合帝国宇宙观的位置，使得政府与礼仪的空间扩大，商业的空间减少。祠堂和庙宇在城市中的分布与铺境系统相吻合。这又与铺境系统成为明代大一统捍卫者们宣扬和推动正统秩序的工具相适应。在明朝的礼法制度下，铺境庙里的礼仪和献祭，成为公共社会和法律的重要方面，神和鬼在其中扮演了惩罚犯罪者的角色。

明朝的大规模建庙被批评为无理性的、没有经济效率的，不过在第六章，作者指出，对明皇帝而言，构建道统、完善天下的秩序远远比经济效率重要。铺境单位可以用来收税。税从底层的社区转到帝国政府，然后从帝国政府再次分配给底层社区来补助当地礼仪、公共事务、防务等费用。14世纪末，泉州的政治地位升级为"上州"，因此增加了行政、财务和教育的义务。可是，对泉州的影响更重大的是它之前作为市舶司的地位被福州取代，随后海洋贸易开始衰落。而明政府增加地方赋税，限制人口流动，给泉州市民带来重大负担，有些市民因此逃避铺境下的户口制度，转向违法贸易或者加入倭寇。

16世纪末，为了应对倭寇的威胁以及一系列的饥荒、瘟疫以及自然灾害，地方政府基于铺境系统建立了乡约制度。它以组织民兵、仪式地方化以及社区自治为特征，强调一种互相从属感（a sense of mutual belonging）。然而，如第七章所述，17世纪初，当地官员怀疑有些地方祠堂或寺庙已经变为淫祠。据明代学者施鸿宝的说法，淫祠，如胡天保与胡天妹的爱神庙，"有伤风化"，也就是"导淫"，鼓励了"通交男女"。随后的儒教正统复兴运动毁灭了泉州不少的祠庙。不过，在乡约自治的制度下，淫祠数量增加，草根认同增强，从而挑战了帝国建立正统的意图。

虽然清朝于1644年定都北京，可是清朝军队直到1680年才平息了闽南汉人的反抗，统治泉州。虽然他们同样要实现统治的目标，但清政府施行的政策与明朝政府有明显不同，包括强迫泉州市民离开城市、沿海地区农民搬进城市的迁界政策，目的是为了打破紧密的亲属和社区关系以及汉人社会的团结。沿海地区被统治之后，清政府进一步推翻了明朝政策，海洋贸易重新开通，朝贡制度被复兴且扩大。地方文化也在多元统一的国策下被激活。如第八章所提出的，这项新地方政策在泉州的体现是一种叫作东西佛的暴力礼仪竞赛，即以铺境的境界把泉州城分成"两个对立的联盟"。

虽然东西佛的暴力混乱显然与儒教的道统原则相悖，但根据作者的说法，东西佛很有可能是时任福建提督的蓝理统治当地市民的政治谋略。据作者的说法，蓝理有可能根据道教的无为以

215

及《孙子兵法》，构建了一个能够消解当地械斗、活跃地方文化、使政府免于过多干涉的治理手段。清代朝廷因为蓝理治理混乱而罢免其职，作者在第九章中提出，蓝理去世之后，泉州却被基于铺境系统发展出来的秘密社团和兄弟会控制了，他们的权力斗争的表现就是暴力械斗。这种械斗与当地宗祠寺庙及民间宗教密切相关，而且大部分的械斗都发生在朝圣的节庆期间，信仰神的巡境活动可能会侵犯到其他社区的领域，从而产生矛盾和冲突。

鸦片战争后，泉州经历了大规模的经济衰落。隶属泉州的厦门港以及福建省省会福州被选为开放港口，而泉州市却被忽略了。泉州虽然仍然有政治地位，但厦门作为国际贸易中心的经济结构重新界定了闽南地区的中心与边缘的秩序。泉州的边缘化至今为止仍在物质上和精神上影响泉州人。第十章描述的是1896年，中日战争结束一年后，在泉州市承天寺进行的普度法事。根据作者的解释，这场法事一方面是对天下的崩解表示悼念，另一方面也反映了当地人基于本土宇宙观秩序的宗教表述而呈现出来的文化内在一致性（cultural integrity），这种文化内在一致性正是现代民族主义的初步形式。

读者大可不必因为以上概括性的论述而将王铭铭的研究理解为简单的线性历史叙述。他的论述有一定的口述史的风格，包含了众多的典礼、传说、人物、学派等细节，还有早期的地图和历史文献。由于篇幅有限，在此不再赘述，可是值得注意的是这些细节正好折射出了他研究的重要意义。作者的叙述能够显示出时间和空间的灵活性，如中心（帝都）和边缘的不稳定性，以及地方知识和历史感的必要性。王铭铭强调中心和边缘的关系以及长时段研究的重要性,与世界体系学派具有共同点,不过他并没有将经济当作经济来研究,而更多把经济视为一种文化,因而跨国经济网络的活动在他的描述中被地方化。

王铭铭很明确地想把西方理性的逻辑和西方历史性的概念去中心化,试图以本土的历史性的概念,如鲤鱼和渔网背后的治和乱来替代,不过他所描述的像泉州这种文化多元的城市,是以长时段历史的中国模式来重写这种文化多元的历史。它会不会成为汉人为中心的历史呢?与中心和边缘不稳定的关系相关,文化批评和文化帝国主义之间的关系也很微妙。虽然这些问题在中国的语境中难以避免,但王铭铭的细致研究不仅对闽南地方历史和学术做出了贡献,而且也展现了一个有新意的长时段历史人类学的中国模式。这一模式将如何应用于中国之外的研究,或许会很有意思。

中古时期的闽南区域史研究:
读《刺桐梦华录》

孙静

作者简介

苏基朗早年求学于香港中文大学,以"泉州历史地理"作为硕士论文题目。1982年,他以《宋代闽南地区经济发展史论》获得澳大利亚国立大学的博士学位。2001年，英文版的《刺桐梦华录》面世，2011年中文版《刺桐梦华录》付梓。在华语世界，这本书所带来的影响进一步扩大。作为海外泉州学三剑客（李东华、克拉克及苏基朗）之一，苏基朗自称深受史学家严耕望先生的影响，对闽南的中古经济史研究具有国史人文地理研究的旨趣。

苏基朗在任香港中文大学历史系主任期间，开始乐于将自己的史学研究推向管理学等应用领域。而《刺桐梦华录》中的闽南个案研究为他的公众史学（public history）提供了关键佐证——"中国经济在不同时期、不同经济结构下的潜力"——因而为新世纪的"繁荣"创造史学话语的基础。

苏基朗在英文版的序言中十分谦虚地提及前人的研究成果，包括日本东洋史学家桑原骘藏的蒲寿庚研究，李东华的泉州中古海上交通历史研究，以及美国史学家克拉克的唐宋闽南经济史研究。另有两份颇受争议的史料受到了作者的关注，一份是大卫·塞尔本所编译的《雅各·德安科纳手稿》，也就是记载13世纪70年代泉州城的《光明之城》（*The City of Light*），另一份是20世纪80年代在泉州发现的一本谱系书籍《西山杂志》。在学术论辩的过程中，苏基朗既表达了自己的研究取向与学术观点，又说明了针对不同史料的存留与删减状况。

以上即是苏基朗的学术简历及治史风格。

本书的结构与内容

《刺桐梦华录》总体上把10—14世纪闽南经济的表现视作一

个演变过程。在历时性的分析过程中，苏基朗以敏锐的视角捕捉了经济表现的空间性，试图建构闽南繁荣的空间维度。但若需要阐明10—14世纪的长期经济表现，则还需要将制度因素也纳入分析的框架之中。但无论是过程性的纵向表述，还是空间、制度建构的横向表述，"繁荣"（prosperity）始终是苏基朗对于中古时期闽南地区的基本判断。在铺展他的论述之前，苏基朗首先阐明了作为人文地理概念而存在的"闽南地区"的意涵。他主张将北部兴化均涵括在一般意义上的漳泉地域范围内，因而闽南指称的地区为"兴漳泉"。

过程

苏基朗的闽南经济史研究起始于946年，至1368年，称"中古时期"。中古时期的闽南地区经济经历了准备阶段、空前繁荣、衰落和复兴的四个阶段。

946年之前作为海疆的闽南地区首先进入了苏基朗的视野。然而他并不同意桑原骘藏等学者的观点，即认为10世纪之前泉州已成为海外贸易的中心。在关键的"Djanfou港"之争中，苏基朗倾向于认为"Djanfou港"是福州，而并非是泉州。隋唐时期的闽南地区农业发展水平还不足以储备足够的剩余产品，当地所生产的纺织品也不以上乘著称。直至9世纪末，王潮率兵建立闽国，使得福建地区的权力结构发生重大变化。苏基朗援引克拉克的研究，认为这一时期的闽南地区达到了某种自治状况，因而使得地方精英势力发展壮大，为留从效和陈洪进两大割据势力相继统治这一区域，促进经济腾飞创造了有利条件。

随着宋代占城稻的推广种植以及农业技术的进步，闽南农耕水平得以提高，超过了自给生产的水平，为经济作物的生产消费带来了空间，从而强化了本地区农业的交易属性。宋代佛寺占有大量耕地，比如泉州开元寺在南宋某个时期曾经占有土地273.5顷。[4]高度集中的土地占有方式对当时的闽南农业发展起到了积极的助推作用。另一显著变化是泉州市舶司的设立。这改变了闽南商人进行海外贸易需前往广州港口登记的不利体制，往来泉州的外国商人数量因而大幅增加。赵汝适的《诸蕃志》、祝穆所著的《方舆胜览》都记载说11世纪末泉州城就已出现了"蕃坊"或"蕃人巷"，表明外国聚居人口带来的市井繁荣。同时，海外贸易伙伴数量不断增加。占婆和三佛齐是闽南两个最重要的贸易伙伴，双方人员和商品数量往来频繁。大食是闽南第三个重要贸易伙伴，其他国家诸如真腊、爪哇和菲律宾群岛各部落也与闽南存在贸易联系。11世纪末的泉州，从被动的转口贸易向主动的海外市场开拓成功转型。与海外市场开拓并行不悖的是本土市场的活跃。有三股力量在本土市场的活跃中起到了关键作用：海外贸易市场中崛起的本地富商及其家族，定居闽南的外国商人以及定居泉州的皇族宗室。尤其是后者，贾志扬在对宋朝闽南的皇族宗室的研究中提到："在泉州享受朝廷俸禄的人比其他州要多出30多倍，这提高了当地奢侈品消费的需求。"[4]61在国内的跨区域贸易方面，闽南商人的祖籍遍布大宋帝国的海南岛、广东路、两浙路、山东半岛及长江流域。这一时期的闽南农业逐步向商品化方向发展。市场效益好的经济作物逐渐取代了主要粮食作物水稻。在工业方面，最为突出的成就来自造船业。闽南的造船材料与技术在当时被认为是最好的。

苏基朗认为，从士大夫真德秀的一份任命奏折中看出，13世纪的闽南经济或面临一场经济的衰退，而衰退的因素可能包括皇族宗亲开销增加，关税的提高，海盗的猖獗以及东南亚政治格局变动带来的海外市场的衰落。13世纪高棉、暹罗、越南以及占婆的常年征战使得贸易环境日益恶劣。

然而，随着元朝统治新秩序的建立，短暂的衰落很快销声匿迹，闽南的经济再次复兴。一方面，元朝迫切希望恢复因战争而失效的市舶司的职能，督促商船出海进行海上贸易，收缴关税。另一方面，掌管泉州海上贸易的蒲寿庚奉命向海外其他国家通告元朝帝国建立的消息，鼓励他们向元朝朝贡。苏基朗用相当多的笔墨援引桑原骘藏的蒲寿庚研究，力图说明这一期间显著的特点，即由外族人色目人控制市舶司的职务，蒲寿庚等外族人掌控地方大权。这一特点虽促使闽南的繁荣达到了前所未有的水平，但这样的繁荣也使得闽南地区间的差异加大，成为少数人享有的专利，从而最终导致了1357—1366年波斯军队的毁灭性叛乱。

苏基朗以历时性的年代梳理，铺展了闽南地区中古时期的经济繁荣图景，在这幅图景中他以史家的笔墨勾勒了农业、工业、货币、地方精英、海外贸易在不同时期的跌宕变迁。商业与农业的关系，地方精英势力与地方经济发展的关系的思考已经隐含在苏先生过程性的叙述之中。

空间

借用施坚雅的空间理论，苏基朗将闽南的中古经济史的研究进一步推向横向的结构性论述。首先他通过分析闽南的城市系统和乡村系统，比如晋江、南安、安溪和莆田等县的详细历史数据，探讨人口的区域分布模式。接着围绕经济发展探讨其他必备要素，比如交通、铁、陶瓷、甘蔗等产业。跨部门的繁荣是整合最重要的方面，10—13世纪的闽南具备了产业繁荣的基础，如在漳浦发现的陶瓷中心等。但这些功能的整合并不标志着闽南是一个同质的空间单位。因此，"整合"是苏基朗的空间理论的第一个关键词。然而，闽南地区的中古繁荣与泉州和它的海洋经济密不可分，因此"整合"并不能完整阐释闽南的功能整合扩展到了整个东南沿海的宏观区域。苏基朗并不乐观地将闽南的整合现象扩展到其他更宏观的区域，也就对施坚雅的"宏观区域"提出了异议。苏基朗对施坚雅的另一个重要修正是中心与边陲之说。根据施坚雅的理论，根据人口密度，可以进一步区分核心区和边陲区。但在苏基朗这里，他并不认同将闽南视作核心区域，而主张将闽南的某些部分视作核心，剩余部分视作边陲。

延续施坚雅的理论，在确立了闽南作为"整合"经济区域之后，苏基朗开始为这个区域寻找空间上的核心，即泉州城。苏基朗对城市研究的关注，很可能受到中华帝国晚期城市发展研究成果的影响，他认为对个别城市的研究，可以大大增强我们对中国城市及其背后的文化与社会经济动力的理解。因此坐拥丰富的泉州城的文献，苏基朗主张对泉州进行城市形态特征的细致分析，包括城市的基本布局，主要建筑的布局模式，商业区与地方产业以及地方精英的住宅区。最后他得出结论认为，泉州城内部整体结构有施坚雅意义上的"双核心"的特点，但是他并不认为精英住宅与行政住宅相重合现象也映照在泉州城上。泉州的现象恰恰是一种不平衡的双核心现象，行政区域依旧主导着城市的核心地带，商业区被排斥在边缘地带，因此宋朝的商人虽地位有所提高，但是行政功能仍在城市生活中起主导作用。苏基朗显然变通地运用了施坚雅的中心-边陲的空间理论来构筑他对泉州城的理解与想象。

以泉州城为核心的整合功能区域——闽南，在更大的空间区域上如何开展跨地区长途贸易？通过解答这一疑问，才能真正将中古时期的闽南经济繁荣置于一个实在的空间构图中。苏基朗利用史学的优势，将闽南外贸瓷作为个案研究对象。闽南外贸瓷大规模生产始于11世纪末，一直持续发展到元末。宋元时期闽南的陶瓷分为：青瓷、杂色陶器、白瓷和影青陶瓷。由于转运费用很高，闽南的海外贸易鼓励当地陶工生产纺织品，因而这里所生产的瓷器多作为廉价品销往海外市场，销售对象是平民而非统治阶层。在产业结构方面，德化屈斗宫提供的史料暗示了这个产业存在劳动分工，也意味着产业规模的庞大。因此，"当地有相当比例的人口参与了这个唯一的非农产业，这是宋元时期中国一个引人瞩目的现象"。[4]241 通过进一步与广州、潮汕地区的比较研究，苏基朗认为海外贸易对闽南地区的地区经济整合起到了关键性的作用。

苏基朗对中古时期闽南经济的空间阐释明显受到施坚雅及华南学派的影响，也因此反映了他对中心-边陲划分及功能整合非平衡状况的思考。

制度

通过对中古时期的闽南经济进行历时性的梳理、空间性的铺展，苏基朗运用现代商业理论的模式，尝试分析闽南贸易的制度结构。斯波义信在对《刺桐梦华录》的评论中，认为克拉克与苏基朗对闽南地区经济史研究最大的分歧是，克拉克将泉州地区的贸易定义为转运贸易，而苏基朗则认为福建的发展源于制度的变化。[5]

如苏基朗在香港中文大学学者自述的网页上所言，他的兴趣是商业历史（business history），因此本研究首先就对商人群体作了类型学的划分，以此回答商业的参与者如何运作商业这一问题。闽南商人结构的突出特点反映在由常驻的蕃商建立的商业基地上。这些群体形成了商业关系网络，达成信任，降低海上贸易的交易成本。交易模式也发展出多种形态，包括赊账经营。如此发达的商业衍生了商业教育的兴盛，如商业信息印刷品的出现、海外地图的绘制、商品名录，等等，以此满足商业信息的需求。

日臻完善的商业模式包含复杂的商业群体、畅通密布的商业网络，也包括在贸易双方频繁交往中，渗透入商业网络的正规制度制约（formal institutional constraints）与非正规制度制约（informal institutional constraints）。前者包括市舶司条例、宋元的海洋条例、财产所属权以及海上贸易的缔约程序与契约协议以及商业诉讼与调节。虽然在论述财产权的时候，苏基朗注意到了中国传统的财产观念，在对合同契约的论述中也注意到了要"从历史、社会以及文化语境去研究中国古代合同法"，[4]263 但是苏基朗在这部分的论述中使用了大量的现代商业概念与术语来分析中古时期的闽南经济制度。让人不禁质疑苏先生所援引的诺斯的正规制度制约与非正规制度制约的区分模型是否欠妥。而克拉克对非正规制度制约这部分的研究更为赞赏。非正规制度维度包括行为规范、传统习惯和自我行为规范等，这些非制度规范来源于儒家伦理、宗教信仰以及人脉关系（毋宁说，亲属关系）。虽然苏基朗援引了《论语》、朱熹之说和余英时的见解来佐证闽南的商业伦理与儒家的关系，但由于缺乏翔实的史料，难免给人有心无力之感。永春"义庄"的例子虽能说明闽南具有凝聚力极强的亲族关系组织，且对商业网络的建立，信任模式的确立意义重大，却无法论证海外贸易传统下的商业活动具有同样的儒家商业伦理。

苏基朗的闽南模式至此形成一幅跨部门多元繁荣的景象，甚至具有现代理性的商业特征。闽南的经济扩张在内部整合和外部海外贸易竞争之中造就了相对和谐的社会结构。一方面国家扮演重要角色，颁布海洋条例，设立市舶司，另一方面，地方割据势力与精英家族涌现，使得国家权力变得越来越地域化。有意思的是，虽然苏基朗认为闽南具有诸多非正规制度，但是仍然坚持认为闽南商人的经济行为符合经济理性，受到整体的制度制约，因而"近代以前的海洋中国不适用于道德经济的理论模式"。[4]310

一二点评论

斯波义信对《刺桐梦华录》有一个基本的学术背景的判断。他认为,学界对中华帝国12—15世纪的经济变革具有共识,但是中国向海洋的扩张是否属于这一范畴仍需要进行讨论。也就是说,经济变革因素中内在增长与外来刺激两个并存因素之间到底具有怎样的关系在学界仍争论不断。克拉克与苏基朗对于闽南地区经济的研究分歧恰好印证了这一争论的持续发酵。另外,20世纪60年代以来,汉学家们越来越意识到研究社会历史的重要性,因此经济史的研究渗透社会史的关照也成为本书的重要特征之一。克拉克的另一篇对此书的评论则在史学学理上具体地提出了自己的异议,但在我看来,他与苏基朗之间的异议仍然没有逃脱斯波义信对两者学术背景的基本判断。

如前文所指出的,苏基朗对商业与农业关系、地方精英势力与经济发展之间的关系以及区域中心-边陲关系的思考,都与苏先生想要超越区域史理解一般意义上的中国经济现象有关。中古时期闽南经济状况的研究为他的公共史学提供了闽南模式的个案。也基于这个个案,在本书英文版出版10年后,他坚持"中国式的繁荣是可创造的"。[4]3

斯波义信对制度性研究的兴趣寡淡,也对交易成本的理性经济学的分析方法存疑。如他所说,苏基朗若能对某些社会史的细节追述下去,可能将使该书所呈现的经济史更为丰富,比如福建造船技术的发达。这样的评论是中肯的，苏基朗在本书第三部分对制度的论述中已经呈现出学术取向上的摇摆。在论述正规制度规范时，他所征引的"无讼"案例相当生动，包括朱熹对"乡约"的论述。商业纠纷与法律诉讼过程中，亲族邻里如何应对，绅士精英如何解决，这些社会结构性因素是苏基朗较为轻视的。这种不同于商业制度的制度说不定也值得深入研究下去，从而成为商业经济史研究的补充。

第三方与不固定的符号：
读《中国东南的道教仪式与民间崇拜》

罗杨

前言

丁荷生，著名汉学家，加拿大麦基尔大学东亚研究中心主任。他本科就读于布朗大学（中国研究方向），后从斯坦福大学获得博士学位。他致力于中国道教、民间宗教与文化、中国文学研究，现又转向研究新化移民在新加坡、印尼、马来西亚等地建立的庙宇，考察这些寺庙与社区、中国本土的网络联系。其著述除《中国东南的道教仪式与民间崇拜》外，还包括 *Lord of the Three in One: The spread of a cult in Southeast China*（1998）, *Ritual Alliances of the Putian Plains*（与郑振满合著，2010），《福建宗教碑铭汇编》（与郑振满合编）等，并拍摄了一部关于莆田元宵宗教仪式的纪录片《天堂无聊》。

本书是丁荷生三个时段（1984—1985：台湾；1985—1987：福建；1989—1991：台湾、福建）田野调查的成果。他在一次访谈中谈及对中国宗教，尤其是道教和民间宗教感兴趣时说，1983—1984年一年里，他陪同中国台湾道教大师陈荣生参加在台南与附近地区举行的道教仪式，1984年他去了厦门，在那里继续他的博士研究，主题是道教仪式的传统和17世纪起传播至台湾及闽南地区的民间信仰。当他到厦门的时候，正遇上闽南地区许多主要的民间信仰（如保生大帝、妈祖、广泽尊王、清水祖师）的寺庙得到重建或修复，因此他参加了这些寺庙数十年来首次举行的道教仪式。[①] 根据本书导言中的描述，当时的福建留给他最深感触是"两难"：历史与现实的选择——文革结束、改革开放初兴，手头刚有余钱的人们首先不是购买现代物品反而去拾老古董，整个社会似乎都在倒回历史传统之中，重修庙宇、祖祠，恢复公共道醮仪式，海外华人送先人遗骨回乡安葬；国家与地方的拉锯，如地方干部对宗教活动的矛盾态度，这又与他们在地方经济与社会中的权力和地位变化相互交织。

基于上述写作背景，本书的主题是道教和地方崇拜在地方历史与现实社会中的互动。作者将道教置于历史与现实、帝国（国家）与地方的四角关系之中，以它贯穿历史和现实的生命力以及

[①] 卢云峰："中国每个文化区域都需要用新的概念来解释——访丁荷生教授"，载中国民族宗教网2008年10月7日。

既不做帝国的模仿也不被彻底地方化的驾驭力，说明道教的礼仪结构在中国社会中的作用。

时间与空间：道教的历史发展和仪式结构

丁荷生认为本书中所讨论的民间崇拜，在福建成形于五代至唐时，因此本书的时间跨度从那时直至他做调查时的20世纪八九十年代。福建的道教除北部的武夷山地区属全真教外，大部分为正一道，也叫天师道。前者创立于宋金时期，类似于佛教，道士住道观、不婚娶、修真养性、不尚符箓；而正一道道士有家室、不忌荤、尚符箓，其传承采取家内传子的世袭制，道士外出去为寺庙、家庭和个人提供仪式服务。

正一道为东汉末张陵所创。三国时，正一道首领将其仪式传统引入曹操朝廷，通过与世俗领袖协商，使道教获得监管神灵领域的地位，这也反映在南北朝帝王加冕的道教仪式中。晋时衣冠南渡，一方面南迁的大家族通过扶持道教以确认其祖先及地方仪式的正统地位，另一方面，南传的道教传统也被当地既有的地方崇拜吸收和改造。唐代，李氏王朝自称是道教老子的后代并宣称其王朝的建立得到神助，皇子也受到道教的加冕；开始系统化5个世纪以来的各种道教传统，皈依者的提升遵循一套制度性的规矩；这种层级体系表明存在一个统一的道教教会将道士和信众紧密联结，道士对其教区信众的婚丧嫁娶等有很大的管辖权力。

丁荷生指出唐末到宋初是中国社会、经济与宗教的分水岭，南方商业的崛起使各种秩序与力量重组。在帝国的层面，许多新兴的道教团体寻求朝廷的支持，道士常常与儒士为伍压制地方崇拜。帝王也想借道教将地方崇拜整合为统一的官方认可的宗教，并使帝王在其众神中占据主导，宋徽宗还在福州开始印刷道教经典，这两种行动反映出在宇宙连续性上重建帝国力量的努力。但帝国的计划遭遇到地方的阻力。一些地方贵族在官僚体系中失去权力从而转向地方事务，一些大家族崛起，积极寻求进入官僚体制，伴随着众多地方权力中心出现的是众多造神运动，并且围绕地方圣人和神灵组织起来的各种组织逐渐发展成全国性的文化、经济、政治合作网络。道士们受雇于这些地方崇拜活动而不是领导它们，他们表演仪式、书写经典，将这些地方崇拜吸收入道教的神殿中。唐代道教的统一性在这些飞速发展的地方造神运动中四分五裂，地方上的道教活动与力量日益强大的地方民间崇拜之间越来越多的互动，使北宋朝廷一统道教及民间崇拜的计划难以维系。虽然道教在与地方崇拜的互动中被其分裂，但其仪式传统的潜在统一结构却得以留存至今。

明代，帝国进一步加强对道教的控制，官方三次编写道教经典，但每一次材料的出入反而反映出地方崇拜力量的增大；皇帝使江西龙虎山变成道教中心，道士都应从那里获取行道的资格；官方设置的道教事务管理机构下至地方层级，城隍庙和东岳庙都有道士驻扎。但地方上的大家族也在拉拢和利用道教。因为佛教和道教在土地税收上相对优惠，大家族先是为祖先建立佛寺，随后逐渐侵吞了这些财产，进而反过来利用它们来扩大或超越其宗族的影响范围，实现更广泛的区域联合。这时期除官方道教经典外的很多碑文都是地方士绅所写，他们和地方大宗族构成的寺庙委员会成为管理公共事务的新机构，而这些寺庙中有很多神灵，代表着不同地方和社会群体的联合，这些群体甚至扩大到城市中的行会或从事海外贸易者。清代，道教来自帝国层面的支持衰落了，形成一些体制外的地方区域性网络，与官方和地方士绅的等级力量相对，而渗透到地方社会之中。

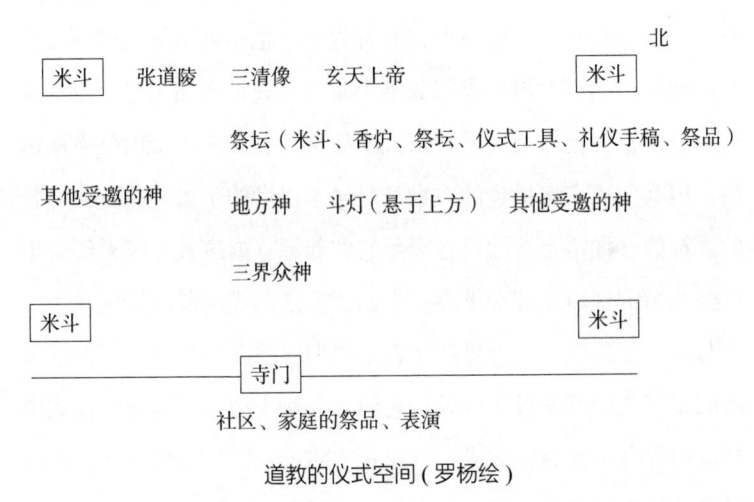

北

| 米斗 | 张道陵　三清像　玄天上帝 | 米斗 |

祭坛（米斗、香炉、祭坛、仪式工具、礼仪手稿、祭品）

其他受邀的神　　地方神　斗灯（悬于上方）　其他受邀的神

三界众神

| 米斗 | | 米斗 |

寺门

社区、家庭的祭品、表演

道教的仪式空间（罗杨绘）

　　道教仪式可分为寺庙内的仪式——仅允许道士、和尚和作为社区代表的会首参加——以及配合寺内仪式的寺庙外供献和娱神表演；寺庙内的仪式又可分为宏观宇宙的仪式过程和发生在作为小宇宙的道士体内的。道士体内小宇宙的变化影响和作用着外部众神所在的世界。

　　宏观宇宙的仪式过程为两个相反的阶段，其关键都是符的运用。第一阶段的仪式步骤是进入、净化、祈祷、分五符，第二阶段是献祭文和奠酒、送神、净化、退出。第一阶段的最后一步和第二阶段的第一步是整个仪式的核心：道士将五符分置于庙内四角以及中央祭台的米斗中，神圣的道场由此建立，最后焚烧五符，道场随之去圣化。而道士在仪式第一阶段开始献祭的祭文通常也是一些充满原始无穷力量的符号。道士焚烧这些符号，将相应的信息传递至神那里，实现了人与神的交融，而他们对文字符号而非动植物祭品的献祭在某种程度上也拓展了献祭理论。这些符或被送达阎罗殿要求释放某个鬼魂，或被送往天界，或被鬼魂自己留作为他举行过某种仪式的凭据。它反映出帝国公文的影响，但其创造宇宙世界的力量又是属于俗世的帝国公文所不具备的。符的这种特定功能可追溯至它的起源。据道教《度人经》记载，原始的气填满虚无世界，它们逐渐汇集成浩瀚的云气，产生光与声。很久以后，天界的文官将它们转誊在金简上，保存于天庭的藏经阁中。又过了许久，它们被天赋予道士。因此，仪式中焚烧的香升至天界，形成唯有众神才可读的信息。焚烧转化符的形态，与原初气聚成符的过程一致，所以这些符又回归到它们的本原。道士分配五符建立神圣道场后焚烧这些符，实则代表天赋和回归的过程。宏观宇宙的仪式过程与道士体内小宇宙的相互作用也通过这些符。符不仅在仪式中被焚烧献祭，其灰烬也被道士们吃掉。他们吃下之后能够召唤众神至其体内，从而与外在的宏观宇宙交融。

道教礼仪结构的三种面向

丁荷生以保生大帝、清水祖师、广泽尊王为例，这三者分别偏向道、佛、儒三教，围绕他们的朝圣敬香网络、游神巡境组织、传说与仪式的不同版本，展现道教在帝国与地方之间、在儒佛和其他民间信仰之间，将这些具有竞争冲突关系的不同因素联系组织成一体，但又使其各自在这体系中维持自身认同的礼仪结构。

保生大帝

保生大帝，本名吴夲（979—1035年），北宋福建同安白礁乡人。传说他是紫微星君转世，少时得昆仑山西王母授法，先后有使书童起死回生、助皇帝退兵、医治太后乳疾、旗退贼寇等灵异事迹，他毕生最令人敬仰的是悬壶济世、医德高尚。除供奉他的白礁慈济祖宫（西宫）外，还有南宋祖籍青礁地区的尚书颜师鲁奏请朝廷所立的青礁慈济宫（东宫）、泉州花桥宫、安溪感德玉湖殿以及遍布福建和台湾各地的庙宫。这些寺庙通过分香和敬香，根据与祖庙香火的亲疏程度，构建起一个彼此有等级但成体系的网络。

道教的礼仪结构不仅通过朝圣敬香将横向分布的各个寺宫联合起来，在保生大帝被敕号加封的纵向过程中，它又成为模仿和利用帝国力量但并不与之等同的超越性因素。地方神灵头衔的提升以及与此相匹配的寺宫的重修扩建，往往借助道教的礼仪结构。如保生大帝原是宋朝廷认定的一位道教神祇，它最早出现在宋真宗的梦里。地方神灵只有通过道教礼仪体系被纳入它的万神殿中才能超越其地域性，而相应的神像、寺宫等的圣化仪式也必须由道士完成。这虽是对帝国等级、官衔等的模仿，但这种封圣却使地方，尤其是主导这些神灵信仰的地方精英，以半独立自主的地位对抗行政体系。丁荷生发现保生大帝的封号过程复杂且混乱，一部分在官方的道教经典或其他文献中并无记载。

在地方上，通过编纂庙志碑铭、重修寺庙等积极助推地方神灵信仰的有高级官僚、地方学者、士绅、宗族领袖和成功商人等，这些重建过程必然要举行道醮仪式，而这些精英群体都会参与这些仪式，因此，道教的礼仪结构能同时吸收地方精英与民间崇拜。此外，它也为反映不同地方崇拜网络间的交融与冲突关系提供了渠道。例如，在厦门、莆田、同安等地，很多寺庙同时供奉保生大帝和妈祖，甚至传说两位神之间有男女关系，但在台湾，这两位神祇却充满矛盾，在彼此的生日呼风唤雨羞辱对方。丁荷生认为前者是以海洋为基础的妈祖崇拜与以河流为基础的保生大帝崇拜网络的重叠，而在台湾则是海洋崇拜与内陆崇拜的冲突分裂了这两者的信仰网络，但它们依然都置身于道教的礼仪结构之中。

清水祖师

清水祖师（1037—1101年），俗姓陈，名荣祖，出身于科甲世第，年幼出家，法名普足。宋元丰六年，安溪大旱，崇善里的乡绅刘公锐请普足来设坛祈雨，普足就在这里住下修行，圆寂后乡人刻沉香木为像，把它供在岩寺中，奉号"清水祖师"。

在安溪，清水祖师像每年正月下山绕境三日，古时应由县官亲自主持绕境，按照县衙仪仗排驾，但为使仪式不与县衙事务冲突，后由县令授命抓得大旗股的推出一名长者代行职责，立官衔清水巡境司，绕境迎春就照此例执行至今。所谓的股是指今蓬莱镇平原及金谷镇的汤内、涂桥按照姓氏居住地的人口和自然条件分为顶、中、下三个庵堂，各个庵堂再分出三个保社，每个保社又分为三个佛头股，每年清水祖师的绕境活动从每个庵堂中各选一支佛头股轮值。大旗股则是抓阄拈得大旗的佛头股。清水祖师虽属佛教信仰，在安溪清水岩的祖庙也一直由和尚主持，但其巡境仪式却有道士参与。正是在巡境过程中，丁荷生看到地方官员、警察与道士、和尚和信众在多方面的矛盾：如对宗教信仰与封建迷信的模棱两可；对文革意识形态的心有余悸与恢复传统的现实需要；在地方宗教活动中，对话语权和掌控权的争夺；试图利用巡境活动拉拢海外华侨、台湾同胞，实现国家层面的一统，但又不希望巡境活动打破村、镇的行政区划而实现超地域的联合。

清水祖师先后受到南宋皇帝的四次敕封，前两次从安溪地方向朝廷请封到朝廷最终敕封，几乎相隔了10年时间。其间礼部先后派遣地方官员、邻县官员或朝廷下来的官员前去反复核实当地上报的清水祖师事迹是否属实，依照敕封条文能否增加相应封号等。这与保生大帝加封过程中地方的半独立自主有所不同。但通过道教礼仪结构的灵活性，清水祖师信仰依然保留了民间崇拜的痕迹。他每一次加封的原因主要是祈雨灵验、医术神奇等，而各种官员考查其事迹的真实性是以民间信仰为基础的。此外，灵媒也是各地清水祖师庙中的重要人物，他们常被清水祖师附体占卜、行医等。在这个意义上，道教的礼仪结构促使地方精英将地方神灵信仰推上帝国的万神殿，却又为它保留了自主的生存空间。

广泽尊王

广泽尊王，原名郭忠福，生于后唐年间的923年二月二十二日，关于其成神的过程，丁荷生比较了杨浚1888年出版的《凤山寺志略》（或《郭山庙志》）、戴凤仪1897年出版的庙志以及德格鲁特的记载三个版本。在杨浚的版本中，郭忠福的父亲早逝，他和母亲为一家杨姓地主干活，杨家请了一位风水大师，却把掉落粪坑的羊肉给他吃，风水大师气愤不过，便把羊棚中的一处真穴指点给郭忠福的母亲，让她依计将丈夫的骨灰埋入此处，并带着儿子离开杨家，又暗示了母子俩将来的栖身之处。在德格鲁特的版本中，郭父是杨家的奴隶，杨家请的风水大师感念他照顾有加，应他的愿望为他指了一处良穴，并让他在暗示的时间点把自己父亲的遗骨葬入，郭父刚葬完父亲，儿子郭忠福便出生了，他梦到自己将要成圣，便自己梳洗好，双腿盘坐到椅子上，母亲拉住他的一条腿想要阻止他升天，所以后来神像是一条腿盘着，一条腿拉下来。在戴凤仪的版本中，郭忠福从小非常孝顺，他父亲死后无钱安葬，一个风水大师被他的孝心感动，在杨老爷的地上为他指了一处良穴，郭忠福得到杨老爷同意后安葬了父亲，他回到郭山脚下侍奉母亲直至他得道升天。他母亲死后，姓李的人家感动于郭忠福的孝心，将他的父母合葬。丁荷生指出，这三种版本围绕这座坟刻画了这位神灵充满矛盾的特征。在杨浚的记载中，死者的骨灰转变成具有破坏性的魔法武器，夺去了杨老爷家的土地在风水上的灵力；而在德格鲁特的记述中，郭忠福祖父的尸骨则带来神的降生和好运，奴隶想要建立他自己的宗族、超越他本来的地位，也反映出阶级间的紧张；戴凤仪的叙述更有儒家色彩，所有的矛盾都被神的孝心和恰当礼仪所化解，他征得杨老爷同意后才将父亲葬在他家地上。

对广泽尊王的祭祀仪式，包括对其父母、杨老爷坟茔的祭祀，与上述不同文献版本一样，这些仪式中包括儒家与道教的不同取向和礼仪。但丁荷生认为，儒家的仪式更多限于宗族的边界之内，而不能提供一个将社区所有不同社会群体纳入其中的礼仪结构，因此，当二月二十二日当地所有社区庆贺广泽尊王诞辰的时候，不得不转向道教的礼仪。在仪式中，儒家的仪式在寺庙内进行，所有的民间崇拜都在寺外，道教仪式穿插在寺内外，道士们既在寺内其他地方举行仪式，邀请道教神祇，也请各种地方神灵，还到寺外圣化供品，到娱神的戏台上宣告众神和众人都从仪式中得到了好处。道教的礼仪为儒家仪式和其他民间信仰嵌入其中提供了一个基本的框架。在广泽尊王的祭祀仪式上，人们为他献上猪、牛、羊三牲，这本是儒家礼仪中，由帝王或地方官献给天地的祭品，但据说广泽尊王本来让他母亲带一瓠一书来，他母亲误听成带一头牛和一只猪。在仪式中，人们依然对此津津乐道，儒家的最高祭祀仪式就这样与民间崇拜交融在一起，但地方精英和村野信众都能在仪式中找到自身的定位和诉求。

结语：第三方与不固定的符号

道教的礼仪结构在中国社会的帝国（国家）与地方之间有两重功能：统一与联合，区分与等级。它的礼仪结构具有统一性，根据丁荷生在闽南、西南、台湾甚至东南亚等地的观察，不同空间地域的道教仪式似有相似的潜在结构；道教礼仪从古至今也具有时间上的连续性，历代各版的道教经典虽然都留下不同时代增添与忘却的痕迹，但从今日的道教礼仪体系中甚至依然可窥见张道陵创教时代的传统。这种礼仪结构也具有联合性。社区内部不同阶层、不同宗族之间的冲突通过与外部宗族、政府官员和军队等的对抗实现某种程度的团结，这种团结在众神的巡境中得以巩固，道士、和尚、地方精英和选出的社区代表、艺术团、地方信众等都参与到这些仪式活动之中。而朝圣和区域性的信仰网络在更大地域范围内实现了不同社区之间的联合。道教礼仪结构统一和联合的力量之所以能够超越不同地域并跨越三教九流，是因为各种群体都能在这种礼仪结构中找到自身的定位，而这恰恰缘于道教从不强加任何教条式的信条，这是它最根本的原则，它假设精神力量即灵的各种形式都有其效用，因此应该得以崇拜。

道教礼仪结构在维系一体的同时，也有区分和等级。在帝国体系内，专制符号渗入社会生活的每个角落，天、神、鬼三界也是某种帝国的隐喻，而宗族内部的祖先崇拜也与政治原则相联，帝国的专制符号似乎是全能的至高无上的。道教礼仪结构某种程度上是对这种全能和至高无上的反应，使地方不完全受制于帝国专制符号的压抑。它吸收了帝国的隐喻因素，但使它们导向非常不同的方向，不是对它的再确认，而是赋予地方力量，并且不限于地方精英，也包括灵媒、演员等三教九流的人物。而道教与民间崇拜的最重要区别在于它献祭字符而非血祭，但道士在庙内献祭符箓之时，庙外则允许血祭，血祭被整合入道教的礼仪结构中。庙外除了血祭，还有仪式专家和灵媒为代表的带有萨满附体式特征的民间崇拜。仪式专家和灵媒都属于地方上的寺庙组织并为地方神灵服务。他们区别于道士，不同于道士的书写传统，灵媒用声音、流血等方式展现神的力量，他如同神操控的木偶，仪式专家指导灵媒，叙说神的传奇，向阴曹地府传递信息等，所以他们是道教仪式的补充。灵媒是被迫被神附体，道士则可以号令天兵天将执行他的仪式命令，此外，在他入道之时通过他的箓，除接受道袍和仪式文书之外，还有一系列的神灵。但道教总在为中国的萨满底层，他们的"入迷宗教"寻求释放力量的渠道，并将它引入道教的神启和仪式效用中。

因此，丁荷生将道教归为帝国与地方之间的第三方，它的礼仪结构为中国的社会文化系统注入不固定的符号，譬如其仪式中最重要的部分——符。道教的仪式重于它的信条，即使是主持仪式的道士，其仪式效果并不取决于他遵循的不同教派的不同教条，而只是有无道德这类普遍的信条。所以，正如道教的主张，其礼仪结构的"一"恰源于它本身的"无"。它通过对帝国的模仿反而为地方崇拜创造出自治的空间，同时，使它们超越了各自的地方性而进入帝国的万神殿。

1979年之后闽南的传统复兴与认同政治：读《闽南：中国后毛泽东时代传统的再创造》

兰婕

20世纪70年代末，中国社会的转型为汉学人类学提供了再研究的契机。这一时期也正是后毛泽东时代的开端，十年的动荡与疯狂已经落下帷幕，代之以社会转型以后的松动与整体复兴。正如陈志明所说，自1979年开始，整个中国社会都经历了社会经济上的转变。经济改革的宽松促使了中国在经济和社会上的转型。[6]作为汉学人类学经典田野地点的闽南地区，其宗族、大众宗教、传统文化的复兴呈现喷涌之势，对这一地区的再研究顺势而生。《闽南：中国后毛泽东时代传统的再创造》正是时为香港中文大学人类学系教授陈志明开展的研究计划——"传统、变迁以及认同：中国和东南亚的闽南人研究"——成果之一。从20世纪70年代起，陈志明教授对东南亚的原住民和少数族裔有着深入研究，曾在马来西亚进行了为期17个月的马六甲土生华人的田野调查工作。在对东南亚华人进行文化变迁、认同的研究中，他开始将视线转向海外华人，其间也不乏继续对马来西亚少数族群社区的关注。自 1996 年进入香港中文大学担任教职以后，他的研究兴趣开始明确地指向对东南亚华侨与闽南人的关注，之后更是将目光放置在更为整体的海外中国人上，因而主持了一系列关于海外华侨与东南亚的研究课题。

"传统、变迁、认同"在这一时期的中国东南与海外关系研究中成为关键主题，并贯穿于《闽南：中国后毛泽东时代传统的再创造》这一 2006 年编辑出版的论文集中。本书的 7 篇文章围绕"传统的再创造""宗族复兴与民间宗教""性别视角"的内容分为 3 个部分。第一部分包括前两篇文章，探讨传统文化复兴在闽南社会中发挥的新作用及遭遇的阻碍；接下来的 3 篇论文构成了第二部分对宗族、地方组织与民间宗教复兴之间关系的探讨；第三部分两篇论文集中关注女性的社会角色及其不匹配的社会地位，两位作者结合闽南妇女的生命史展开了分析。书中的 7 位作者分别是北京大学社会学系教授王铭铭、南京大学社会学院教授范可、香港中文大学人类学系教授谭少薇、泉州海外交通史博物馆馆长丁毓玲，以及当时仍为香港中文大学人类学系教授的陈志明、时任日本平安女学院大学人类社会学系教授的潘宏立、时任香港大学社会学系副教授的柯群英。以上学者几乎都在闽南及东南亚开展过田野调查，在此书中各自的论文都呈现出了后毛泽东时代闽南社会文化变迁与认同的境况与问题。

传统的再创造

第一篇文章《大传统及其敌人：东南沿海的中国文化问

241

题》，王铭铭以泉州文化局在20世纪末以来传统文化重建过程中遭遇的困境为例，指出所谓泉州文化局所设想的官方正统文化的对立面，即大传统的敌人，正是其本身。泉州作为中国古代面向海外的开放型都市，其历史沿革展现出了开放与封闭交替不断的过程。面对新中国的十年动荡，整个国家进入封闭状态，直到1979年改革开放重新打开国门。闽南地区的传统文化也在这一时期开始全面复苏，泉州文化局在这一方面功不可没，它以一种官方的姿态主导了当地传统文化的复兴。文化重建过程中地方民间信仰复兴的浓厚氛围吸引了大批境外游客和华侨，文化局对宗教（迷信活动）的态度有所转变，一系列官方举办的文化节应运而生。在群众与文化局的对话过程中，民间宗教也只有通过将其与海外华侨建立关系，才能在一定程度上使文化局相信民间宗教存在是有实际意义的。泉州文化局在传统文化重建中创造的敌人，在王铭铭看来并非是以民间宗教为代表的小传统，恰恰是官方认定的大传统本身。当文化局在大小传统之间建立起清晰界限时，即否认了大小传统之间的互动交流，否认大传统对小传统的借用，否认了民间宗教本身具有的社会性与历史性。[7]

范可在《闽南丁氏回族群体中传统主义与认同政治》一文中，将丁氏对民族身份的认同与中国传统文化中光宗耀祖的家庭主义核心观念相结合，探讨了传统主义复苏对获得身份认同的促进作用。闽南的陈埭县在20世纪90年代中期开始了对自己回族身份的追求。根据史料记载，丁氏后人对自身宗族体系的建立很早就开始了，可一直上溯至逝世于明洪武年间的三世祖，他曾要求建立祖先祠堂。这一举动也表明丁氏的穆斯林祖先受到了程度较深的汉化,其本身的穆斯林的认同发生了改变。在中国传统的语境之下,受宗族意识影响深刻的丁氏后人得以通过对"光宗耀祖,惠及子孙"这一人生成功标准的认定追求对回族民族身份的认同,使其祖先、后代都能享有回族之名,得到新的身份认同。当然,这也与中华帝国崩溃,丁氏一族无法通过科举制彰显功名,重修祠堂带来家族荣耀有关。对传统重新借用,人们被鼓励获得身份认同即是被鼓励获得一种符号资本,那么追求回民身份也就变得顺理成章。另一方面,国家对其身份的认定也将其纳入了国家的宏大叙事中,以此展示基层民族社区在党和国家正确领导之下获得的成功。

可以看到,地方传统在新时期中既被继承也被再创造,传统与现代之间并非是巨大的鸿沟,反而于再创造中得到重新利用,为开放的经济发展或是身份认同提供一种合情合理的思想支持。传统的复兴带来的是官方与民众之间的互不信任,对大传统的不同态度导致了民间宗教背负着迷信色彩。这些图景都表现出,后毛泽东时代的闽南在国家政策的松动下以一种急不可待的状态开始了传统的复兴。

宗族复兴与民间宗教

《闽南当代村庄中的老人会及宗族复兴》是潘宏立对容卿地方组织与宗族的研究。自20世纪90年代开始,在政府政策开放的背景下闽南的地方宗族得以复兴,且发展迅速。潘宏立指出,这些地区宗族的复兴与当地老人会的活动关系密切。容卿原先以宗族为基础的长老统治被政府建立的强大的地方政权组织所取代，宗族势力衰弱。20世纪80年代宗族力图复兴，却反要借助于当地老人会的力量才得以完成。老人会，实际上是政府领导下的地方管理机构下辖的群众组织，但与宗族结合成为了既来源于宗族（人员来源），又沟通宗族与政府机构的桥梁。一方面老人会成员本身具有社区内的宗族威望，另一方面运用现代政治管理中的民主选举协商等方式，老人会在政府与宗族两方都有了较高的认可度。正是由于老人会的存在，宗族的振兴找到了可靠的促进者，在与政府对立中有了缓冲地带，众多宗族事务得到了有效解决。由此作者认为社会与国家得到了和谐的共存。通过将自己纳入中国当代的政治实体中，老人会获得长久性维持，也确保能对宗族的复兴起到促进作用。作为多方沟通中介的老人会被潘宏立认为享有三个方面的权威：官僚型权威、传统型权威及卡里斯玛型权威。通过老人会，政府找到了一个制衡点，与地方宗族的振兴拉开了一定距离，保持了社会的平和。作者认为，现在中国社会稳定与发展还是需要这样的地方组织发挥作用。

关于大众宗教的复兴，陈志明的研究路径是对后毛泽东时代中国宗教表述的探究。他的《福建永春后毛泽东时代的中国宗教表达》一文，通过对地方宗教中以家庭为焦点的祭拜活动和公共祭祀活动的调查认为，首先，传统复兴后宗教成为人们社会生活的一部分，它的再创造是人们对于有意义的社会生活之需要；其次，公共的祭拜活动则是将地方宗族内的公共生活戏剧化地展现出来，将人们共同的认同公开化。作者笔下的村庄，宗族在人们公共生活中被生产小组所取代，发挥作用。其原因在于，这并非那种拥有众多海外亲属可以提供资金支持的村庄。因此，作者认为可以更加真实地看到，在没有财富因素的干扰下，一个地区宗教复兴所带来的生活意义的重建。同时在这一地区私人化的求子仪式中，国家计划生育政策的实施导致了某些仪式的意外兴盛，证明了大众宗教的复兴不仅再创造了传统，也同样与现代生活息息相关。这种相关联建立在现代化与传统之间，本身充满着不断对话与调试的过程。

柯群英在《华南地区清水祖师的祭拜与宗教复兴》一文中认为，安溪作为一个与众多海外华侨有着密切联系的侨乡，这种密切复杂的联系在当地清水祖师和宗教复兴中扮演着关键角色。地方传统复兴，宗教活动繁盛，且人们拥有的海外亲属关系让当地政府转变了对这些仪式的态度。结果就是以政府对宗教复兴的支持换取资金投资，因为九成的当地海外华人来到安溪时都会到清水祖师面前上供。以吸引海外华侨的到来为目的使清水祖师的祭拜复苏，成为该地区宗教复兴的一个面向。另一面向则是当地祖先崇拜的恢复。除了一如既往地在仪式、祭拜中占主导地位的男性，女性在这样的大型仪式中同样扮演重要角色，因为她们对集体性的公共性的宗教事务应对有着娴熟的技巧，主导着仪式的进行。柯群英认为民间宗教履行着两方面功能：老年群体之间关系的维系，以及青年群体之间的彼此熟悉。整体来说，这仍然是对民间宗教的社会整合以及宗族间相互认同的区别之强调，最终其功能被认为是对海内外华人之间亲属关系与社会网络关系的恢复，前提则是一套共同的观念形态。

性别视角

最后的两篇文章都将视对准闽南妇女。谭少薇在《闽南流动性的产生：家长制世界中的女性寄居者》中，集中探讨的是闽南妇女在移民浪潮中的流动生活。1949年以后的数次移民潮流中，闽南地区相当数量的男性劳动力走向东南亚，使得他们留守在家中的配偶面临着家庭在经济、人际关系方面的种种困境。困境塑造了闽南妇女柔弱却又坚忍的本性，她们对自身作为留守者的认同也出现在这一过程中。闽南妇女的流动性发生在三个地理层面上：流动源头的晋江、作为中间跳板的香港以及最终目的地菲律宾。在对一系列闽南妇女的生命史的呈现中，谭少薇认为，处于家长制世界中的闽南妇女被这一传统主义要求成为成功的企业家、家庭生计承担者、同乡亲属关系网络的操持者，被紧紧地束缚在了传统之中。实际上她们的社会、经济技巧应该得到承认，毕竟她们已经在新建立的社会主义国家成功地为自己谋取了生存空间。

丁毓玲在《福建浔埔妇女的经济活动与性别地位的建立》一文中对浔埔妇女的探讨与谭少薇的研究形成了截然不同的对比。浔埔妇女并没有如具有流动性的闽南妇女一样受到传统文化的压制，在历史中她们有着自己的角色与功能。相比于1978年之前被社会化和制度化的妇女角色，1978年以后在整个社会的大转型下，妇女们借由政策宽松化的契机大大提升了自己的经济实力。然而，浔埔妇女拥有的独立的经济实力却没有打破传统家长制在性别分工上的界定，仍旧是由男性掌控公共管理，由女性管理家庭范围内的事务。但这并不是说，浔埔妇女在社会地位谋求上的失败，她们运用自己的策略建立自己的社会地位——通过自建的佛教社会影响村内男性的村庄管理、重修村庙、协调纠纷，等等。妇女的社会结构在丁毓玲看来并不被认为是一种合适的类型，这也证明社会结构只能处于规则与资源不断地重组与变形中。尽管国家政策在1979年开始走向开放，但浔埔妇女并未试图借此机会彻底摆脱家长制的束缚，她们只是在原有框架下不断做出调整。

结语

闽南身处中国东南沿海，泉州作为古代中国面向世界开放的临海都市，具有内陆地区无法想象的海洋贸易盛景。闽南与世界的联系一直处在开与合的历史过程中，但1979年后的中国遭遇了最具冲击力和影响力的重新开放。于特殊的历史时期中重新思考闽南与世界的内外关系，成为本书在"传统、变迁与认同"主题之外展现的另一个面向。不同于商业贸易史视角的研究，集结于本书的文章是在历史的断裂与冲击中发现社会传统延续的可能性与新遭遇，而十年疯狂后的重新开放也是再度了解整个闽南社会、文化的契机。人类学以亲属制度、民间宗教、性别意识等视角切入，重新看待闽南与世界的内外关系，即村庄研究的复兴，在小地方发现大问题。尽管现代的世界体系仍会依靠贸易维持紧密联系，但已与帝制时代有了明显差异，小地方遭遇的大问题更是关联整体社会的。

本书研究中呈现出的闽南与世界之关系，是在共同的宗族认同基础上由海外华侨与闽南人相互交往构建起来的。对亲族的顾盼促使闽南地区的经济、文化、政治，必须与宗族紧密关联。从亲属制度的角度来看闽南与世界的关系，与从世界贸易的角度看待宗族在贸易中所起的作用，是截然不同的两个视角。视角的转变，带来的结果就是海外华人研究的兴起，对移民历史、族群认同、集体记忆问题的关照。伴随着移民迁徙的是传统文化，这也塑造了他们对家乡的共同记忆。这一点成为闽南人与海外华侨之间共同的联系，也是民间宗教可以得到官方认可的关键因素。

在国家的政治意识形态之下，地方认同发生了更多的变化。一方面，闽南人与国家意识形态结合，在传统家庭观念之下追求新的身份认同，获得对外交往中新的符号资本。另一方面，性别意识开始被强调，与女性社会角色相匹配的社会地位希望得到认同。这些并不是通过当地人在新时代的新活动中确定的，相反，是在传统活动即传统观念的范围之内体现的，如宗教仪式，光宗耀祖的传统观念，父系家长制下的女性职责。传统中国社会作为一种身份社会，在帝制时代落幕并向共和国转变时开始逐渐转变为角色社会。对身份认定的式微通过对传统的复兴与再创造唤起了人们对身份认同的渴求；而角色社会之下，人们与社会角色相匹配的社会地位没有得到足够关注，从而重新诉诸对地位的认同。

柏桦（C. Fred Blake）认为在人类学的中国研究中，"中国如何在千年历史里于不同的文化与语言之上仍旧保持其统一的意识"是一个值得思考的问题。这一问题在 20 世纪中国由帝制转向共和形态时，与人类学对地方传统展开研究的转变有关，并且越发尖锐。[8]本书对传统的理解与认同政治的探讨即是为理解闽南的传统提供了一个新视角，宗族组织的延续、民间信仰的繁盛凸显了闽南在后毛泽东时代可以展现诸多研究议题的社会场景。处于不断变化中的传统在不同的环境中被再创造和实践，于是我们才有可能对大传统的敌人、丁氏族人追求回族身份认同、容卿宗族的复兴、永春地方的宗教表达、清水祖师祭拜的复兴、闽南妇女的流动性、浔埔女性的社会地位有着深刻的理解，并发现闽南社会的转变。尽管本书讨论的主题，是试图看到传统如何被用于地方政治以及传统对于文化认同的关联性，但是对认同的追求是否是达成对社会变迁理解的唯一途径仍然是需要思考的。

参考文献

［1］ SCHOTTENHAMMER A. The Emporium of the World: Maritime Quanzhou, 1000–1400［M］. Leiden: Brill, 2001: 54–65.

［2］ 莫里斯·弗里德曼. 中国东南的宗族组织［M］. 刘晓春，译. 上海：上海人民出版社，2000.

［3］ 杰克·古迪. 西方中的东方［M］. 杭州：浙江大学出版社，2012.

杰克·古迪. 偷窃历史［M］. 杭州：浙江大学出版社，2009.

［4］ 苏基朗. 刺桐梦华录［M］. 杭州：浙江大学出版社，2012：30.

［5］ 斯波义信. 评苏基朗《刺桐梦华录》［J］. 海交史研究，2009（1）.

［6］ Tan Chee-Beng. Southern Fujian: Reproduction of Traditions in Post-Mao China［M］. Hong Kong: The Chinese University Press, 2006: ix.

［7］ 王铭铭. 社会人类学与中国研究［M］. 桂林：广西师范大学出版社，2005：162.

［8］ BLAKE C F. Review: Southern Fujian: Reproduction of Traditions in Post-Mao China［J］. China Review International, 2007,14(2): 558–561.

施坚雅、弗里德曼和王赓武视野下的闽南与东南亚[1]

罗杨　陈敏红　孙静

按语：从 2014 年 12 月起，我们每周开一次闽南研究读书会。从读书会开办至 2015 年初的这一阶段，在王铭铭老师的建议下，我们先阅读了著名前辈学者施坚雅、弗里德曼、王赓武的相关著述。这些著述视野开阔，论述的主题从东南沿海展望华夏与域外的关系。如王铭铭老师指出的，尽管这些海外论著不直接针对闽南研究这个领域，但它们在不少地方直接涉及中国东南地区与海外的关系，并开创了从这一区域性的关系展望中国与世界的学术视野，对于我们从区域的视角考察闽南，尤其从它与东南亚等外部世界的联系中反观和理解闽南，由此而理解闽南研究应有的天下观，有着重要启迪。读书小组围绕施坚雅《中国历史的结构》、弗里德曼《中国社会研究》相关篇章、王赓武《中国及

---

[1] 原载于《西北民族研究》2015 年第 3 期。

海外华人》一书及其近作《谈历史，说文明》一文组织了7次读书会。在读书会前，每位成员独立完成一篇成熟的读书报告，在读书会上先分别宣读，然后自由研讨，会后综合整理成文字记录。以下是根据大家的读书报告以及讨论汇合而成的对上述著作的解读。

施坚雅《中国历史的结构》一文关于中国东南区域史与朝代周期之间关系的论述

施坚雅，美国著名人类学家、汉学家。1954年获康奈尔大学人类学博士学位，先后任哥伦比亚大学社会学助教，康奈尔大学人类学副教授、教授。1965年起任斯坦福大学人类学教授。1990年起任加州大学戴维斯分校人类学教授。施坚雅1980年当选为美国科学院院士，1984年任美国亚洲研究学会主席，1987—1989年任斯坦福大学巴巴拉·布朗宁人文科学教授。

1950—1951年，施坚雅曾到中国四川考察。他的著作《中国农村的市场和社会结构》《中华帝国晚期的城市》等开创了中国研究的范式，《泰国华人社会：历史的分析》是东南亚研究中的经典著作。

1977年，施坚雅考察了中国城市的市场，同年，他提出将中国作为可划分为九大经济区——西北、华北、长江上游、长江中游、长江下游、岭南、东南沿海、云贵、东北——的体系，并视这九大经济区为相对独立的区域。

施坚雅、弗里德曼和王赓武视野下的闽南与东南亚

1984年，施坚雅就任美国亚洲研究学会主席，并在美国首都华盛顿举行的学会年会上发表主席演讲词，形成《中国历史的结构》一文。该文发表于美国《亚洲研究学刊》，收录于其中文版《中国封建社会晚期城市研究》一书。

文章详细界定了"区域"这一概念，并认为它是中国历史结构的基本单位。

在《中国历史的结构》中，施坚雅通过对比华北和东南两个区域三次兴衰周期的差异，提出以区域（而不是各省，也不是帝国本身）作为一种分析的单位，才能反映出这些周期性的时限。[1]他认为区域是"在某一自然地理大区中形成并完全被包容其中，这种自然地理大区是依流域盆地而划分的"，"每个区域都以各种资源在一个中心区的集中为特征"，[1]10 如可耕地、交通枢纽地、市场；其次，理解区域的关键是城市，每个区域内都形成"一个独立的城市体系"，[1]12 有频繁的城市与城市、城市和乡村的往来，但跨区域的城市之间联系不多，"所有城市构成层次不同的交往关系，以一个或几个地处核心区的城市居于这种层次的顶点"，区域内的城市处于"一体化的等级结构"中。总之，每一个区域都是一个"复合的体系，内部是有差异的、相互依存的、一体化的"。[1]12

施坚雅分析了帝国和区域的关系。首先，在施坚雅看来，区域发展的周期与朝代更迭的周期并不重合，朝廷机制对区域发展的影响不同步，朝廷政策的实施本身也会因区域而异，即使在同一区域内，从核心区到边缘地带受朝廷政策的影响也不均匀。所

以他认为,"就其对经济与社会的影响而言,朝代周期是受区域发展周期调节的,通常大都市区域的发展周期与朝代周期模式最为接近"。[1]16

其次,通过商贸形成的帝国交通网络,无论是帝国内部的还是通往海外的,都促成了区域一体化的形成,尤其是运河和海洋在其中发挥了举足轻重的作用。它使得区域周期从谷底向上攀爬,但另一方面,帝国朝贡体系的自我封闭性——如施坚雅指出的,"明朝帝王试图使得帝国形成自给自足的经济,因而拒绝给予邻国任何有战略价值的商品,设法使所有的对外贸易都收拢在纳贡制度下"[1]6——又导致区域从上升顶点往下走的趋势,但当闭关锁国一段时间之后,这种封闭性又会促使帝国不得不向外开放。从表面上看,区域周期具有一种自我的封闭性,与帝国周期盛衰并不一致,但实际上处处与帝国形成依赖与疏离的微妙关系,例如东南沿海区域的兴衰与帝国朝贡体系具有十分紧密的关系。

再次,区域之间的兴衰历程并不一致,但不一定是区域之间的关系带来的结果,而可能是由于其各自与帝国的关系处于空间上的不同位置。因此,正如每个大区域内部具有等级结构一样,在历史的不同周期内,区域之间也存在等级结构。而在每个区域内部,施坚雅区分了处于区域边缘的子区域体系和靠近核心区的子区域体系两种情况,前者易受到短时期、规模较小的灾害影响,后者与整个区域的起伏周期更接近,更易于遭受长时段、重大的灾害。

以区域作为分析单位，施坚雅反思了将朝代周期作为分析单位的史学研究的局限性，认为"对整个中国一体化历史的认识，不能超越各区域的多样化，或抹杀各区域体系的特点，相反，一个整体性的文明史应建立在其各个组成部分的明确而非偶然的历史的有机组合基础之上"。[1]24 他认为中国史应是一个"具有等级结构的历史"，而这个等级结构就是区域体系的等级结构，区域介于省与帝国之间，是考察这个等级结构的最佳层次。从小型的集市到区域核心城市，"每一个层次上，这些城市体系都有典型的节律和与众不同的历史"。[1]20 他进一步说明，以等级形式构筑、在区域上各有特色的历史，其时间单位应是区域内的固有周期，并且应把这种周期作整体剖析，即从最低点到下一个最低点，并将这些整体周期置于中国历史的整个等级结构中考虑。施坚雅特别说明，虽然他是以经济区域着手，但并未忽略它们同时也是社会社区、准政治体系、繁衍文化的单位，区域的经济发展周期也应是人口、社会、组织等的各种周期。

施坚雅在文中着重分析了东南区域的经济史形态，认为它经历了三次盛衰周期：11世纪至14世纪、16世纪至17世纪中叶、19世纪40年代以降。11世纪，东南区域以海外贸易为主要的发展方向，施坚雅在文中引用苏东坡的话说，"福建全省以海外商业为生"。但在闽南，出洋的商人和走上仕途的文人数量增长同样显著。在随后的两个世纪中，温州、福州，继而是漳州、泉州，相继成为区域经济中心，频繁的商业往来形成了东南区域沿海港口城市带和一体化的城市体系。这次兴盛终于14世纪，明朝廷为驱逐海盗而实行海禁，东南区域以泉州为中心的第一个发展周期结束。与此主线发展相悖的一条支线是，闽南地方士绅保护下的走私贸易兴起。东南区域的第二个发展周期是16世纪，借助西班牙—马尼拉—福建漳泉两地的大帆船贸易，除了核心大城市，它也带动了区域内乡村集市的大量出现，以适应急剧扩张的海外贸易，而且在东南区域，经济与文化或者说商人与文人总是同时涌现，漳泉地区出的进士猛增。17世纪中叶，清廷为遏制郑成功的势力，给整个东南区域造成毁灭性打击，但是它之前商业发展的惯性造成的离心力，使福建人大量移民海外，尤其是东南亚，来自漳泉区域的商人在整个东南亚的大商业中心扎根下来。东南区域的第三个发展周期起步于19世纪40年代，福州和厦门开放成为通商口岸。近代工业的发展，使轮船成为海外贸易中的主要运力，深水港口的地位由此上升，这导致东南区域的城市体系重新整合。

对比华北和东南两个区域的三次兴衰周期可以发现，11世纪华北区域的中心城市开封达到极盛时，东南区域的漳泉两地才开始起步，14世纪以开封为核心的华北区域第一个发展周期结束，而东南区域达到它的极盛。第二轮兴衰周期，华北是15世纪至16世纪，东南区域则是16世纪至17世纪。第三个发展周期，华北区域终结于19世纪中叶，而东南区域则盛于此时，外夷入侵给华北政治中心造成的冲击却给东南区域带来重振海外贸易的契机。

华北区域和东南区域各自的发展轨迹说明,朝代周期有时是掩盖而不是体现了区域的差异。虽然施坚雅由此认为朝代周期并不能完全体现中国历史的结构,也不是考察某些社会关键发展进程的单位,它反而受到区域周期变动的深刻影响,但是,从上文帝国与区域关系的分析来看,朝代周期与区域周期并不是单向的决定关系,而是有其更为复杂的互动。

弗里德曼《中国社会研究》一书关于南洋、华人金融会社与华人南向扩展的论述

莫里斯·弗里德曼,英国著名汉学人类学家。1956年获伦敦政治经济学院人类学博士学位,1951—1957年间任伦敦大学讲师,1957—1965年任高级讲师,1960—1961年任耶鲁大学客座教授,1965年任康奈尔大学客座教授,1965—1970年任伦敦政治经济学院教授,1970—1975年任牛津大学人类学系教授。

1948年,弗里德曼的硕士学位论文《东南亚种族关系的社会学研究:以英属马来亚为例》开启了他对东南亚地区的族群关系,尤其是海外华人的家庭、宗教、文化的研究,其博士论文便是以他1956年在新加坡的田野调查报告《新加坡华人的家庭与婚姻》为基础完成的。

他的著作《中国东南地区的宗族组织》《中国宗族与社会:福建和广东》等等开创了汉学人类学的新范式。

弗里德曼逝世后,施坚雅将其主要著述汇编为《中国社会研

究》一书,该书分五编,前三编(东南亚华人、新加坡的华人社会、香港新界社会变迁)直接关涉东南亚和香港移民及其社会生活与文化。我们选读了其中三篇论文,这三篇论文分别考察东南亚华人的历史、华人经济的复杂性及海外华人研究对于中国学的重要性。

东南亚华人:长时段的观点

弗里德曼的《东南亚华人:长时段的观点》(The Chinese in Southeast Asia: A Longer View)一文,原刊于1965年伦敦《中国学会文集》第14卷,收录于《中国社会研究》第一编3—21页。

在文章中,弗里德曼首先试图通过长时段的历史的视角,破除中国人和中国文化不可同化、不受任何异文化影响的偏见抑或是崇拜,从而重新审视东南亚华人所处的位置。以联结中国东南和东南亚的华人为主体,弗里德曼首先勾勒了南洋——"二战"以后逐渐被称为"东南亚"的区域历史。其次,他分别描述了东南亚华人最多的三个国家——马来西亚、印尼、泰国——华人的不同境遇,以此阐明东南亚的华人及其文化既不是铁板一块,也不是封闭固化。

东南亚区域在历史上被中国人称为南洋,这片地方是中国东南外出谋生的商人的离散之地。"南洋"一词本身强调的是中国与海洋的关系,它首先指的是一个贸易区。中国东南和这个区域的贸易早在宋、元时期已经开启,明朝早期曾禁止海运,但其后继者仍在此区域继续从事贸易。18世纪,东南亚的华商扮演了西方资本,尤其是欧洲资本与其殖民地之间的中间人角色。19世纪,中国移民的数量急剧上升,1850年之后,海外华人多由劳工、苦力组成。鸦片战争之后,南洋的华商开始寻找在更安稳的地方重操旧业,他们穿行于新加坡、中国上海和香港等地。到1941年,华商的势力几乎已经覆盖了整个东南亚区域。值得注意的是弗里德曼对华商资本的壮大与西方殖民势力扩张之间关系的分析。[2]他认为,南洋华人经济实力的显著增长是西方国家在东南亚展开殖民活动的结果之一,有人将华商看作是西方殖民者在东南亚的附庸,但也可将他们看作是土著和西方殖民者之间的中介者。这也是弗里德曼写这篇文章之时,马来西亚和印尼成为东南亚华人最集中的国家的原因。英国和荷兰先后在这里建立殖民地,华人在当地通过自己的经营掌握了经济的命脉。弗里德曼认为这段历史是理解后来华人在东南亚分布格局的基础。华人的商业网络覆盖整个东南亚,它借助了西方资本主义之力,而华人大量前往东南亚是资本主义苦力贸易的结果。

南洋虽然是一个跟商业贸易相关的概念,但弗里德曼在文中也提到它在政治方面与中国的几次联系。首先,即使在鼓励海外贸易的宋元时代,中国的政权也曾涉足此区域,尽管其影响和商业比起来微弱很多。而南洋第一次对中国大陆而言具有政治上的意义是在明清之交,南洋成为反清复明的阵地。中国东南沿海的反清斗争一直持续到17世纪80年代,这股运动的余波便是南洋出现很多秘密会社。南洋第二次具有的政治意义则贯穿中国近代的革命史。在中国的民族国家建构中,南洋华人从帝国的海外弃民转变为中华民族的子孙,更为实际的是,他们手中的资本为中国近代的革命活动提供了直接的支持。

因此,综观南洋的历史,土著、华人、西方殖民者,华人、西方殖民者、中国,他们的经济和政治关联十分复杂。

弗里德曼随后以马来亚、印尼、泰国为例,分析了南洋华人这一群体的多元内涵。他认为对"华人"的定义似乎存在两个极端:要么是政治或社会地位的标签,要么是生活方式或文化的命名。但考察这三个国家的华人群体却发现,中华文化并非那么具有活力及可行性,而且中华文化可能以另一种形式再生。因此,对汉学家而言,在中国之外寻找纯粹的中华文化既不可能,也不必要。

马来亚的土生华人称为"峇峇",虽然有华人血统,但他们的语言文字、风俗习惯等都已马来化,他们是不具备中国大陆所界定的"中国人"特征的华人。他们可以跟马来土著交流,又因为有祖上传下的经济来源而受到良好的西方教育,可以和殖民者打交道,因此成为弗里德曼在分析南洋历史部分中所形容的土著与殖民者之间的中介者。当中国本土和南洋都卷入西方殖民主义和国族主义的漩涡后,峇峇的双重性变成了两难:首先,马来亚宣称自己是多种文化的结合,要成为广义的马来人,必须首先被界定清楚是狭义的马来人、印度人、中国人或是欧洲人,所以,本来很马来化的峇峇只有成为"中国人"以后才能成为被马来亚民族国家所认可的马来人;其次,他们力争使自身成为中华文化的领袖并引领其追随者们进入马来亚的民族国家框架,这只能让中华文化屈居于马来文化和西方文化之后，并且距离马来化的中华文化和中国大陆的中华文化都越来越远。其他地方的中国民族主义面临同样问题，即使华人社会打破地方性而在民族主义的号召下实现了联合，但他们的民族主义却遭遇了所在国民族主义的压制。

印尼土生华人和新客华人之间的矛盾之一在于所传承的中华文化，而这其实是由中国本土的变革引起的。弗里德曼认为，印尼的土生华人传承了很多中国民主革命前的传统文化，如家族观念、祭祖仪式等，而新客华人身上的中华文化是现代的、经过革命洗礼后的中国本土文化。中国本土虽然拒绝西方，但又在西方化，这就使得弗里德曼发现，20世纪东南亚殖民地的华人在努力从中国本土借去文化，而中国本土却从西方借去文化。对土生华人和新客华人而言，他们在民族主义的感召下所接受的中华文化都异于他们的祖先。现代东南亚的华文教育就是一种意识形态教育，它教授普通话，而这些华人的祖先包括他们自身的母语都是广东话、闽南话。

相比马来亚、印尼华人的同化进程，在泰国，华人同化的现象已经发生。与前两国不同的是，泰国从未成为西方的殖民地，并且它的国教是佛教而不是伊斯兰教。在描述泰国华人社会时，弗里德曼参考了施坚雅的论述。[3] 施坚雅研究泰国华人社会的结论有意思之处在于，在强调纯粹与单一的民族主义社会里，反而会形成一个脱离于此社会的华人社会，而在不那么明确区分我族与他族的前民族主义社会里，却真正实现了民族主义极力推行的同化。在泰人的社会结构中，在最顶端的保护人和最底层的受保护人（他们都是泰人）之间，华人有很多可填补的空间，华人处于上层泰人和平民的结构之外，但可以完全同化进入上层泰人的圈子。泰国之所以一直有一个稳定的华人群体，不是因为华人难于改变，而是因为不断有新来的华人移民，华人群体实际上处于一个一边被同化一边有外来补充的恒定变动过程。

弗里德曼最初是从婚姻、家庭的角度进入东南亚华人研究领域的，他在本文中提到一个很有意思的细节：中国大陆女性大量移居东南亚后对当地华人社会产生的影响，这是理解马来西亚的峇峇、印尼土生华人与新客华人、当地土著之间关系演变的一个视角。在马来西亚，华人在此扎根的初期，有的华人家庭把女儿卖给马来人并且完全当成马来人抚养。峇峇这一华人群体的出现，部分是因为中国大陆的女性移民不多，华人男性和当地土著女子通婚，他们成为马来亚华人社会的上层以后，也以通婚的方式吸纳前来南洋、富有雄心的中国大陆男子。但此处弗里德曼没有说明峇峇是娶大陆来的女子，还是娶土著女子，印尼的土生华人同样如此。大陆女性大量移民东南亚，使得新来的华人男性即新客华人，不必再与土生华人的女儿通婚。虽然土生华人和新客华人之间的分化由多种因素造成，如民族主义兴起、后者经济力量的崛起等，但通婚也使他们失去了打通彼此的一个渠道，甚至加速了他们融入土著群体的过程。而在泰国，华人与泰人通婚本是华人完全融入泰国社会的捷径，但大陆女性的大量到来，华人也开始与她们通婚。弗里德曼认为这是切断了华人快速进入泰国社会的渠道。

金钱的操作：一篇关于华侨经济精明化之背景的札记

弗里德曼《金钱的操作：一篇关于华侨经济精明化之背景的札记》(*The Handling of Money: A Note on the Background to the Economic Sophistication of Overseas Chinese*) 一文原刊于《人》(*Man*) 第59卷，收录于《中国社会研究》第一编22—26页。

在该文中，弗里德曼指出，19世纪移居东南亚的华人大多都是农民或者手工业者，商人阶层只占很小的比例。这些人到东南亚后转而经商致富，成为当地的富裕阶层，但他们发财致富的原因并不在于接受了特殊的商业训练。这些海外华人继承了中国农民的勤劳，更重要的是他们出色的理财能力。他们不仅知道怎么赚钱，而且知道如何钱生钱。

中国农民绝不会把钱藏在枕头底下让它发霉，而是会尽可能地投出去使它增长，比如买地，既安全实惠，又能够提高社会地位，又如投入教育，考取功名，向士绅阶层流动。大额的借贷需要找地主、典当行和商人，但小额的借贷通常发生在农民和农民之间，有闲钱的把钱借给暂时缺钱的亲戚或邻居。弗里德曼认为，大部分中国人都处于周期性的债务中，一边是某些人的债主，一边又是另一些人的负债人。他在文中引述了一位传教士对福建人借贷情形的描述：中国农民好像一生都活在连续不断的借贷链条之中，生于斯，长于斯，死于斯，[2]23 的确如此，农民最容易发生经济危机的时候就是生孩子、娶媳妇和办丧礼的时候。

麦克格温（Rev. John Macgowan）的书中也写到，中国人常常被债务压垮，但这对他们来说并没什么大不了。放债的人很多，并不像在英国，这是一个专门的阶层。在中国，人人都可以是债权人，做仆役的女工、苦力等只要有了闲钱，就会想法把它们借出去。可以说，整个中华帝国都处在无休止的借和还的周而复始之中。[2]23

弗里德曼详细描述了钱会的例子。庄家，即组织起这场钱会的人，第一次不需要出钱，但从其他九位参与者那里募集到90块钱（每人出10块钱）。第二次，由急需筹款的人竞争，比如最高的人让利2块钱，只需要其余人出8块钱，但庄家仍然出10块钱，这样第二个人募集到74块钱。第三次，庄家和第二次得钱的人各出10块钱，其余七人各出8块，第三位得钱的人共得76块钱，以此类推。最后的总收支情况是，庄家不赢不亏，相当于是先借了90块钱，分10次还清，但不用付利息。最后一个拿钱的人总支出了74块钱，但他得了90块钱，赚了26块钱。庄家的好处是赢在时间，及时筹集到资本去运作，最后一个拿钱的人虽然先是在不断放钱出去，但他占了钱数的便宜，拿74块钱换了90块钱，也算是弥补了他在时间上的损失。中间的人有的赢得时间，有的赢得钱数，这全凭自己根据需要选择，急需资金周转的就冲在前面，手头有余钱的就排在后面。当然，正如弗里德曼在文中强调的，这种民间互助组织也有风险，因为可能彼此并不知根知底，通过朋友的朋友、亲戚的亲戚这重重关系网组合到一起，中途可能有人卷款逃跑。

在钱会里，人们同时面临还钱的压力和借钱的压力。海外华人对钱的精明是其商业成功的重要因素，他们能够体面地赚钱。当地政治对剩余财富有相当的宽容，他们在邻里及近亲之间的金钱往来上具有明确性，即亲兄弟明算账。[2]26

通过弗里德曼对东南亚的华人和钱会的描述，可以进一步认识到中国东南尤其是福建的移民这群人的特点。首先，他们既是东南亚社会中的中间层，介于西方人和当地土著之间，也通过钱会的运作和商业的网络跨越于东南亚和闽南之间。其次，人和资本的流动。恰如弗里德曼指出的，资本的流动其实是以人的关系网络为基础，最重要的是亲属关系，因而这种资本的流动不是西方资本主义意义上的纯粹资本运作，也不完全等同于原始社会、古式社会中以物代人的物的流通，而是带有这两者的特点。因此，闽南可以说是土洋结合，能够把最现代的资本运作模式跟他们最传统的人情关系网络组合在一起；又是虚实结合，他们通过资本的运作来实现对实业的操控，使得各种物品在西方、中国本土、东南亚之间流通。

华夏的周转；抑或汉学家的南向扩展

弗里德曼《华夏的周转；抑或汉学家的南向扩展》(*An Epicycle of Cathay; or, The Southward Expansion of the Sinologists*) 一文原刊于罗伯特·史密斯（Robert J. Smith）编辑的《社会组织及其人类学的应用》(*Social Organization and the Applications of Anthropology*) 一书，收录于《中国社会研究》第一编39—57页。

在本文中，弗里德曼指出某些学者试图用云南的模式或犹太人来类比和解释南洋华人的问题，并通过"中华文化"与"华人"这两个概念的比较，指出"文化"的概念并不适于分析东南亚区域。

云南在10世纪前建立南诏国，在10世纪建立大理国，但直到13世纪被蒙古人征服之后，才被划入中华帝国的版图之内。无论是南诏国还是大理国，都深受中国影响并且有很多汉人生活在其疆域之内，但在它被纳入中国的版图之后，内部仍有很多族群没有被汉化，直到今天仍是如此。与云南相对的是越南，它在10世纪摆脱中华帝国的统治前，早已被汉化，但10世纪后再也没有被置于中国的统治之下，直到现在，它才开始去中华文化。云南和越南代表着中国的文化、政治与地方发生联系的不同过程。

费子智（Fitz Gerald）教授认为云南的模式可以用来解释东南亚的华人。[2]42 正如南诏国有很多汉人移民，东南亚也是有很多华人立足的异邦。在云南，大量的汉人移民过着市民阶层的生活以及从事相关职业，而将土地和耕种等留给土著。云南和东南亚的移民社会，最初都是由贫困、没有文化的人构成，随着他们逐渐发财致富以及文人阶层的大量到来，他们在文化上日益繁荣。弗里德曼并不赞同这样的观点，他认为，中国本土和东南亚华人社会的结构分层是有区别的，在中国本土，社会阶层结构是士、农、工、商，但东南亚华人社会因为移民的来源和职业因素，缺乏士这个阶层，商人占据主导地位。东南亚各国华人的数量并不相同，而且对于华人身份的认同，不同国家之间存在差异。将南洋华人与云南的南诏、大理对比，没有考虑到南洋华人在民族主义进程中，不同程度上受到当地同化的方面。

弗里德曼所反对的第二个类比是将南洋华人比作犹太人。费子智这样类比的原因是，二者都穿梭在东西方之间，漂泊在外的足迹遍布世界，都有高超的从商头脑以及悠久的历史传统。但显然，与犹太人明显的宗教倾向不同，华人并非为上帝之选，不是被剥夺了家园在各地流浪并以宗教之名自持的人。几个世纪前就离开中国本土的华人如今并不全都能够继续维持自己的华人认同。弗里德曼认为，必须清醒意识到研究东南亚华人时所面临的复杂状况，而不是简单地将他们类比为云南的模式或者犹太人。

也有学者认为，中国历史上一直在向南拓展。1949年新中国成立后，重新成为一个整体的中国重启南拓的进程甚至更甚，而东南亚数量巨大的华人则是中国南进的"第五纵队"或是"开路先锋"。弗里德曼指出，中华文明的南向拓展和华人在东南亚这两者之间并不能等同。首先，各国华人的数量差别很大，新加坡华人占据其总人口的绝大多数，马来西亚、印尼华人也很多，但有的国家华人数量很少。其次，"中国人"的内涵千差万别：它可以指拥有中国国籍的人，有的人同时也有移居国的国籍，甚至第三国国籍；峇峇和娘惹所传承的中华文化与新客华人差别很大；每个国家的华人文化也有差异，因为这些国家本身的文化不同，各国的华人文化都打上了土著文化的烙印，这些国家的本土文化包容又限制着华人文化。[2]47 华人社会曾经有跨越地方的网络，但在民族国家时代，这种优势反而成为劣势，民族国家的疆界观念割裂着华人社会之间的交往和联系。

综上，弗里德曼认为"文化"这个概念不是分析东南亚这个介于中国与印度两大文明之间的区域的恰当概念。文化的边界不是被文化自身明确给定的，只是由于分类而人为塑造，而人为分类是可变的。中国有"天下观"而不仅是一"国"，是一个自成体系、自有标准的文明，包容着周边的文明，但从不将自身的文明强加于它们。中国的"天下"中心，是汉人的生活和文化，由官僚制度所控制，其周边是头人统治政体，帝王对这些头人而言只是一种高贵的君主，周边的头人只需承认帝王的权威，通过外交的礼仪表示敬意。周边的人与中心汉人的农耕生活和行政体制不同，他们多为游牧的，没有被同化。[2]53 弗里德曼在本文中通过比较，反思了很多概念以及它们之间的关系，如文化和文明、文化与政治、文化与民族国家。[2]39,52,57 这些既是在研究东南亚华人中遇到的问题，一些研究的误解也由此而来，那么华人问题也成为反思这些概念的途径。

王赓武《中国与海外华人》一书及近作《谈历史，说文明》的相关论述

王赓武，1957年获伦敦大学博士学位。1957年起先后任马来亚大学历史系讲师、教授兼系主任、文学院院长。1968年起，任澳大利亚国立大学教授、远东历史系主任、太平洋研究院院

长。1986—1995 年，担任香港大学校长。1997—2007 年，任新加坡国立大学东亚研究所所长。2007 年至今，任新加坡国立大学特级教授兼东亚研究所主席。

王赓武教授是澳大利亚人文科学研究院院士、美国人文与科学研究院名誉院士、伦敦亚非研究学院名誉院士、台湾"中央研究院"院士。他在中国历史、海外华人等研究领域建树颇丰，其著作包括《南海贸易：南中国海华人早期贸易史研究》《中国与海外华人》《移民及兴起的中国》等，是海外华人研究的经典之作。

中国与海外华人

在《中国与海外华人》一书中，王赓武教授从"历史的剖析"和"当代的论题"两方面，主要以东南亚的华人为切入点，探讨了中国和东南亚的关系。

正如在"历史的剖析"部分王赓武教授所言，"我们要真正理解某些看似是新鲜的事物，必须鉴古而后知今"。[4]因此，在当下这个民族主义和国际移民盛行的时代，他先探讨了华人移民历史的复杂过程，并认为从这一古老的现象出发，有助于了解它在近代的表现。

首先，以中国历史上的海外贸易及移民为载体，王赓武先生梳理了从宋代到明代，看待中国与东南亚的"帝国眼光"与闽南港口城市看待东南亚的"地方眼光"的嬗变。①他认为，南宋

---

① 这部分分析主要参见该书中"明代对外关系：东南亚""宋、元、明与东南亚关系的对比"两个章节。

的孱弱使它具有一种濒于绝境的帝国眼光,注重东南亚的经济意义,但由于海外贸易的兴起,闽南的港口城市出现自身对于东南亚的认识。他以南宋赵汝适的《诸蕃志》与北宋周去非的《岭外代答》的承袭关系为例,赵汝适在泉州市舶司任职时根据海外商人口述写下《诸蕃志》。王赓武先生认为赵汝适在书中承袭了北宋的帝国眼光,如对蒲甘的记述。北宋时中国通过大理到达蒲甘,南宋与大理已经没有官方交往,但即使南宋朝廷与蒲甘的关系发生变化,赵汝适在书中依然保留了对蒲甘的一种帝国般的关注。其次,他是以海事和商业为基调展开叙述的。再次,该书对印度、中东、东非的关注以及对东方贸易的描述,是通过爪哇、苏门答腊、占城、西婆罗洲这一线商路上的回教商人。最后,对日本和朝鲜的描述借用了阿拉伯人的说法。王赓武先生认为,赵汝适的书呈现的是借西亚商人之眼的泉州观点。

王赓武先生以《真腊风土记》《岛夷志略》《大德南海志》为例分析了元代看待东南亚的帝国与地方的眼光。他认为《真腊风土记》体现的是元代的帝国观点,它包括对国家和社会多方面的兴趣,远超出商业目的的需要。汪大渊历次航海都从泉州出发,他的记述仍关注商业,但重点在东南亚,缺少赵汝适对西亚等地的关注。这可能与赵汝适是通过回教商人之口述写作,而汪大渊是沿着闽南商人的势力范围游历有关,这也使得"泉州观点"从通过西亚人的眼光转向通过中国人的眼光。"泉州观点"在元代成为帝国观点的必要组成部分。蒙古人不仅从海上进入东南亚,还通过对云南的征服,开通了陆上进入东南亚的稳定通道,在广州、泉州这些东南港口城市的地方视角之外,还有了"昆明观点"。

明代的帝国观点恢复了中国历史上用来和藩国打交道的礼仪制度。明朝无力像元朝那样在东南亚炫耀武力,也不鼓励民间海外贸易,只需要藩国象征性地承认中国作为万邦中心。但随着郑和下西洋,中国东南的商人越来越在沿线王国的贸易中占据主导地位。明代很长时间内没有出现赵汝适或汪大渊那样的地方观点,直至张燮《东西洋考》的面世,16世纪海上私人贸易的兴起,在明代的著作中地方对世界的认识再次出现。

到了近代,王赓武先生将海外华人分为四种类型:华商、华工、华侨和华裔。① 华商型中,最为人熟知的是日本、菲律宾、爪哇的闽南商人,西婆罗洲的客家人,泰国的潮州人等。华商型移民在18世纪时成为华人移民的主流,直到1850年以前是唯一重要的华人移民类型。大规模的华工移民与种植园经济的兴起相关,也与工业化的起步相联。华侨与华商、华工的最大区别是,华侨中有很多是受过中国教育的知识分子,他们移民海外的动机并不是挣钱谋利,而是担负着某种教化海外华社的责任。华侨这一类别兴起于1900年以后,历经清王朝、民国政府和孙中山的革命运动以及南京政权,"华侨"一词有了特别的政治效忠、法律保护和意识形态内涵。华裔是具有中国血统的外国人,有可能

---

① 参见该书第一章"华人移民类型的历史剖析"。

会对祖籍再溯源,也有可能完全放弃与祖籍国再建联系。

华侨对华商和华工这两个华人类别的态度以及跟他们的关系有差异。一方面,华侨为实现中国的现代化和复兴,需要华商的财富和专业知识,但另一方面,传统儒家知识分子对商业的轻视又使得华侨贬低华商的地位,树立起政治信仰和品德重于商业成就和财富的观念。华商对华侨的态度也是有些抵触的,他们跟当地的殖民当局或官方的关系更好,而华侨的爱国主义、强调效忠的意识形态,往往会牵连他们跟当地的关系,进而影响他们的商业利益。华工则是华侨争取和教育的对象。华工不像华商,后者有强大的网络组织,华工往往在当地社会中形只影单或居于底层。华侨的到来仿佛为绝望挣扎中的华工打开了一个新的世界,使他们有了尊严和政治目标,而且越来越多的留学生来到美国等地,使当地华人看到自己也能够成为新中国可以仰仗的新一代现代知识分子。直到很晚近的时候,华侨对于美国等地的华人而言,仍然是一种荣誉的象征。华侨对没有什么文化的华工进行教化,并使他们成为中国革命与现代化的支持力量。这反过来也影响了后来华人移民的走向,东南亚不再是华人移居的主要目的地,美洲成为他们的目标。因此,这种移民趋向的转变不仅是因为经济原因,还有很深的历史渊源,如华商与华工的不同社会基础,华侨对二者的不同影响,他们与当地和祖籍国的关系。

王赓武先生对华商、华工、华侨、华裔的关系分析,引出一个更为宏大的问题:在中国近代的转型过程中,中国本土的知识分子与海外华侨中的知识分子的关系。① 中国近代知识分子的出洋史始于郭嵩焘、薛福成等清末士大夫，随后是容闳、留美幼童等留学生，最后是康有为、梁启超等。王赓武先生分析，中国近代的转型不单是华侨回国促成，其实最早的时候是上述这些本土知识阶层到海外华人中进行启蒙，然后海外的知识分子们又回国推动中国的现代化，而国内的士绅又在不断地将他们的子女一代送出国去。大陆知识分子将革命、现代化等西方意识形态传到海外，却又始终保持着中华文化正统代表的心态，而海外华人知识分子真正接受了大陆知识分子所宣扬和推崇的西方教育，但保持着深刻的中华文化情怀，他们回到国内，试图以中国的改良者和知识阶层的代表自居。而这些华侨知识分子回国以后，跟本土知识阶层的关系十分复杂，如在福建侨乡，乡绅最初瞧不起华侨，但后来乡绅的地位被侨绅取代。从乡绅到侨绅的转变，涉及中国现代转型中的诸多方面，如教育、城市的规划、新旧习俗和观念的替代等。

现代华商的成功引人注目，但他们是从传统商人演变而来的，华商与其他国家的商人虽有某些共同的特质，但另有其独特的可资识别的成分。在书中，王赓武先生尤为关注华人移民中的华商，他认为无论今昔，华商移民都是华人移民活动的基本类型，甚至将华商作为一种独特的文化现象来看待，并且着重分析

---

① 这一问题可以从王赓武先生在该书第七章"政治意义上的华人——他们对缔造东南亚现代史的贡献"和第八章"鲁迅、林文庆和儒家思想"的论述中引申出来。

了"没有建立帝国的商贾——闽南侨居集团"。[1] 王赓武先生试图探讨,华商在中国以及整个海外世界从传统转向现代的过程中,发挥了何种作用;从文化层面看,他们在中国国内和所身处的海外社会中有哪些方面使他们有别于其他阶层,得到过什么帮助,又受到怎样的制约。[4]215

在国内,王赓武先生指出中国的商人阶层至少由三部分人构成:商人家族的子嗣,这也是该阶层的主要构成成分;士族阶层中的门第较低者,他们放弃了仕途或教学,转而经商谋生;贫穷的工匠和农民,他们转行经商,一些成功者转变为新兴城市阶层。[4]219 从商人的这三种构成可见,它其实汇聚和混杂了士、农、商这三种人。在士、农、工、商的社会结构中,商人与士大夫之间的关系是,商人阶层奋斗的目的恰是为了脱离这一阶层,跻身于士大夫之列。商人们虽然奉行士大夫确立的一些普遍的价值观念,但有其独特的精神和品质,可他们不敢公开承认,并极力表明他们的价值观与士大夫大同小异,而且把自身的成功归于士大夫的儒家文化。而农民和工匠是商人货物的来源,因此是商人阶层的潜在合作者,商人有必要和他们保持联系。王赓武先生认为,自宋代到 19 世纪,随着集市和城镇的兴起,中国已经形成了一个城市商人阶层,这些人开始从居于士大夫与乡村大众的中间地位得到好处。[4]219

---

① 王赓武先生在书中对华商的分析主要集中于第四章"没有建立帝国的商贾——闽南侨居集团"、第六章"中国历史上的'公营'与'私营'对外贸易"、第十章"华商文化"、第十四章"儒家思想边陲上的小龙"。

在国外，华商受制于儒家文化勾勒的"天下"图景中的价值标准，商人是以实利作为导向和等级标志的，但儒家文化以文野之别区分高下，判定自身和他者的关系，商人的跨国主义和儒家文化的天下观念在处理内外关系上是两个体系。这种关系格局一直延续，如民国时，商人们实业救国的理想不断断送于官僚体制的干涉。[4]222 但是，华商在西方的殖民地社会中，虽然不能与殖民者平等分权，但西方人欣赏华人在贸易上的才能，而且华商们也发现，只要遵守既定法律，他们可以拥有国内难以获得的自由空间去拓展他们的商业。[4]229 华商们在海外遇到的是一个多元世界，他们意识到，蛮夷之邦的制度比儒家之邦的帝国更有利于他们的发展。

王赓武先生似乎更愿意将商贾文化作为中华文化的一个组成部分。在对华商的论述中，他虽然用了"边陲"一词，但也用了"中间阶层"一词，恰是他所指出的儒家文化的三种边陲，使中国商人得以成为中国国内各阶层以及中国国内与国外的中间阶层。但随着从帝国到民族国家的转变，华商得以容身并且游刃有余的种种边陲，逐渐被清晰和牢固的边界取代，民族国家的边界如一堵堵不断逼近和关闭的壁垒，华商的跨国主义逐渐屈居一隅，曾经充满多元化的无限空间成为日益收缩的夹缝。

谈历史，说文明

2014年11月7日，王赓武先生在"北京论坛"钓鱼台国宾馆主会场作开场发言。8日，又应邀在北京大学国际关系学院秋林报告厅演讲。北京大学中国与世界研究中心将他的这两次演讲分别整理为《文明无国界：以史为镜》和《强进与退让》两篇文章，刊载于该中心出版的《研究报告》2015年第1期。

在《强进与退让》一文中，王赓武先生以进退的观念考察了中国文明南进，印度、伊斯兰、西方文明东进，这几方纵横交错中的东南亚区域历史。

王赓武先生认为，中国南部边陲地带在历史上经历过三个阶段的变革。[5]第一个阶段，从秦汉到唐宋。春秋战国时期，中国的南部边疆是楚国、吴越、长江流域，华南这些地方尚属中国的"境外之地"，生活着越族。汉人不断南进，逐渐把华南的人群汉化，他们开始自称为"唐人"。恰是"唐人"这一称谓，说明秦汉时代此地的人群并没有被汉化。第二个阶段，元明时期，中国南方中部的岭南和云南开始汉化。第三个阶段，中国南方的西部也就是西藏，进入帝国的版图。

根据王赓武先生的论述，与中国南方的汉化进程相对应，东南亚的人群基本上都是从中国南部的东、中、西三个部分南下的。在中南半岛上，缅族是从中国的藏区、云南迁到缅甸，泰国境内的泰族原本是广西、贵州的傣族，越南的越族跟华南的越族在语言、风俗等方面有很多关联。东南亚的海岛部分，族群迁移主要跟马来人相关。他认为马来人是从中国的华南，经台湾、菲律宾，再从菲律宾分散到马来群岛，他们更远的去了南太平洋、新西兰、非洲。[5]5-6

文中从宗教、族群、贸易等方面分析了不同文明在东南亚强

施坚雅、弗里德曼和王赓武视野下的闽南与东南亚

进和退让的历史。印度人最早到东南亚,早在两三千年前,印度教和佛教随着印度人的西来覆盖了整个东南亚区域。后来东南亚的宗教分为两股:13、14世纪时,南传佛教从锡兰北上,在中南半岛上的国家传播开来,一直北进到云南;从13世纪开始,伊斯兰教从马六甲王国逐渐传到其他地方,到18世纪,除了巴厘岛依然坚持信奉印度教以外,整个马来群岛都改信伊斯兰教。16世纪,东南亚只是各方文明势力进行贸易的中转站,16世纪后西欧势力迫于陆地贸易均为阿拉伯商人所阻拦,只能开发海洋路线来寻求新的贸易路线。因此,战争、宗教、贸易等因素使东南亚区域呈现出多方势力、各种文明交融的状况。从纵向上看,它受到中华文明由北向南的影响;从横向来看,印度文明、伊斯兰文明、西方文明在不同历史时期演绎了不同的重要性。东南亚不是一个具有边界的地区,它成为如今疆界分明的区域的历史十分短暂,东南亚是在各方文明影响下逐渐形成的,既带有多方特色,又具有自身地方性的区域。

王赓武先生试图探讨为什么印度文明和伊斯兰文明在宗教方面能够给东南亚留下如此深刻的痕迹,而中国千百年来虽然移民也不少,但为何似乎只是在商业上成功。他主要从儒家思想中的家和国的观念来回答这一问题。但根据他描述的从中国到东南亚的移民迁移史,中国的南方,主要是华南、岭南、云南、西藏这一带的民族构成了东南亚众多族群,这些地方的地方文化本身就不是儒家的,现在这里的人群多为中国境内的少数民族。那么,他们迁移以及其文化传播到东南亚后,会不会应是其他的形式,

如百越民族的文化？他在文中十分独到地指出，在汉人或者说汉化的中国人大量移民东南亚之前，存在一个中国南方的少数民族族群大量迁移到东南亚的半岛和海岛的历史过程，而这恰是能够打破只将儒家文明作为中华文明在东南亚的代表的。东南亚区域在历史上经历了印度化、中国南方族群的南下、伊斯兰化、西方化、华人移民等，各方势力在各个时期有强弱和起伏，但他们都依然在东南亚的文化中鲜活地存在，这可能正是东南亚这片区域文化的生成机制。

在《文明无国界：以史为镜》一文中，王赓武先生开篇即谈到西方文明观与中国文明观因为彼此而出现的反转。在西方，17世纪的西欧，因为技术的革新、城市生活的出现，人们已经有了文明的概念，这种文明观和一定的社会经济条件结合，但没有国与国之间的差别，文明无界限，它如同一种普世价值。18世纪，欧洲人从中国人那里看到了另一种文明，并且西方的文明屡次打败了同样拥有文明的中国。中国这个他者，对西方文明观念产生重大影响，一是让文明有了界限，即西方和中国的差异，二是使文明从普世价值变得有了等级，西方文明自视高于中国文明。从中国方面看，中国最初没有文明的概念，但有等级观念，以书写和文字为标准，西方人的到来不仅让中国人见识到文明为何物，而且积极"师夷长技以制夷"。此时文明又是无国界的，可以通过学习变得一样。[5]35因此，中国和西方互为他者，彼此都从对方身上发现了文明的另一面。

文中对比了福山的文明论和亨廷顿的文明论。福山的文明论认为西方文明以科技和经济为两大支柱，本身比较进步，又有民主自由的制度，它会继续吸取其他文化的优秀因素，不断综合，成为一种新的超级文明，从而终结文明的历史。亨廷顿则认为，这种一枝独大的超级文明不会出现，西方文明、伊斯兰文明、中国文明至少将并存，并引发文明间的冲突。王赓武先生认为，文明既基于国家，又能够脱离国家。它是成功国家形态的产物，但是即使国家没落了，这种文明却不会随之消失，它创造的理念和体制会焕发出自身的生命力，并传到其他国家，[5]37 即文明和国家的关系是一种合—分—合的反复过程。

王赓武先生认为在历史过程中，文明的相互交融曾带来巨大的利益，但人类却因相残和误解阻碍了前进的步伐。作为世俗文明的中华文明重经史之学而轻诸子之学，未能诞生科学，这是造成其文明劣势的主要原因。但当代中华文明若能将经史之学与科学相结合，或把人文与科学重新结合起来，就能创造新的文明。[5]34, 38

参考文献

[1]　施坚雅. 中国历史的结构 [M]// 施坚雅. 中国封建社会晚期城市研究. 长春：吉林教育出版社，1991.

[2]　FREEDMAN M. The Study of Chinese Society Essays [M]. 台北：南天书局有限公司，1994：5.

[3]　施坚雅. 泰国华人社会：历史的分析 [M]. 厦门：厦门大学出版社，2010.

[4]　王赓武. 中国与海外华人 [M]. 香港：商务印书馆（香港）有限公司，1994：序言.

[5]　王赓武. 谈历史，说文明 [J]. 研究报告，2015（1）：10.

几代学者的闽台民俗宗教研究[①]

罗杨　陈敏红　吴银玲　孙静　金婧怡

按语：闽南读书会结束了第一阶段"施坚雅、弗里德曼和王赓武视野下的闽南与东南亚"的阅读，2015年9—12月，在王铭铭老师建议下，转向从宗教视角理解闽南区域，先后阅读了德格鲁特、顾颉刚、吴藻汀、桑高仁、李亦园和林美容有关闽南以及与闽南密切相关的台湾民间宗教的著述。闽南民间宗教的巨大张力，启发上述学者思考闽南区域自身及其与更大文明体系之间多元与一体的关系。读书小组围绕德格鲁特《闽南亡者的佛家信众》及其传记 The Beaten Track of Science: The Life and Works of J. J. M. de Groot，顾颉刚《泉州的土地神》以及张帆《顾颉刚与土地神——1926—1927年东南沿海的"游士"与"风俗"》，吴藻汀

[①] 原载于《西北民族研究》2016年第1期。

《泉州民间传说》，桑高仁《一个中国社会中的历史与巫力》及其《大小传统再思考》一文，黄英美根据对李亦园的访谈整理而成的《访李亦园教授——从比较宗教学观点谈朝圣进香》，林美容《魔神仔的人类学想象》，组织了8次读书会。读书会前，每位成员独立完成一篇成熟的读书报告，在读书会上研讨，会后综合整理成文字记录。以下是根据大家的读书报告以及讨论汇合而成的对上述著作的解读。

著者简介及内容解读

德格鲁特

德格鲁特，荷兰汉学家。他出生在荷兰斯希丹一个虔信罗马天主教的家庭，早年因牧师对其家庭的迫害而与天主教乃至广义的宗教信仰决裂，转而对宗教进行社会科学的研究。出于"想去见识外部世界"的强烈愿望，他报名参加荷属东印度殖民口译官的培训，被送去荷属东印度移民的主要来源地福建厦门接受一年的语言训练。1877—1878年在厦门期间，德格鲁特展开对当地汉人宗教的田野调查，由此写成关于厦门汉人年度仪式与习俗的两卷本著作，于1884年获得莱比锡大学博士学位。同年，德格鲁特申请再次回到中国，不是为语言培训，而是进行学术研究。他所经历的宗教与迷信、殖民地与闽南移民等种种复杂事项，使他想要真正理解"外部世界"的"内部"。基于1886—1890年间对闽南宗教的细致考察，德格鲁特在1892—1910年间，陆续出版六卷本英文巨著《中国宗教体系》(*The Religious System of China, Its Ancient Forms, Evolution, History and Present Aspect, Manners, Customs and Social Institutions Connected Therewith*)。其间，他还收集了很多地方物件，民族学类藏品现收于莱顿国立民族学博物馆，宗教类藏品藏于里昂吉美博物馆。1890年，德格鲁特开始在阿姆斯特丹任教。1911年，他去往柏林任教，从研究中国东南转向帝国的西北边陲——中亚。德格鲁特去世后，英国汉学家弗里德曼最早开始对他进行研究。1975年弗里德曼逝世后，他的遗孀将其收藏的所有德格鲁特的资料，包括一本从未公开的日记，交给维伯勒斯基（R. J. Zwi Werblowsky），后者根据这本日记的内容，写成德格鲁特的传记 *The Beaten Track of Science: The Life and Works of J. J. M. de Groot* 一书。

德格鲁特1884年出版的《闽南亡者的佛家信众》一书，包含两部分内容：第一部分描述中国人的来世观，梳理了从原始祖先崇拜和灵魂观，到孔孟圣人时代对这些原始观念的借用和发展，再到佛教传入中国后对儒家和道教学说有关死亡观念的补充；第二部分细致描述了厦门的葬礼仪式，从预备、首日、第三日到最后一日的过程。该书的这两部分内容符合德格鲁特"历史民族志汉学"的构想。

在该书的第一部分中，德格鲁特认为，中国人自古以来就持有关于灵魂的观念，灵魂可以外在于肉体存在，也能够在肉体消逝后继续活动，这种观念根深蒂固，以至于在先于孔孟的原始时代就已发展出一套祖先崇拜的完备体系。这套观念为孔孟之道奠定了基础，孔孟这些圣人目睹了人们祭祀祖先的仪式，将它们提升为自身的学说。但借用和发展了原始祖先崇拜观念的儒家学说并没有天堂和地狱的观念，它是以仁、礼等道德而不是用天堂和地狱来框定人们的行为，祖先崇拜被儒家学说阐发为对父母的孝道以及丧葬、祭祀中的礼仪等。儒家学说借用了原始时代的祖先崇拜观念，但它并没有详细谈论死亡的问题，而是主张"未知生，焉知死"，对死亡避而不谈，或是重视"此时此地"的现世，儒家观念中的"不朽"也并不以死亡为前提，而是借助家族的绵延以及立德、立功、立言。道教追求肉体的长生不老，也没有地狱的概念。佛教为中国人引入了天堂、地狱、涅槃的观念，它使中国人的灵魂超越了生死，在一个连续体中解释过去、现在和未来，这个连续体是根据个人的业报对其命运做出的安排。佛教为中国人营造出死后的世界，将中国人对祖先的祭祀和劝解仪式纳入自身繁复的仪式体系中，在中国人的丧葬习俗中加入了为死者做佛事的环节。

该书第二部分是厦门佛教的葬礼仪式过程。将死者从地狱中拯救出来，并送往西方极乐世界的仪式叫作"企孝"或"做百日"，有佛教人士参与则叫"做功德"。葬礼往往持续好几天，日子定在何时需请算命先生决定。每日早上均要在灵前的桌上摆上煮好的米饭、三四样菜和一双筷子，子孙跪拜在地上等待祖先吃饭，这个仪式叫作"孝饭"或者"寄饭"。每日临睡前还要递上几杯茶水和小点心，这个叫作"斗困"。在整个仪式过程中，吃饭是核心的事情，仪式的名称常与饭联系在一起。灵位、案桌、灵旌、纸做的家具、房屋、侍女（满汉）等都要准备好。所有这些都是为了让死者可以顺利完成引渡，也是轮回，只有顺利轮回才不至于变成孤魂，到处游荡。

这场与死亡有关的仪式是闽南地方上神（鬼、祖先）、人、物的关系的集中体现。例如，前来祭奠的亲朋总是带来丰盛的食物，酒、茶则是必备的，他们离开时会将这些东西带回去，算是死者家属对他们的回礼，但会留下一盘食物摆在供桌上，最后被死者的亲属吃掉，表示与死者共餐。[1] 其次，德格鲁特在书中多次将厦门祭祀仪式中的一些现象与中亚、埃及、印度等文明比较。他通过文字记载与田野观察，提出在中国人的天堂观念中，西方之所以是特殊的方位，是因为它的上古移民来自西方，而且，与丧礼和亡灵超度有关的佛教也来自西方。主持这场仪式的神职人员也有不同种类。文中提到，道士跟随死者家属去河边将死者的灵魂召回家中，他们将死者的灵魂安置到家中后，便把位置让给了和尚们。娱神或娱鬼的那些杂耍等也是由道士表演的，和尚则负责从地狱拯救和超度亡灵。德格鲁特在文中写道，和尚们进入为他们搭建的佛坛后，穿上黄色袈裟，恭敬地在神像前拜拜，烧香和纸钱，然后开始念经。此外，还有一类人叫礼生，他们是仪式的主持者，通常是两个、四个或六个，家庭的财力不同请的礼生数量也不同。他们要么穿白色的丧袍，要么穿传统的官服，他们是仪式的专家，不时地被人们邀请来，付一定的报偿，指导人们在仪式中该怎么做，他们被当地人认为是文化人。

德格鲁特认为，闽南葬礼仪式蕴含的观念形态与该书第一部分梳理的儒释道等大传统可以相互印证、相互解释。对丧礼仪式的分析证明民间宗教的要素中含有外来大传统的因素，以此可论证中国宗教的一体性。

顾颉刚

顾颉刚（1893—1980年），历史学家、民俗学家。根据张帆《顾颉刚与土地神——1926—1927年东南沿海的"游士"与"风俗"》一文的介绍，1926年，北洋军阀的混战使许多学者南下避乱，这年7月顾颉刚接到厦门大学的邀请，8月便从北京到厦门赴职。1926年9月，在厦门大学国学研究院编辑事务谈话会上，林语堂、周树人、顾颉刚、孙伏园、丁山等学者决定成立"风俗调查会"。10月，在国学研究院成立大会上，沈兼士提出"考古与风俗调查并进"，"风俗调查则先从闽省入手"的设想。张星烺、陈万里、艾鄂风（Gustave Ecke）随即进行了第一次泉州田野调查，12月，顾颉刚、张星烺、陈万里开展了第二次泉州调查。次年1月，陈万里、孙贵定、张早因第三次调查田野泉州。这三次田野调查的成果均刊登在1927年的《厦门大学国学研究院周刊》第一卷，其中便包括顾颉刚的《泉州的土地神——1926—1927年东南沿海的"游士"与"风俗"》。国学院成立之初，开展了一系列有关闽南的讲座，如张星烺《中世纪之泉州》、林语堂《闽粤方言之来源》、罗常培《朱子与闽南文化之关系》，同时，在国学研究院周刊上发出面向全社会收集各地古器物及风俗物品以资研究的倡议。这一时期，除顾颉刚外，张星烺、容肇祖、孙伏园、潘家洵、马寅初、史禄国等学者齐聚厦门。厦门大学国学院一方面为中国的救亡图存而振兴普遍的国学，一方面因地处东南而展开对当地的研究，并从这些研究中进一步思考闽学之于国学的意义和挑战，颇似20世纪三四十年代云南的魁阁和四川的李庄。①

泉州城内外共分为三十六铺，顾颉刚在泉州看到许多铺神祠。他在访问这些铺神祠的时候，注意到了大铺里包含着小境。铺境的地域区划可以从每个神祠中所贴的红片子分析出来。红片子类似于活人使用的名片，是神灵出巡经过其他神祠时投递的片子，粘贴在神祠之内，片上写着宫名，下面写着"敬"字。他发现泉州人很看重铺境的区分，门牌上只写铺名而不写街巷名，对铺境神祠中的神灵也信仰颇深。而就他调查所见，神祠当中的神分数十种。

除了铺境的划分，泉州城内还有东西佛的分立。顾颉刚引用清末施、富两家相斗的传说来说明泉州东西佛分立的来源。清

---

① 1939年，吴文藻受燕京大学委托在昆明建立燕京大学和云南大学合作的社会学研究室，费孝通主持研究室工作。为躲避日军轰炸，1940—1945年，费孝通在呈贡魁星阁建立魁阁社会学工作站，汇聚了陶云逵、张之毅、许烺光、谷苞、田汝康、胡庆钧等学者，出版了一批具有世界性影响力的社会学、人类学著作，参见潘乃谷、王铭铭编：《重归魁阁》，北京：社会科学文献出版社，2005。1940—1946年间，外省籍人士迁川700余人，四川省南溪县李庄最盛时有1.2万人，当地的官观庙宇、会馆祠堂、民家小院中分布着中央研究院历史语言研究所、社会科学研究所、体质人类学研究所、中国营造学社、同济大学、金陵大学文学研究院等单位，聚集了傅斯年、梁思成、童第周、凌纯生、李济等一大批国内一流学者，参见岱峻：《发现李庄》，成都：四川文艺出版社，2004。

初，泉州城内两个大户人家联姻，一位是翰林富鸿基，另一位是靖海侯施琅。翰林的女儿要嫁去施家，就问施琅婚礼时行民礼还是官礼。从官位上来说，施琅作为靖海侯，是要高于翰林的；而从民间来看，婚礼当天岳父家则要高于新郎家。到婚礼当天，施琅故意供上了皇上的黄衣，使得富鸿基跪下行礼。而到了翰林家，富鸿基则供上了"五日权君"的铁鼻，让施琅不得不跪。本来结两姓之好的联姻变成了结仇。两家一文一武，影响到了地方上民众的信仰，因为富家在西边，而施家在东边，所以各个铺境就分成了东佛和西佛两派。每到迎神赛会时，两派相遇则互不相让，甚至械斗。

顾颉刚进一步观察铺围绕祭祀中心的活动，提出了两个悬而未决的问题：一是铺主与铺主之间的称呼为何不是以所祭祀的神明命名而是铺境名，二是宫庙中所祭祀的主神为何既是魁星又是观音，这些神的职能与名称常常杂糅不清。针对顾颉刚的第一个疑问，张帆在《顾颉刚与土地神——1926—1927年东南沿海的"游士"与"风俗"》一文中认为，泉州的社会事实表明一种不同于近代西方社会的"社会分类"，神与个体没有对应关系，而只在社区层面上才具有完整性。[2] 针对所祀神之杂乱的问题，张帆认为，应看到中国文明的多样性容纳力以及民间宗教背后的帝国力量，外来神明必须被帝国的道德驯化之后才能纳入帝国的神明体系，否则就要被朝廷取缔。[2]186 因此，除了在时间维度上探索土地庙中神祇的变迁，还应看到空间维度上的碰撞。

泉州的铺境及其供奉的神虽然与北方正统的土地神福德正神不同，但顾颉刚认为同样可以归于土地神的范畴，于是他将田野调查所见到的土地神与社的历史演变结合起来分析。社本是古代的庙宇，除了祭地以外还有很多任务，其中的一项是附祀有功德于民的贤人。不知何时，社庙变成了土地庙，社神变成了土地神，更规定尊号为"福德正神"。土地神原有的地位是很高的，他是后土，是和皇天上帝受同等的崇奉的神。后来，士大夫不屑过问土地庙，他们建立祭祀贤臣的祠，民众除继续祀土地神外，还祭祀其他具有神、圣、文武属性的神，并且土地神逐渐沦为他们的配祀，顾颉刚用了"新鬼大而故鬼小"的"鬼"的比喻加以解释。社的演变史，自上而下看，可以被解读为一部衰落史，从皇天、皇帝，到士绅，最终落入民间。自下而上看，首先，民间宗教和社会的力量使社庙并没有成为"历史的垃圾箱"，而是在某种意义上延续着其中的高规格，这些神与古代的皇天、士绅们的圣贤名宦相比，并不逊色。其次，民不仅在模仿和学习士绅，他们既有向上的模仿和学习，也有对外的综合与创造。

士大夫阶层抛弃土地庙而另起炉灶，可以说是地方信仰体系的某种分裂，从此，士的历史与民的传说、乡贤名宦祠与土地庙各成体系，尽管并非绝对分立。因此，在地方社会中，士绅的确是一种黏合剂。但也应看到他们的分裂作用，他们不仅是沟通皇权与民间的中间层，也有自治和封建的力量，而民间宗教也是一个有自身创造力和综合性的场域。

吴藻汀

对于闽南而言，德格鲁特是来自中国文明外部的他者，祖籍江苏的顾颉刚是其内部的他者。近代史学家、民俗学家、民间文学家吴藻汀先生（1888—1968年）是土生土长的泉州人，他的人生与学术体现了闽南地方文人在与德格鲁特和顾颉刚几乎同时代里的命运。他的人生跨越了晚清、民国和新中国。吴藻汀早年经历了旧学与新学的教育，曾是光绪年间的优贡，并于宣统元年（1909年）考入福州全闽高等学堂。因见清廷腐败，辍学并秘密参加同盟会，投身推翻清政府以及光复泉州的革命运动。民国时，他亦官亦学，曾被选为福建省议员，担任多所学校的校长。五四运动前后，他又积极投身新文化运动，创办泉州移风戏社、更俗剧社，进行新民主主义革命的意识形态宣传。新中国成立后，他担任过泉州市人大代表。1958年和1961年两次进京，在参加中国民间文学工作者协会和全国各民主党派中央全会扩大会期间受到毛泽东、周恩来的接见。同时，他为地方文史资料的整理和研究做出了重大贡献。

吴藻汀的儿子吴志谦在《泉州民间传说》再版代序里将这部书的题材大体分为：(1)历史人物的传说，如梁克家、李九我、张瑞图、俞大猷等人；(2)历史事件的传说，如东西塔和洛阳桥建造传说，倭寇侵扰等；(3)民间风俗和某些俗语，如泉州的端午节、七夕、普度等形成的传说；(4)文人轶事、趣事方面的传说，如蔡六舍、阿代舍等；(5)名胜古迹和地名的传说，如开元寺、关刀埕等；（6）仙道鬼神、迷信风水的传说，如郭圣王、苏夫人姑等。[3]

风水的传说是该书中的重要部分。在闽南，人的命运及其所生活的城市的命运，部分地受制于山形地势的自然因素。例如，一则有关石狮王的传说：庙门口的石狮王因得风水成精，幻化成美男子奸污女子，临境就铺了一个形似关刀的刀埕破掉它。这则传说指出不同社区之间如何利用风水转化彼此矛盾的社会现象。[3]75-76 泉州民间素有塑造石敢当来规避风水上的不利的传统，而关刀埕的地形又恰是为了破石敢当之势而利用风水学说塑造出来的。可见，风水中也有讲究力量均衡的哲学，一旦石敢当的势力太强，发展为王，就要用另一套风水逻辑进行压制。这种压制的说法在周德兴的传说里也得到体现。一开始周德兴在皇帝那里献上最坏的墓穴——"铰刀剪芙蓉"，葬下去的话子孙绝灭。当皇帝要把这个墓穴赐给他的时候，他立刻想到了压制之法：把棺材直竖，那个穴形就变成"孩儿吸乳"，这样能够在最坏之中寻得一丝安慰，求得单丁过代。后来有位和尚又识破了其中的风水玄机，在周德兴墓前塑一座石坊，如同给吸乳的孩儿戴上一副枷锁。[3]83-87 总之，泉州人在风水上有一种你争我夺又平衡压制的逻辑。

另一则梁丞相的故事讲的是，做宰相的梁丞相野心很大，他死后，儿子请的风水师想要让他复活做皇帝。看墓地的风水师嘱咐了他儿子两个方法，说这个穴位是需要养的，养法是把肉扔进墓穴里面以及折芒草来作箭，后者可以射杀皇上，前者则是能够养五虎。后来因为侍女的怠慢和儿子算错时间，这个复活丞相做皇帝的事情失败了。[3]125-127 从这则传说中，可以了解到泉州风水观念的另一个逻辑：风水宝地需要养。这个养的道理在李光地的父亲李员外的传说中更深入地变为"道德适宜"。风水宝地要活起来，除了要供养之外，还需要这个人的德性适宜，正如华幼师告诫李员外的："这一块福地，只有居士的道德才配营葬先人的，假使居士再让给别人，恐德不及居士，虽有好地也属徒然了。"[3]153-157 风水之学里也有德的意涵。

城市之间的关系也通过风水来表达。例如，泉州城的建筑形势是一条鲤鱼的模样，小东门是鲤鱼的嘴，前面的东湖是鲤鱼吐的珠，与泉州毗连的永春形似一张网，举网网鱼，使泉州城不能有多大活动。后来泉州筑起开元寺双塔，把永春的网凿破了。周德兴破双塔不成，把鱼嘴塞住，鲤鱼的穴就被破了。[3]83-84 风水也是研究古代城与城之间的关联的一个角度。此外，城的风水的破坏，关乎整座城中人的命运。正因如此，大一统与封建的矛盾也表现在皇帝想破坏各地的好风水。

除了李相国、周德兴之外，在吴藻汀收录的传说故事中，还有另一类士人引入注目，他们是秦钟震、蔡六舍、阿代舍、瑞老伯、佬仔青等。秦钟震、蔡六舍、瑞老伯这些人并不是传统意义上的士大夫形象，而是多少带有叛逆的色彩。秦钟震有才学，但利用古诗的段子戏弄别人，在少年时偷看姑娘洗澡，在铺境迎神的事情上戏耍别人。这样的人物，是历史上碌碌无为、无法显达的士人形象，他们有才气且风流，但分明带着一点不得志的郁郁寡欢或愤世嫉俗。滑稽善辩、尖酸刻薄，又善于捉弄他人，是他们的角色设定，既可以说他们是封建等级制度下的反叛角色，风流不羁，也可以说他们是被排斥在正统礼教之外不得志的士人。从民众心理的角度看，对这类士人的心态是介于李相国与周德兴之间，模棱两可，既非批判也非赞赏。

桑高仁

桑高仁，1946年生于美国密歇根州，1968年毕业于普林斯顿大学，曾在美国海军任职三年。1972年进入斯坦福大学学习人类学，师从施坚雅，并于1974—1977年间在台湾从事妈祖信仰的田野调查，1980年获得斯坦福大学人类学博士学位。博士毕业后，他在康奈尔大学担任助教，1986年升任副教授，1992年成为教授。1997—2000年间，担任康奈尔大学人类学系主任。桑高仁的主要著作有《一个中国社会中的历史与巫力》、*Myth, Gender, and Subjectivity*（1997）、*Chinese Sociologics: An Anthropological Account of the Role of Alienation in Social Reproduction*（2000）。

《中国社会中的历史与巫力》是一部关于台湾大溪的民族志。该项研究受到施坚雅区域研究的启发，桑高仁试图通过研究当地人宇宙观的构建来分析他们的社会构建。该书第一部分详细介绍了大溪从18世纪的移民农业社会发展为现代旅游城市的历史过程，并勾勒出它在不同历史时期与更大的区域体系形成的交换关系。在该书第二部分中，桑高仁试图在政治经济的区域背景下，触及地方社会空间的仪式建构，以理解中国的宗教，进而理解中国人的宇宙观。

桑高仁指出，仪式行为是理解中国宗教的关键。他详细区分了不同层次或等级上的仪式行为。在大溪，有三个层次的社会经济互动：邻里、村庄以及跨村庄的乡村社区。相应地，有三个层次的仪式行为：邻里仪式与土地公崇拜有关；村庄仪式则要在一个更精致的村落庙宇里进行，敬拜高于土地公的神；跨村庄的仪式中心是敬拜红脸的关公。

在桑高仁看来，将地域性的崇拜与更大的仪式体系联系起来的仪式行为是朝圣。台湾最盛大的朝圣活动是北港朝天宫的妈祖朝圣。每年农历三月二十三日是妈祖的生日，地方庙宇和组织组成进香团。在这之前来自全岛的进香团聚集在北港的街上，互相竞赛。在大溪，地域神庙里的妈祖像是有组织的朝圣对象，人们通常在村级庙里进行组织，炉主也被神挑选出来。在北港妈祖庙朝圣那天，大溪的进香团抬着自己庙里的妈祖像通过祖庙的主香炉，然后一捆写着"北港妈祖"的旗子也通过香炉。回来后，这些旗子被分到各个参与人家中，供在家里的祭坛上。此外，还要从北港妈祖庙带回一把火，它一直燃烧到村庙自身的节庆时刻，村民们在过火的时候用它点燃木炭或纸钱，也用来点燃家里祭坛上香炉里的香。通过分香，地域性的庙宇和北港妈祖庙形成了一个仪式共同体。

桑高仁引入特纳关于共同体和结构的分析。特纳认为，朝圣是共同体精神的体现，在朝圣中，等级、地位、阶层等差别消失，它就像一种通过仪式，但桑高仁更倾向于它是结构性的，朝圣不是消解结构，而是令人意识到它，尤其是个人与社会之间深层次的区分，比如等级性的。因此，朝圣是一种社会过程而不仅仅是一种心理过程，朝圣是个体获得社会认同的仪式，也是社会机制再生产的方式。与特纳认为朝圣是一种共同体的观点不同，桑高仁认指出，在北港妈祖的朝圣活动中，来自不同村落群体的进香团十分注重表现与其他团体的区分，比如有自己的旗帜，通过各种仪式性的表演突出自身的独特性等。虽然妈祖的朝圣仪式确定了对台湾的共同认同，但每个群体也在表达自身的独特性。朝圣参与者们从其中感受到了台湾岛的多元性，也强化了对其自身所在的共同体在一个更大社会中的位置的认知。这种认知并不是反结构的，而是对台湾的一体性的仪式化表达，部分地源于在朝圣层面上的仪式化区分，也就是说一体来自多元。一体需要多元的建构，而多元也需要一体为其提供一个更大意义上的宇宙论或是解释框架。

李亦园

李亦园，1931年出生于福建省泉州市。他曾就读于台湾大学与美国哈佛大学，1948年赴台，从事人类学、比较宗教学、家族宗族研究等。曾任台湾大学教授、台湾"中央研究院"民族学研究所所长、台湾清华大学人文社会学院院长，现任台湾"中央研究院"院士、台湾清华大学社会人类学研究所教授。著有《信仰与文化》（1979）、《台湾土著民族的社会与文化》（1982）、《文化的图像》（1992）、《说文化，谈宗教——人类学的观点》（2003）

等多部专著。

李亦园对中国朝圣进香的研究，正是基于对不同文明中朝圣仪式的比较，寻求对朝圣行为的普遍理解。他比较了各大文明宗教中的朝圣。就其起源而言，伊斯兰教的朝圣在穆罕默德之前就已存在，基督教、天主教的朝圣之举起源于何时文中并未明说，但罗伯特·史密斯对闪米特人的宗教研究表明，无论基督教、天主教还是伊斯兰教，他们都借用了很多闪米特人、古犹太人的宗教信仰和仪式，包括对圣地的崇拜。佛教在释迦牟尼生前并无朝圣行为，他涅槃后，其弟子依印度教的习惯发展出许多朝圣的组织。关于圣地和圣物，伊斯兰教的唯一圣地是麦加，它的圣物是神庙中的一块黑石；基督教、天主教的圣地是有圣迹或神迹出现的地方，尤其是耶稣显现其神迹之地，比如西奈山；佛教的圣地也与其教主释迦牟尼有关，他的出生地、涅槃地、冥想地都是佛教徒追寻和朝拜的地方。三大宗教朝圣的目的也各不相同：伊斯兰教信徒去往麦加朝圣既是教义规定的必须履行的责任，也是一种荣誉，完成这一过程后才能得到他人的尊重；而基督教、天主教教徒朝圣是为了救赎；佛教徒要晋升为高僧，必须到圣地朝拜后才有资格，同时也是为了求得更高的修持和道行成就。另外值得一提的是，几大文明宗教的朝圣都分别与各个地方的文化相结合。例如，天主教的朝圣在中南美洲、墨西哥与当地印第安人的宗教结合。佛教因其传播地域而有了大乘佛教和小乘佛教的区分，小乘佛教不注重朝圣。大乘佛教在中国有几大朝圣中心，且都是名山，在日本有浓厚的成年礼意味。因此，朝圣虽然是世界各地普遍存在的一种宗教现象，但因为有不同的地方性，使其虽能够运用比较宗教学的分析，但同时产生的矛盾是容易招致跟功能论类似的批评。

朝圣，在英文中的意思是离开家，走一段路到达某个神圣的地方，拉丁文词源中有"通过"之意，法文则有到达之意。特纳认为，朝圣是指借由外出旅行，摆脱原有的社会、环境以及每日居住或工作的地方，前往一个神圣之地，是一个将人从旧有的阶段引导至新阶段的仪式行为或象征行为。人们经过朝圣仪式的洗礼，回到原来社会，相应地，他们的地位会更上一层楼。特纳加入了基督教的救赎或赎罪观念来理解朝圣："基督徒在朝圣之后，才能洗掉过去的罪恶，而在旅程中的艰苦跋涉和所冒的风险，也使得在家乡所患的内心的隐疾同时获得解脱。"[4] 此外，特纳更强调朝圣的个人性、自愿性与半强制性，他认为朝圣与部落里成丁礼那样具有强制性意涵的过渡仪式并不相同。朝圣作为通过仪式的重要方面，是它能够超越结构上的相互依赖或区隔，使人们在仪式中升腾起一种感情上的共通性，达到交融的状态。除了基督徒通常的赎罪之外，李亦园认为还有还愿这一朝圣的目的值得探究。还愿是指当一个人向神祇祈求时而许愿，事后经历艰辛的旅程而报答之。还愿有很多种方式，朝圣只是其中之一。在朝圣过程中，可能建立新的人际关系，也可能遭遇阻挠甚至迫害，但无论怎样，都会加强朝圣团体的内在团结。

中国民间信仰中的进香与其他诸文明的朝圣有所不同。首先，中国民间信仰体系中的神明都是按照阶位等级排列的，有严明的行政体系，不同的阶层，供奉的祭品、牺牲有所差异。例如，香是与神沟通的最重要媒介，拜天公所用的香最为隆重，用盘香，一般神明用三支香，拜祖先用两支香，而对鬼则最少，因为人们不想与鬼建立太多联系。割香和分香这种加强关系的行为也只有对一般神明和祖先才有。又如祭品，整体与部分、生与熟分别代表关系的亲疏，反映出天公与其他一般神明之间的等级关系。天公可以用全猪祭祀，其他一般神明，如妈祖、千岁爷等都只能用半生半熟的块肉供奉。祭拜祖宗的食物更是类似于家常菜，基本是全熟，而且切成条块，甚至加以调味，表示祖宗与其他神灵不同，是自家人。祭品与神明体系的等级关系一一对应。中国民间信仰中进香前的斋戒时期被看作是借由一段清净或空白时间，以此区分神圣与世俗的过程，这与西方的朝圣类似，但不同之处是，中国民间信仰对仪式时间的准确性非常讲究，分毫、片刻都不能差，否则会带来厄运或者不幸。这说明在中国的民间信仰中存在两套错综复杂的时空系统，一个是以人的行为和活动为基准，另一个是以宇宙的运行为基准。两套系统构成了中国人复杂而精妙的宇宙观哲学，遵守其中的时间规则成为这套复杂哲学的关键。

林美容

　　林美容，祖籍福建漳州，1974年从台湾大学考古人类学系毕业，1977年获台湾大学考古人类学研究所硕士学位，1983年获美国加州大学博士学位。她现为慈济大学宗教与文化研究所教授，台湾"中央研究院"民族学研究所资深研究员，台湾宗教学会理事长。林美容长期关注台湾民间信仰、民间佛教等，著述丰硕，如《人类学与台湾》(1989)、《台湾人的社会与信仰》(1993)、《乡土史与村庄史：人类学者看地方》(2000)、《祭祀圈与地方社会》(2008)、《魔神仔的人类学想象》(合著，2014)等。

《魔神仔的人类学想象》收集了大量流传于台湾及福建漳州地区的关于魔神仔的传说和故事，通过对矮小、会幻化、会作弄人的魔神仔的分析，林美容阐述了魔神仔与人和自然的关系，并将它与汉族历史上记载的精怪文化相联系，与世界其他地方的精灵鬼怪传说做比较。魔神仔本身充满矛盾的双面性，而且与神、鬼、精等有共同之处，也有差别。从不同宗教人士对它的态度看，它属于不能被任何宗教完全包含和处理的"剩余物"。书中的一种说法是，魔神仔是人死后没有变成鬼以前的状态，或是死去的人、无主家神、游魂，四处飘荡，附在水、石、木、草之上形成，或是日久无人祭祀的无名鬼魂，或是地狱的鬼被油炸后变成的东西，它无法转世投胎。它没有家庭，就像流浪汉，但也很逍遥。它是一种处在今生和来世、人和非人之间的东西。

魔神仔跟神和鬼有所不同。人遇到魔神仔以后，会把它的红帽子拿回家去，放在家里的神明供桌上，魔神仔就不敢去拿，说明它是敬畏神明的。在被魔神仔迷去的那一刻，人们可以依靠呼求神明的办法脱困，比如在心里呼唤家里祀奉的妈祖、关公，或是向当地的山神、土地祈求，问山神、土地需要多少银两，回去之后，一定在家里烧化给他。另外一种办法是用起童的方式交给神明处理，请神明开符。有时神明还会亲自现身，帮助人脱困。

神明介入的方式还有用辇轿抬着神明出庙寻人。但不管怎样，神明显然是令魔神仔畏惧的，并且能够出面压住它。除了人形的神，作者在书中还提到物神，比如锄头、牛。农民相信锄头里有神，甚至将锄头供起来，使它具有圣物的性质，可以用来打退魔神仔；牛也特别敏感，能看到人所不能看见的东西。与此相对应的是污物，比如扫帚、尿，魔神仔本身是无清气的东西，处理它可以以毒攻毒。作者说扫帚能驱邪的逻辑，与前面被供奉起来，具有神圣和纯洁性质的锄头相反，看似矛盾，其实在民间，人们相信至清、至浊的两种极端之物都蕴含着不可思议的威力。魔神仔跟鬼的关系更近，但它并没有达到鬼的那种程度，无论是对人造成的恐惧，还是被清晰界定的归类。作者认为魔神仔本质上是一种精，它可以幻化，无论是幻化自身还是幻化周围的环境。而精其实是介于人和仙之间的一种存在，它比人更老，物老才成精，但是又还没有达到成仙的程度。

该书通过魔神仔的文献梳理，分析了汉族南迁的历程，包括汉族在台湾和南太平洋的南进，尤其梳理了厦门大学凌纯声、蒋炳钊等几代学者对南方越族和小黑人的研究。凌纯声认为，中国史志古籍中记载的鬼怪是真实存在的小黑人，他们身材矮小，不与人接触，在树林中行动敏捷、躲藏快速，居于岩穴，以物易物与外人交易时，置物于地，双方都不见面。中国南方的小黑人与台湾原住民传说中的矮黑人和马来半岛、菲律宾群岛的小黑人关系密切。蒋炳钊则认为，古籍中的山都木客应该是古代的一种少数民族，"山"指住在山里，"都"同"潴"，水聚汇之义，"山都"应指他们早期住在水边，后来被迫迁到深山密林。他们的来源与古代越族有关，唐宋时对其记载很多而且分布广泛，但到明代只有广西还有木客的记载，其他地区都已不见，可能是已被同化到其他民族之中。

研讨与思考

德格鲁特继承了19世纪泰勒（Edward Burnett Tylor）和涂尔干（Emile Durkheim）等的思想，认为如果能够幸运地找到一种文明，虽然它的很多方面都已高度发达，但保留了很多原始遗存，那么，对它的研究具有普遍的人类学意义。在他看来，中国文明恰是这样一种文明，巴比伦、亚述、波斯等古代与中国同时繁荣的文明业已消失，而新兴的欧洲文明尚不足以完整展现文明的力量，唯有中国文明一直延续。对这种文明的研究，除参与观察现实社会的实践行为外，应查找文字记载，它赋予前者历史的深度和背景，德格鲁特用"历史民族志汉学"（historical ethno-Sinology）这一新词来概括文献与田野相结合的方法。而他在闽南的田野观察，又使他深刻意识到宗教是理解中国文明的关键，它的观念和习俗渗透于当地社会生活。但对闽南宗教的研究使德格鲁特对中国文明的认识充满矛盾：一方面，他强调中国宗教的一体性，他所谓"一体性"是指一种共同特征，这种共同特征就像"万物有灵论"那样，可以从纷繁复杂的民间宗教中识别出来，各种仪式和习俗的成分都是一个完整体系的部分；另一方面，他已意识到中国文明内部的巨大分立,既有伟大的宗教领袖,又有不识字的农民,儒释道等宗教塑造着民众生活,但其自身也因民众的观念和实践发生变化。

如果说德格鲁特作为西方学者,探寻异文明的总体特征是其核心关怀,那么,顾颉刚对社会的情有独钟则是这位身处帝国向民族国家过渡过程中的士或知识分子无法脱离的历史心态和现实关怀。无论研究古史还是民俗,顾颉刚对社会的关注都是它们的起点并贯穿始终。社最初指土地神,在周代,社祭是从天子到庶民的普遍祭祀。后来,社成为以社神为中心的地理组织——里社,社的内涵变为聚徒结会谓之社。在社日进行结会祭神、迎神赛会谓之"社会"。所以,钱穆先生认为,中国本无"社会"这一名称,即使有,它也与西方社会不同:首先是家、国、天下即一社会;其次是人群社会必有神可知。[2]187 19世纪末20世纪初,西方的殖民武力和西学东渐改变了中国的社会观念以及在帝制时代维系这种观念的士人心态。最初,士大夫们仍怀有恢复中国社会一体性的理想,试图用"群学"来对应西方的"社会"概念,并结合皇权、士绅、乡民。戊戌变法失败,士大夫对皇权失望,转而走向民间,这是严复用"社会"来翻译 society 的背景。在后来的一系列改良和革命中,社会有了与国家相对应的含义,大批知识分子将目光投向民间,在社会中寻找救亡图存的动力,[2]187顾颉刚的古史研究和民俗研究带有这样的关怀。

无论是德格鲁特还是顾颉刚,他们在厦门期间,都目睹了闽南纷繁复杂的文明要素和社会变相——乡村祭神的结会,迎神送崇的赛会，等等，或许，这也刺激他们思考与这些鲜活现实对应的古史，以及与闽南地方对应的大的文明与社会的问题。顾颉刚认为，汉代以前，传说和古史没有区别，汉代以后，由于书籍的普及，流动的故事凝固下来，因此对于古史研究要将古史和故事并重，唯有如此，才能勾画出古代的社会制度和思想潮流。[2]175顾颉刚受法国启蒙思想影响，志在普及知识、提升民智。就职于厦门大学的前一年，他主编了北京妙峰山香会的研究专号，这次民俗调查是"到民间去"的实践，泉州的考察更是推动知识"走向民间"。[2]175离开泉州后一年，他与之前还在积极通信的傅斯年分道扬镳，因为傅斯年的科学精英主义与他的科学民众主义的分歧。[2]188–189；90顾颉刚毕生致力于古史与民俗研究，似与德格鲁特提出的上古文献与田野调查相结合的历史民族志汉学不谋而合。但是，德格鲁特是将代表官方、精英、大传统的文字记载，与展现民间文化的田野观察相互解释和印证，从而寻找贯通闽南宗教与普遍意义上的宗教、贯通整个中国文明的共同特征，而顾颉刚恰恰是从方法论上一层一层剥去加在真实历史上的伪说，并从这种剥离或者说这些历史的建构中展现造伪历史背后的社会现实，他的民俗研究是在民间找到被湮没的历史真相，从现象追溯历史。[2]187

顾颉刚等在厦门大学国学院所开之风气，或许影响和鼓舞了历来对民间风俗与文化抱有同情和关注的吴藻汀。1929—1933年，他收集整理并出版了四辑《泉州民间传说》，后因抗战中断，1946年才出版第五辑，并在报刊上发表第六辑初稿。在第一辑编成后，吴藻汀寄给顾颉刚。顾颉刚高度评价这种收集整理工作并欣然作序，他在序中说，民间传说，是民众的历史。以前士人看不起民众口耳相传的传说，这些传说更没有写上书的权利，但现在与从前的士人们不同了，我们要知道民众的心声，要接近民众，或要研究民众，解释他们的一切事实，那么他们的传说都是极贵重的材料。[3]1吴藻汀确实做到了"深入社会、深入民众，广泛搜罗，凡里巷之所流传，耳目之所见闻，同人之所见闻，同人之所籍录，皆一一随笔撰次"。[3]13尽管他认为"传说终究是传说，不过，对于人、地、时、事总竭力从多方面访求中求得正确。而且注意处处不失传说本来的面目"，"让后人了解前人的思想感情、爱情、正邪的标准"。[3]16

正如其子吴志谦所介绍，吴藻汀是晚清到民国的一个交接人物。他是从帝制末期的士人转为新时代的知识分子的代表。一方面，这群人延续了帝国时代士大夫阶层承担的道统，如吴藻汀本人在乱世积极投身革命、救亡兴国、参政议政；另一方面，这些新时代的知识分子也在表明自身与以前士人的不同，他们既要教导民众、开化民智，尤其要让民众接受新的意识形态，但同时又需要将民众作为自己的老师，去发掘、拯救、学习他们之中蕴藏的智慧、风俗、历史等。这些知识分子对民间的态度并不一致，如认为民间传说多少有点下里巴人的味道，无法登大雅之堂，持这种心态的知识分子在当时或许还是大有人在的。这种对士与民的关系以及对民间文化的矛盾态度，归根结底还是回到德格鲁特和顾颉刚都面临的问题——中国文明或者说中国社会如何分化与整合。

桑高仁和德格鲁特的看法一致，认为宗教是理解中国文明的关键，同时也延续了德格鲁特所开启的对于中国文明一体性的讨论。以杨庆堃为代表的学者认为，在中国宗教中可以识别出一个潜在的系统性整体，它超越了区域和阶层的划分；而武雅士（Arthur Wolf）和华琛（James Watson）等学者认为，如果宗教一体性的标准是特定的仪式形式，那么，中国就不止一种宗教。[6]桑高仁并不否认仪式是研究中国宗教的核心，恰是在这点上，他补充了其老师施坚雅的区域研究视角。施坚雅的方法是基于对孤立的社区研究或者小型社会研究的批判，他强调要将地方置于一个更大的社会系统中，通过中华帝国晚期行政与经济的时间动力、空间组织，说明小社区如何功能性地嵌入了一个空前规模的文明体中。桑高仁则在行政和经济的等级之外加入一个他称为"仪式组织"的等级。他认为，中国宗教的一体性是在仪式过程中涌现出来的，通过仪式，社会等级的分立被确认与加强，但也是通过仪式，灵力同时表征在家户、社区、超社区的再生产之中，而这种灵力的观念早已铭刻在中国人的宇宙观逻辑里，并被历史不断强化、更新和再造。

桑高仁在德格鲁特的文本和仪式研究基础上，加入了对中国宗教宇宙观的讨论。在他看来，中国民间宗教是在宇宙观层面上而不是在仪式层面上，存在一种更高程度的相似性。仪式或宗教实践的多样性仍可以被武雅士所提出的中国宗教的神、鬼、祖先三重性所概括，地方的多样性正是从广泛的一体性之中衍化出来的文化模式。中国宗教是在象征和仪式结构的层面上为建构和表现社会认同的多种维度提供话语,这是一种有无数种叙述方式的话语,但处于一种单一的语法框架内。仪式就是中国人心目中的地方历史的话语,宇宙观是一套共享的语法,它是同时异于大小传统,却又贯通和综合它们的一套潜在体系。因此,千差万别的民间宗教仪式并不是不同宇宙观的差异,只是每个地方所处的历史和社会情景需要这些不同的仪式表现方式。中国人用仪式和象征来标明族群边界,但这并不是对共有的象征性分类体系的否定,族群、行会、社团、社区等能够用神圣的象征使自己从同类中区分出来,恰是因为这套语法对所有群体而言都是共通的。但是,中国宗教的一体性也并不是从各地的民间宗教中抽离出的无历史、无空间、无制度的普遍类型,桑高仁主张将社会制度与文化意义相结合。在复杂文明中,社会制度与文化意义共同生产和维系其一体性与差异性。所以,他试图建立一个涵括社会组织和宇宙观、他称之为"价值的结构"的结构,并认为基于文本和田野,在大小传统中找到这种结构才是理解中国文明一体性的途径。

李亦园在《访李亦园教授:从比较宗教学观点谈朝圣进香》的访谈中介绍了人类学视野下的宗教研究范式。他认为,人类学对宗教研究的兴趣始于爱德华·泰勒(Edward Burnett Tylor),以泰勒、弗雷泽(James George Frazer)、马雷特(Rober Ranulph Marett)为代表的这一代学者从进化论的角度研究世界各地的宗教现象,重在追寻宗教信仰的起源,即人类宗教行为的最早形式。进化论之后，以涂尔干为代表的法国学派将宗教与社会相结合，认为宗教是巩固社会群体生活的一种象征性手段，而以弗洛伊德（Sigmund Freud）为代表的德奥心理分析学派将宗教与个人心理结合。基于对田野工作的探索，马林诺斯基（Bronislaw Malinowski）与布朗（Alfred Radcliffe-Brown）分别从个体与社会的角度去探求宗教行为或仪式的功能性意涵，从而形成两派风格不同的功能论。功能论兴起后，学者们不再像前两代人那样关注宗教的起源形式及其本质，而是着重分析宗教在社会中的作用。在功能论出现之前，荷兰学者范·吉内普（Arnold Van Gennep）已对人在生老病死过程中或危机关口的通过仪式进行研究，英国学者维克多·特纳后来进一步研究仪式过程。列维-斯特劳斯（Claude Lévi-Strauss）的结构主义从研究人类社会生活中更深层次的逻辑思维象征的结构原则入手，分析不同文化中的宗教现象，这种对全人类的宗教行为的普遍理解建立在综合的比较方法之上，从而在跨文化研究方面弥补了功能论的不足。

林美容收集了台湾和福建民间关于魔神仔的传说，同德格鲁特、顾颉刚、吴藻汀、桑高仁这些学者一样，她也认为，对这些田野材料如果不加以文献资料的佐证，很难说明魔神仔与古往今来的汉族社会中的精怪文化的联系，以及与古今中外更广泛的精灵鬼怪传说的共性。她对魔神仔的分析，是李亦园介绍的人类学宗教研究范式的综合。她认为魔神仔的起源是人类对于大自然中先于自身的存在的一种想象。她从魔神仔的传说故事中发现它们的一些母题与早期人类经验及文明进化的一致性，魔神仔在各种传说故事中的行为，展现了早期人类在日常生活中的种种样态和诸多经验，也留存了人类文明进化中许多关键性的改变，如从生食到熟食、从无名到有名、从无衣到穿衣。因此，林美容认为魔神仔是早期人类经历数十万年丛林生活的集体记忆，而全人类必存在着共享的集体无意识，在这之上，才有族群的或是民族性的集体无意识，而在更上层才有个体的无意识。只有透过世界不同地区相似的民俗资料的比较分析，才能进一步探讨某些遍存于世界各地的非常相似的宗教现象和传说故事，这也是她所谓的"比较民俗学"的意涵。

德格鲁特、顾颉刚、吴藻汀、桑高仁的研究是探讨中国文明的一体性与差异性，李亦园和林美容则是将研究对象本身作为一个整体，置于世界宗教文化的范畴中进行比较，探讨这二者之间的相似和不同。基于对闽南或台湾民间宗教的研究，德格鲁特试图找出中国文明的"共同特征"，顾颉刚反思中国社会内部皇、士、民三者的关系，桑高仁建构结合文化意义与社会制度的"价值的结构"，而李亦园、林美容分别考察中国宗教仪式、口头传说与更为普遍的世界宗教现象的异同。这几本书的作者都试图在一个更大的体系中寻找一种超越性，这种超越性既是纵向的、历史的，也是横向的、跨文化的，而闽南的地方意义恰是在这种超越性中得以彰显。由闽南宗教呈现出的闽南区域，既是一个自成一体的地方，也是一个包罗万象的世界，这种双重性或许令上述学者矛盾，但同时，也启发他们理解中国文明乃至世界诸文明内部及其间一体与多元的辩证关系。

参考文献

[1] DE GROOT J J M. Buddhist Masses for the Dead at Amoy [M]. New York: Cornell University Library，2009: 69.

[2] 张帆. 顾颉刚与土地神——1926—1927 年东南沿海的"游士"与"风俗"[M]// 王铭铭. 中国人类学评论第 11 辑. 北京：世界图书出版公司，2009：183.

[3] 吴藻汀. 泉州民间传说 [M]. 香港：天行健出版社，2014：16.

[4] 黄英美. 访李亦园教授——从比较宗教学观点谈朝圣进香 [J]. 民俗曲艺，1983（25）：13.

[5] 林美容. 魔神仔的人类学想象 [M]. 台北：五南出版社，2014.

[6] SANGREN P S. Great Tradition and Little Traditions Reconsidered: The Question of Cultural Integration in China [J]. Journal of Chinese Studies，1984（1）：4-5.

几种社会研究的视角[1]

罗攀　罗杨　陈敏红　吴银玲　孙静　金婧怡

按语：20世纪中叶，费孝通从乡土出发理解中国社会的路径打开了探究社会的理论向度，他所指出的礼俗社会构成了社会科学界理解中国社会的原型。闽南读书会在导师王铭铭的指导下，从乡土中国出发，继续围绕构成社会的若干向度展开阅读，分别以费孝通的《乡土中国》，刘枝万的《台湾民间信仰论集》，田仲一成的《中国祭祀戏剧研究》以及维克多·特纳对朝圣的仪式研究作为第三次读书会的主要阅读材料，以此探讨以科仪、戏剧、仪式探索社会内涵的可能性。此外，刘永华主编的《中国社会文化史读本》从历史人类学的角度展现了其研究社会的历史文化旨趣。这些研究从不同角度探索或定义中国社会的整体性，并为以

---

[1] 原载于《西北民族研究》2016年第3期。

闽南为对象的区域研究扩展出更广阔的理论可能。

《乡土中国》与差序格局

1946年，费孝通在西南联大和云南大学讲授乡村社会学，应《世纪评论》编辑之邀，将课堂讲稿修改成分期连载的14篇文章发表，次年出版。1984年，又将这14篇文章集合成《乡土中国》一书再次出版。费孝通在此书中以现代社会（或西方社会）与乡土社会之区分来理解中国的乡土特征。这一区分背后既包含对乡土社会故步自封的些许失望，同时也有对其田园风情的浪漫憧憬。正是这一复杂心态构筑了理想型的乡土中国。

何为乡土中国？这是费孝通的理想类型（ideal type），并不是指具体的中国社会，而是指"包含在具体的中国基层传统社会里的一种特具的体系，支配着社会生活的各个方面。它并不排斥其他体系同样影响着中国的社会。"[1]

费孝通在分析了乡土社会中的人是否"土"、是否"愚"之后，接着讨论乡下人是否"私"的问题，由此得出了差序格局与团体格局的著名论断。他认为，"西洋的社会有些像我们在田里捆柴，几根稻草束成一把，几把束成一扎，几扎束成一捆，几捆束成一挑……他们常常由若干人组成一个个的团体。团体是有一定界限的……我们不妨称之作团体格局"。[1]25 与西方社会从团体发展出个体不同，中国社会是从己身出发，像波纹一样一层层推出去，由这一圈圈的以己为中心的波纹组合成社会。同时，每个己身都是独特的，拥有一套不同于他人的波纹体系。不仅如此，这一水波纹的差序格局还具有伸缩性，小到个体，大到天下，在时间维度上，可以接续过去、现在和未来，如祖先和子嗣。正是因为差序格局的这一伸缩性，因此中国人的公和私观念才是相对的。站在差序格局的任何一圈里，向内看都可以说是公的。西方国家将国家看作是至高无上的，因为它是上帝这个凌驾于个体的替代品，所以任何其他团体都必须为它牺牲，而这种观念在中国的乡土社会是没有的。与此相关，中国缺乏一种超越性的道德，费孝通认为，孔子所谓的仁只是逻辑上的总合，一切私人关系中道德要素的共相，它并不是一个像上帝那样具有笼罩性的道德观念。正因为如此，个人在差序格局中处理关系一定要弄清对象，跟自己是什么关系，然后才能决定拿出什么标准。所以中国人常常面临着忠孝难两全等矛盾境地，忠、孝、义等是针对不同的对象所用的不同道德标准。

因此，这种水波纹式的差序格局，不仅仅是一个事实判断，而且具有伦理价值。它在价值判断上界定着贵贱、上下、长幼等关系，并且在中国文明的历程中被儒家赋予了道德伦理的内涵。这个波纹看似可以依靠圈层荡漾开去，而具有变动性，但在伦理价值上，它又是具有道德的历史延续性。因之，中国的乡土社会是礼俗治理的社会而非法理治理的社会。礼治不同于人治，礼是传统，由整个社会历史在维持这种秩序。这也是在乡土社会地方官追求"无讼"的原因，对于地方官来说，教化是维持礼治传统的手段。如果非要打官司，一定是有人破坏了传统的规矩。而对于一个法治社会的法官来说，他并不考虑道德问题、伦理观念，简而言之，他并不追求教化。

可以说，费孝通的差序格局指出了与西方原子化社会不同的中国社会之结构，以及在这个结构之中的伦理内涵。乡土中国的差序格局的理想型被认为是中国社会一体性的一种表达，有强烈的与儒家道德结合的社会功能论色彩。费孝通之后的学者相继从不同角度对此进行了延伸与补充。弗里德曼等海外汉学家从宗教上理解中国文明的一体性。这一宗教的研究视角被后来的学者进一步细化，如刘枝万从道教科仪的内部讨论建醮仪式中的宇宙观，而日本学者田仲一成则是通过祭祀戏剧的文本分析来探讨祭祀的吉凶。对朝圣进行专门研究的特纳则直指人类学宗教研究的核心——仪式过程。这些研究都试图超越人类学家惯常的社会功能的方法论，以期从内部视角将中国社会理解为更为丰富、立体、连续的共同体，但围绕祭祀仪式的论述本身又显示出各自不同的差异与张力。

仪式研究中的中国社会

《台湾民间信仰论集》与科仪社会

1956年，刘枝万进入台湾省文献委员会，为了编修《台湾省通志》，他开始进行全省宗教寺庙庵堂调查，清查日治时代的寺庙台账，1960年出版了《台湾省寺庙教堂名称、主神、地址调查表》，连续三篇刊载于《台湾文献》。他后供职于"中央研究院"民族学研究所，又受凌纯声的指派，开始详细调查建醮仪式，开启了道教的研究，集结出版《台湾民间信仰论集》(1983)。

《台湾民间信仰论集》一书由三部分组成：第一部分是醮祭、修斋的释义与考证；第二部分是建醮祭典的仪式过程，包括台北县中和乡、树林镇及桃园县中坜市、龙潭乡四个个案；最后重点论述了台湾瘟神信仰的来源、发展与现状。刘枝万认为，"无论任何醮类，莫不以'酬答谢恩'之念头为基本观念"。[2]不同于民众心目中所谓"热闹之拜拜"，"其所以为醮者，必须请道士前来主持，设道场，举行道教仪式，而时间必须延续一天以上，等等"。[2]3也就是说，醮一定是大祭，但大祭并不一定是醮。醮的第一古义是祭，起源最早，根深蒂固，而醮的第二古义中有祭星之仪的说法，作者认为星辰信仰一方面为道教所吸纳，另一方面涵育在民间。第三义，反映的是宋代以来道教仪式越发普遍的社会事实。道场筑土而高，称为坛，诸如三清坛、三界坛等。又因为社坛也是露天的，所以与第二义的露天祭星是一脉相通的。斋，原义是戒洁，古人祭祀之前，必先斋戒，但后来受佛教影响，有了"斋醮"的说法，到了宋代斋与醮更混淆不堪。在刘枝万看来，斋还有一个从民间到宫廷的传播过程，而不是相反，是民间的修斋发达影响了帝王的修斋，尤其是在做功德方面。

作为台湾的本土风俗、民俗，醮应该被理解为"某一社区为还愿酬神之大规模祭典"。[2]57台湾醮祭之种类主要包括有平安醮、瘟醮、庆成醮和火醮4种。中北部以平安醮为主，而南部则以瘟醮为主。整个台湾的建醮，以临时性平安醮、庆成醮居多。一般而言两醮混合在一起举行，而火醮、水醮则极少单独举行，尤其在南部多为一醮附带小醮形成复合型的醮祭。而建醮一事，需要选择该庙坐向有利之年份——"南北利"为多数台湾庙宇的选择，根据当年"通书"择之。在规模上，五朝醮最大，但三朝醮最为普遍，而南部醮的一朝醮则更为常见。刘枝万在对这4个案例进行深描的时候，对台湾的道士派别亦有分析，尤其是天师门下的红头道士。刘枝万说，"（树林镇建醮）道士团之构成，以承办道士之班底即林厝派为主，并包括刘厝派在内，以及若干基隆李厝派"。[2]186 而整个台湾势力最大的就是林厝派与刘厝派，两者皆是由大陆移民至台湾的闽籍道士。近来两派中开始出现客家道士，乃是粤籍学徒道士渐渐起色。由此可见道士之系统在台湾的地方化历史。

如静在《当代台湾人类学宗教研究的二位典范学者》中认为："刘枝万最有贡献之处，乃从学术及道教专业角度，为台湾可见的重要道教仪式，作忠实完整的记录，其成果胜过日治时期的学者。其方法为日本民俗学而与欧美人类学有所区别……"[3] 在如静看来，"刘先生并不喜作理论分析，却因其深入的仪式内涵与道士仪式专家的诠释，而能提点出仪式深层的宗教关怀，超越一般人对仪式的表层描述"。[3] 总而言之，刘枝万受日本民俗学之训练，其宗教研究是一种试图深入道教神学内部进行的研究，不同于李亦园等受美国人类学训练的田野工作者，注重探求宗教与社会的关系，甚至可以说刘枝万的研究是反社会的，他试图回到道教科仪的内部探索其历史及文明的复杂性。

《中国祭祀戏剧研究》与戏剧社会

田仲一成继续沿着刘枝万所观察的建醮仪式，从戏剧而非道教科仪的角度进行了研究。田仲一成是日本著名学者，他以研究中国戏剧史著称。田仲一成毕业于东京大学法学部，后修读中国文学的研究生课程，并于1983年获得文学博士学位。自20世纪60年代起，他一直从事中国古代戏剧和民间戏剧的研究。相比于其他修习中国文学学位的外国学者，他在阅读文献之外，还数次往返中国进行田野调查。中国文学界与他交往颇多，也出版了他的数部作品，《中国祭祀戏剧研究》就是其中一种。在一个访谈中，田仲一成回答自己对中国戏剧感兴趣的原因这一问题时指出，这可能跟他一开始学习汉语时所用的《小二黑结婚》等乡土气息浓厚的教材有关，而且当时所处的日本战后反思的学术环境中出现了"回归地方乡村"的热潮，而成长在东京小胡同里的他从小就是戏迷，数种因素结合，促使他选择了研究东方的戏剧。[4] 他的研究方法颇受人类学和民俗学的影响，这不仅体现在他利用田野调查所得资料进行论证之上，也体现在他认为乡村戏剧起源于农村祭祀仪式的观点之上。早在1913年，英国女学者简·哈里森（Jane Harrison）受人类学家弗雷泽的影响，在其《古代艺术与仪式》中以古希腊戏剧为例，认为该种艺术源自原始仪式，后者在褪去了巫术的魔力和宗教的庄严之后就演变为戏剧。日本民俗学界受到了哈里森的影响，也认为日本戏剧的产生与宗教仪式有关。可以说，田仲一成的研究发端于此。《中国祭祀戏剧研究》为其1981年出版的《中国祭祀演剧研究》（东京大学出版会）的中文译本。

王国维认为中国戏剧的起源和形成是一个流动的过程，肇始于上古巫觋歌舞和春秋时代的古优笑谑，到了汉代则有角抵百戏，到唐代歌舞戏和滑稽戏发达，产生了参军和苍鹘两种角色。[5]田仲一成同意王国维认为中国戏剧产生于巫术仪式的逻辑，但他不同意王国维所说的时间，认为王国维将中国戏剧的产生时间提得过前了。在田仲一成的书中，祭祀礼仪逐渐文艺化而转向戏剧经过了潜伏期（先秦至汉魏六朝）、萌芽期（唐至五代）、初期（北宋至南宋）。

田仲一成的论述将中国祭祀到中国戏剧的历史变迁发展过程视为祭祀仪式的社会性加强而巫术性减弱。[6]他从社祭的仪式入手，认为从自然神到社神的转变恰恰是祭祀仪式向文艺转化的一个关键环节。他在其中特别强调了巡游在祭礼中的位置。巡游和迎神赛会带来了杂技等身体艺术形式的产生和发展，而作为仪式本体的庆典仪式和建醮仪式发展形成了戏剧中的两种相反的类型，祀神建醮的文艺化导致歌舞说唱中产生了伴有对白的舞蹈喜剧，而超幽建醮戏剧的产生，又进一步形成两个分支——英灵镇魂戏和幽鬼超度剧。

田仲一成是把庆祝戏的母体神诞祭礼和产生悲剧的母体建醮祭礼分开加以论述。但他也承认，在具体活动中两者不分，往往结合在一起共同举行。两个仪式活动兼有祈福和禳灾的功能。进一步地，作者认为凶礼具有阴性，吉礼具有阳性，中国戏剧常会以团圆结尾，恐怕也与仪式从阴礼转为阳礼有关系。在元代、明代的戏剧中，主角受冤而死，在此前后经常会有天上的神现身讲道，决心拯救主角，这样的演出会削弱悲剧的特性，可以说是由上述阴阳调和型的构成特点决定的。这是中国祭祀戏剧没有产生彻底的悲剧文学的原因。

刘枝万和田仲一成不约而同地回到文本（无论是科仪文本，还是戏剧文本）内部探索中国文明的复杂性，同时又共同强调宗教活动中的世俗化方面。刘枝万从对"醮"词源的分析入手，展现了醮祭从道教传统中的祭祀天神到作为某一地方还愿酬神而举办的大规模祭典的过程，这一变化本身就意味着道教传统中的神圣性在民间信仰中的衰降序列。田仲一成所描述的祭祀世俗化倾向则表达得更为直接，祭祀戏剧到戏剧的变迁就是一种集体祭典到日常的神圣性和巫术性衰降的过程。以神诞祀神为例，最初的赛神形式为神尸和工祝对舞、对唱，当祭礼扩大到跨村落的规模时，每个村落的社神作为陪神参加主神的赛神活动，各社的工祝们汇聚一堂，赛神活动越来越接近热闹的演出，特别是在院本戏阶段出现神尸（苍鹘）-工祝（引戏）、神尸的侍者（副末）-工祝的侍者（副净）这样两个轴心。由于田仲一成坚持戏剧发生一元论，因此对戏剧中明显可见的儒家思想体系的引入，运用佛道思想进行社会教化等因素视而不见，也完全不考虑作家、作品和剧本的风格倾向。本书中只讨论了作为北戏典型的院本的形成过程，完全没有涉及南戏的内容，对于实现中国戏剧起源分析的学术雄心而言，不能不说是个遗憾。

综上所述，对于刘枝万和田仲一成来说，社会的兴起与祭祀或祭典仪式的神圣性衰落相伴而行。社会起源于祭祀，但最终背道而驰，成为世俗的近义词。而这一点在特纳的仪式过程研究那里得到了全然相反的回应。

特纳的朝圣研究与仪式社会

维克多·特纳出生于苏格兰格拉斯哥，是英国人类学曼彻斯特学派的代表人物之一。他在对非洲恩丹布人的仪式研究中，从象征意义着手，深入探讨了象征的本质属性及象征研究的方法，最终成为象征人类学理论研究大师。他的著作主要包括《象征的森林：恩丹布人仪式诸面向》《一个非洲社会的分支与延续》《仪式过程：结构与反结构》《剧场、田野与隐喻：人类社会之中的象征行动》《基督教文化的意象与朝圣》《从仪式到剧场：人类表演的认真程度》《中介状态、卡巴拉与媒体》《人类学的表演研究》《人类学的经验研究》。《作为社会过程的朝圣》一文于1971年2月首次在圣刘易斯的华盛顿大学人类学系进行陈述，随后以"异乡的中心：朝圣者的目标"为题发表在《宗教历史》上。

《作为社会过程的朝圣》是特纳《仪式过程》中的第五章，这一章通过长时段地考察不同朝圣过程所构成的关系，通过不同时代、不同宗教相关文本的叙述和表达，对朝圣行为的定义、走向、范围、路径、社会意义、象征意义等进行阐述。

朝圣，在特纳看来，是社会形成的一种方式，由朝圣过程而衍生出的各种关系交织在一起便形成了完整的社会场景。例如，他在文中描述了墨西哥康提拉城的朝圣。该城有 40 个联谊会，分布在 10 个乡村行政区内，这些联谊会每年都会组织朝圣活动，分别去往位于康提拉周围的 17 个不同的圣地。每个乡村都通过联谊会组织与其他多个乡村建立起关系，因为他们所属的联谊会都崇拜同一个庇护神。这些信徒在神的主要纪念日定期汇聚在一起，每个地方性的联谊会都会打着各自的旗帜前来，这样各个联谊会便在仪式活动中相遇了。

虽然特纳也注意到了仪式活动中世俗化的一面，比如他提到仪式活动之后还要举行各种市场贸易和狂欢活动，所以，前来参加朝圣活动的人还有其他各种类型的团体以及很多独来独往的人，他们之中有香客，也有满足朝圣者需要的生意人。在这样的场合里，各种关于地方乃至国家的大小事务的消息被四处传播，商业协作关系也得以建立，人与人之间的友爱亲情也会增强。联谊会和各种团体之间会携手合作，为地方贸易和政治选举等活动提供便利。除了政治、经济的因素，城镇、市场、交通网络的兴起也与朝圣路线有着密切关系，多条朝圣路线形成网络，沿线分布着各种神圣的和世俗的建筑，如旅店、医院、集市，所以朝圣在某种程度上也是城市得以兴起以及各区域得以密切联系在一起的渊源。但是，特纳所关心的核心恰恰是将这种与经济、政治、商贸的区域联系相关的世俗成分纳入了社会的内涵之中，而不是彼此画等号。这意味着，作为仪式过程的朝圣本身就构成了社会的基本内涵。世俗与神圣的界分，在特纳这里不是通过社会与仪式的二元对立达成的，而是在一个如钟摆般摆动、更替、交织的结构、共同体的关系中实现的。

特纳在文中最为重要的论点便是从朝圣这种社会组织方式来思考更深层次的结构与共同体的关系。朝圣将个人生活和社会生活分成了两部分，一端是乡村、城镇、城市为代表的日常的和相对稳定的生活，另一端是朝圣途中翻山越岭、类似游牧的生活。这样的二元分化究竟是为什么？特纳对此持一种过程性的解释，他认为，当很多制度化的社会形式和思想模式受到质疑的时候，一些在传统上与规范性共同体联系在一起的文化形式便会重新复活，例如，人们对前官僚和官僚制度下的结构深感厌倦，于是又对各种类型的共同体重新痴迷起来。要维持共同体的延续，必须寻求符号来保证它们的延续性，这类符号通过书写以及其他象征已经与他们的现实相联系，由此，新旧两种共同的形式便互相产生影响。所以，从特纳的叙述来看，共同体和结构就是处于这样一种不断摇摆、更替、交织的过程之中。共同体自身在经历一段时间的变化发展之后，就会受到结构的约束，而当这种结构被始终潜藏的共同体精神打破或抛弃时，人们又重新结成共同体，并再次重复这一过程。所以，它们是相辅相成的，正如特纳所说，共同体存在于结构之中，结构也存在于共同体之中，它们孕育了彼此，又始终是矛盾体。

在这个意义上，特纳的研究展现了与刘枝万、田仲一成截然不同的仪式研究路径，他们对社会的看法与定义也迥然有异。特纳不仅将朝圣的仪式过程视为社会形成的一种方式，而且通过结构、共同体的钟摆关系模式定义了这一社会的深层运行逻辑。但是，当我们讨论闽南地区的进香、巡境等现象时，可以直接套用特纳的这套分析逻辑吗？李亦园、王铭铭等都曾细致讨论过进香与朝圣的区别，他们指出闽南的巡境、进香有一个神灵的"游"及分香割火的问题，这不同于特纳所描述的以基督教为蓝本的朝圣。在基督教社会，只有一个上帝，而上帝之下，所有信徒都是子女，彼此之间是平等的兄弟姐妹的关系。闽南的绕境非但不存在一个均质的神灵体系，而且神灵恰恰处于等级之中。在出巡顺序上，神灵之间存在竞争性关系。虽然巡境和进香也会产生共同体意识，但不同于特纳所谓的规范性共同体。闽南人的意识里面不会有基督教教义，他们在举行巡境、绕境等仪式活动时，地域之间的差异首先存在于他们的意识当中。

迈向历史的历史人类学：服膺于国家的社会

刘永华，著名历史学家，主要研究方向是明清以来的社会文化史。曾先后获厦门大学历史系学士、硕士，加拿大麦吉尔大学东亚系哲学博士。曾在《中国社会科学》《历史研究》《中国经济史研究》《历史人类学学刊》等刊物发表论文多篇。合著有《福建宗教史》，译作有《法国史学革命》《马丁·盖尔归来》等。

《中国社会文化史读本》为编著集，诸多文章学科方法不同，涉及时间、地域与探讨对象各异，而其中或多或少反映了文字和

323

实践中国家的存在方式。有的讨论早期国家意识的形成、国家所推行的正统宗法教化和国家意识影响下的地方历史表述。有的文章则分别涉及信仰、文教、实践仪式中，帝制国家对民间的整合以及二者的互动与妥协。虽然各部分的专题有异，但是对于华南学派来说，一直难以回避的是国家-地方的分析框架，这都涉及"国家何在"的问题，背后所指涉的不仅是文字传统与仪式传统的区别，而且还彰显出对服膺于国家的民间社会之重视。

以科大卫（David Faure）与刘志伟的文章为例，两位均以中央、地方之间存在互动的逻辑来展开论述。他们将宗族看作一种独特的社会意识形态，从而考察这种意识形态通过何种渠道向地方社会扩张和渗透。他们认为，由师承关系带来正统，导致了宋儒有宋儒的正统，佛道有佛道的正统，巫觋有巫觋的正统。因为有不同的正统，所以在祭祀中人与神灵沟通方面，巫觋依靠法力，僧道依靠科仪，而宋儒则通过直接祭祀人举行符合其身份等级的礼仪，他们要维护自己所秉承的正统，就是和佛道划清界限，因此，他们反对僧道的浮夸，也反对巫觋对神灵的阿谀奉承，主张运用古代的礼仪来处理人们和先人的关系。依赖师承哲理获得的能力，通过文字传统改变时俗，称为"教化"。教化的过程，也是文字普及的过程，宋明以来一直是读书人与怪力乱神竞争的战场。明清士大夫比宋代的读书人更积极推动着乡村教化，并且通过编纂《乡约》《礼式》的方法来加以实现。虽然宋儒宣扬礼教注重人格的训练，但民间宗教观念还是着眼于祖先的庇佑，可以说宋儒提倡的礼仪改革并不是一个根本性的改革，而只是根据他们对古代礼仪的理解演化出来的宗教正统化。另外庶民也有一套如何用礼教把自己士绅化的过程，比如因为"品官家庙"的政策，地方宗庙以附会的方式修建家庙。通过修族谱来附丽官僚身份，或逃避查禁。科举考试也被作者认为助长了乡村社会士绅化的过程。在自上而下及自下而上的互动关系的历史过程分析中，宗族制度才渐渐于历史中涌现出来。用作者的话说，"宗族制度的发展，就是这样一个长时期的社会潮流演变过程的结果之一"。[7]值得一提的是，通过作者的分析，我们应当注意到这种礼仪改革中，宋儒固然取得了他们的成功，但是通过把祭祖和士绅活动结合起来，再加上以祖先为中心的地方管理模式，也算是宋儒在礼法上的妥协，但这也是历史的必然结果。

除了将宗族视为国家-地方历史演进过程中的核心加以论述之外，丁荷生的文章还表明了华南学派的历史人类学家们对社会之社的极端关注。丁荷生的文章认为，兴化地区的社坛之所以成为地方组织核心的交汇点，不是因为与朝廷或国家的辩证关系，也不是因为地方有意识地解构官方意义，而是因为在不断转型的地方权力拓扑学中，新社会组合的无休止地解体和涌现的过程。他的这一结论的意义是说，社坛是社会解体和重组的焦点。一方面，社坛是帝国想在地方上建立强加的标准化的同质的仪式空间，定期重申其优越地位的载体，但是社坛这一神圣空间之所以有持续存在的必要，恰是因为帝国力量在地方的缺席；另一方面，社坛又是对帝国的模仿。晚明和清代出现的境实际上是宗族和神庙体系分化和重组形成的，也是里甲制度和里社祭祀制度崩溃后，在民间社会中的遗留，就如同民间社会本已在进行新的重组，但在这重组的过程中依然顽固地要纳入旧制度的因素，而这些因素却又是新社会在旧时代中背离的东西。境作为地方社会的组织方式，它的出现也伴随着宗族制度的转型，对亲属纽带的依赖程度越来越低，而越来越类似拥有可分割股份和财产的公共联合股份公司。

丁荷生在文中的最后一节，描述了巡游的仪式场景，这些场景突破了社会的界限，而达到更广阔的境界。比如，神童的表演，卑微的神童被倒置为拥有生杀予夺之力的宇宙戏弄者，而目睹的信众在之后将供品带回家分吃掉。这种仪式场景可被视为一种新的关系建构的过程，以及新集体建构自身的过程。"创造世界的不同形态，它们发端于参与仪式传统的过程，这种传统在复杂的社区内运作，制造新的集体。"[8] 社坛这一在中国宗教中如此基本的要素却具备了多元而独特的转化潜力。这似乎暗示，社会文化史的研究应在社会制度史研究的基础上，进行地方社会宇宙观的研究，因为地方生活突破了社会的范畴，而包含着更为丰富的世界。

乡土中国的差序格局理想型指明了一个由己身出发构建伦理体系的前现代乡土社会，仪式研究中的社会与仪式概念则形成了不同的张力，刘枝万和田仲一成将仪式的神圣性衰降视为社会的兴起，表达了对社会世俗化的理解，而特纳则将朝圣仪式过程本身视为社会，并指明了其中结构与共同体摇摆、更替的模式。刘永华所编写的《中国社会文化史读本》中的众多文章，彰显了华南学派对于服膺于国家体系下的社会的民间性的勾勒。这一民间性表现为历史中与中央抗衡的地方社会组织宗族的出现，也表现为与中央抗衡的地方行政组织社的演变，当然他们都不约而同地看到宗族与社的超越性，但并未直截了当地指明这一超越性可能来自社会宇宙观的研究。

参考文献

[1] 费孝通. 乡土中国 [M]. 北京：北京大学出版社，2012：4.

[2] 刘枝万. 台湾民间信仰论集 [M]. 台北：联经出版社，2002：2.

[3] 如静. 当代台湾人类学宗教研究的二位典范学者——刘枝万和李亦园的研究特色及其方法学的相关检讨 [J]. 世界宗教文化，2013（5）：42.

[4] 罗小东. 日本汉学家田仲一成访谈录 [J]. 国际汉学，2009（1）：44.

[5] 王国维. 宋元戏曲史 [M]. 上海：上海古籍出版社，2008.

[6] 田仲一成. 中国祭祀戏剧研究 [M]. 北京：北京大学出版社，2008：2-3.

[7] 科大卫，刘志伟. 宗族与地方社会的国家认同 [M]// 刘永华. 中国社会文化史读本. 北京：北京大学出版社，2011：40.

[8] 丁荷生. 福建社神之转型 [M]// 刘永华. 中国社会文化史读本. 北京：北京大学出版社，2011：272.

国内外的惠东文化研究[1]

吴银玲　兰婕　金婧怡　孙静

按语：自 2014 年 12 月起的一年半时间内，闽南读书会分三个阶段阅读了从东南亚外部反观和理解闽南、从宗教视角理解闽南以及从社会研究视角关照闽南的相关著作，并形成了读书报告。2016 年 7 月 31 日至 8 月 12 日，在王铭铭教授的带领下，闽南读书会成员在福建泉州市惠安县小岞镇展开了民间文化专题调查。为了配合此次社会调查，由王铭铭教授建议，成员们围绕着国内外几代学者的惠东文化研究著作开展读书会。作为汉人研究的重要区域，惠东指的是福建省惠安县东部沿海的辋川、小岞、山霞、净峰、东岭、涂寨以及崇武的郊区部分，自 20 世纪 20 年代以来，惠东吸引了国内外几代学者的关注。读书小组分别阅

---

[1] 原载于《西北民族研究》2016 年第 4 期。

读了乔健、陈国强、周立方主编的《惠东人研究》，陈国强编的《惠安民俗》，萨拉·弗里德曼的《亲密政治：华南的婚姻、市场及国家权力》，夏敏的《红头巾下的村落之谜》以及讨论长住娘家婚俗的多篇独立论文。本次读书会除下述撰写读书报告的人员之外，北京大学考古文博学院本科生王正原、宁夏大学博士生李云轩参与了部分章节的阅读。在读书会前，每位成员独立完成一篇读书报告，在读书会上分别宣读，会后根据发言情况，部分成员将讨论汇总整理为成熟的读书报告。以下是读书会成员对上述著作的解读。

惠东人的历史、信仰与习俗：
读《惠东人研究》

吴银玲

在中国人类学的汉人社区研究历史上，惠东是一个重要的研究区域。惠东指的是福建省惠安县东部沿海的辋川、小岞、山霞、净峰、东岭、涂寨以及崇武的郊区部分。自20世纪20年代开始，惠东就以其独特的长住娘家习俗和女性服饰而受到人类学界的长期关注。这种关注表现在学者们对崇武大岞等地持续的田野调查以及几十年来不断探索长住娘家习俗的根源之上。20世纪80至90年代，中国人类学界对惠东的关注达到顶峰，1992年出版的《惠东人研究》就是这一阶段形成的重要成果。该书由乔健、陈国强、周立方共同主编，除了乔健所写的绪言和李亦园的文章之外，共收录了16篇研究论文，分别以"历史、地理与语言""社会结构""宗教与寺庙"以及"对于长住娘家婚俗的争议"4个主题进行归类。

时至今日，对惠东区域进行再研究，有必要重新阅读包括《惠东人研究》在内的诸多学术遗产，继承并反思，从而更好地理解惠东人的历史、信仰与习俗。

比较研究的成果及拓展方向

《惠东人研究》一书的出版有其特殊的机缘。1987年4月，乔健应邀访问惠安，与陈国强一起接触到惠东习俗，前者返回台湾后对基隆市的崇武大岞移民地区进行了比较研究。此后两年内，乔健多次访问大岞，并得到了陈国强、叶文程、石奕龙、蔡永哲、周立方等人的协同合作。与此同时，厦门大学的陈国强、石奕龙等也一直在开展崇武大岞调查，形成了诸如《崇武人类学调查》《崇武大岞村调查》等重要研究成果。1990年2月乔健在香港组织了一次工作坊，召集福建、台湾和香港研究惠东人的专家学者出席，互相交流材料，并在此基础上，编辑成《惠东人研究》一书。乔健高度评价这种研究模式，认为这是聚集各方专家对"一小地区作微观的研究，实为中国社会科学的研究创建了一个典型"[1]。可以说，《惠东人研究》是两岸惠东人比较研究的成果，与此同时，该书也试图为比较研究指出拓展方向。

李亦园的《两岸惠东人的比较研究：理论架构与探讨方向》

一文从两个层面提出了这种拓展的可能性：从人类学的一般理论层面来看，惠东的长住娘家习俗能够说明社会体系的演变，比如林惠祥认为这种习俗是从母系到父系的一种遗存，蒋炳钊认为这是母系社会向父系社会转变的好案例。在林惠祥、蒋炳钊从起源角度对长住娘家习俗加以解释之外，李亦园认为更应该从"延续"或"功能"的角度进行研究。另外，人类学的一般理论视角还可以从儿童教养、族群之间的结构关系入手。

李亦园所谓的比较研究的第二个层面，即两岸惠东人的比较，一为异族接触的过程，一为移民。蒋炳钊认为惠东人是与当地少数民族接触后才接受了长住娘家习俗，而李亦园则认为移民台湾的大岞、崇武人的例子更能说明因接触而改变汉族习惯的可能。至于移民研究的比较，则可以从同乡会组织、共同崇拜、土著化等问题入手。李亦园同样认为田野调查加上历史人类学的资料印证，能够使得小规模的研究成为广泛探讨的对象。可以说，当时的大岞和崇武研究改变了中国人类学研究的一些固有模式。而且本书当中的不少文章是按李亦园提出的探讨方向进行的，比如潘英海对旅台大岞人的田野调查报告、周立方对两岸妈祖信仰的研究恰是带着比较的眼光展开的，又比如蔡永哲对儿童教养方面的性别差异的分析等。其中，潘英海发现，由于大部分旅台大岞人系被抓兵的单身男性，他们没有将大岞的长住娘家风俗带往台湾。虽然并不能展开两岸惠东人习俗维持的比较研究，但可以比较旅台大岞人在生计上的特点，因此他得出旅台大岞人在生计上具有高持续性和低转移性的结论。105户旅台大岞人的户长中有85位在台的第一份正式职业与渔业相关，且多在基隆。在基隆的大岞人原本互不认识，但是经乡亲辗转介绍和向外拓展，形成了从围绕公厝到公馆再到庙宇的人际关系。由此，潘英海发现，乡亲意识作为一种归属感，不仅是心理需求，更是文化所建构的行为模式，是一种象征性的意识系统。[1]75

惠东的历史地理与语言

崇武是惠东研究当中的重镇，《惠东人研究》收录了陈清发、汪峰梳理崇武历史地理环境以及对外交往的文章。考古和史载材料能够证明崇武早已有人居住，但汉人进入开发较晚。这里的气候适宜人类繁衍生息，由于地处突出在台湾海峡中部的狭长半岛，同时受台湾海峡的气流及太平洋副热带高压气流影响，崇武四季变化明显，但冬无严寒，夏无酷暑，光照充足，气温变化幅度小。大风日多，降水集中。海岸线包括沙岸与岩岸，构成了十几处泊船的港湾。崇武辖区内多为剥蚀台地，花岗岩资源丰富，利于采石业、石雕业、建筑业发展。这种地理环境亦有不利的方面。其一，强台风的袭击常带来较严重的灾害，而崇武因特殊的地理位置，历代在兵灾中总是首当其冲，故在崇武生存的危险性较大。其二，此处的地质特征加上气候作用，形成红色酸性、含沙量多的土壤，且降雨集中、大风日多，使得此处农业生产极为困难。加之此处陆上交通难以发展，故人口发展不易，开发较晚。[1]22-25

自明代开始，崇武人便因人口压力向外开拓，渔业向外海发展,航海业兴起,工匠出外谋生。在宋代时,由于对泉州港的辅助作用,崇武与外国有了交往,但明嘉靖初年以前,对外交流不见于文字记载。清代在平定郑氏台湾前后有一些崇武人前往台湾,因此商行发展。清中后期及民国初年的对外交往极少见于文字,但在崇武的调查发现,许多人在这一时期前往南洋谋生,与国外的通商活动亦颇普遍。总之,崇武的居民自四方迁入,又较早向外开拓,却因守土观念、自然经济观念、家庭经济结构,始终未发展为对外交流繁盛的商业城市。[1]30

语言是人类学家了解一个地域并进入田野的必备工具,也是进行田野调查应该关注的一个重要方面。1987年和1988年曾少聪分别调查过崇武和大岞的方言,发现大岞和崇武方言基本相同,而后他根据调查资料撰写了《大岞话》一文,该文被收录进《惠东人研究》。他认为大岞话属于闽南话泉州次方言的一种土语,当地人称之为咸水腔。[1]33大岞话分为13个声母、76个韵母以及7个声调,部分声、韵母的差别使大岞话具有咸水腔的特点。曾少聪列举了大岞话中的亲属称谓,他发现:(1)称呼长辈及年长的平辈用亲属称谓,称呼年幼的平辈及晚辈则直呼其名;(2)交谈称呼以"阿"为词头,提及称呼以"伉"为词头,以"外"区分外系;(3)父母的叫法多,但改变称谓的同时并不降低其辈分尊严,而是为了逢凶化吉;(4)男子不称呼其岳父岳母,可直呼妻子之名,叫姐夫可直呼其名,而女子不可直呼丈夫之名,要叫姐夫为"姐夫"等,可见男女地位之不平等。

曾少聪分析了大岞话的詈词以及打人的名称,从而得出了一些有趣的结论。他发现，大岞男子骂人多与性有关，喜欢称自己为被骂者的长辈，或借用动物的特性来骂人。女子骂人则多与病死有关、与生活环境有关，有时也与性有关。总体上男子骂人粗野，女子骂人毒辣。按打人动作的本字、名称、打的方法、用力的程度以及被打的部位进行排列，曾少聪发现，从打人的方法和程度来看，男女有别，前者较凶猛而后者较轻，正好符合男女性别的特点。另外，大岞话有些语词较特殊，不同于闽南话与普通话，如对陆地、鱼、海上漂尸的称谓等，这些特殊语词体现了大岞特殊的生存环境、生活方式和习俗信仰。

惠东的社会分工与宗族结构

《惠东人研究》当中一个重要部分是在描述大岞的社会分工、婚俗、儿童教养、宗族和服饰。可以说，正是惠东特殊的长住娘家婚俗和女性的服饰引起了学者们的研究兴趣。而在乔健看来，这种特殊的习俗背后又有着特殊的生计方式、男女分工方式、社会组织和宗教信仰。具体而言，惠东地区土壤不适宜农耕，男子多以渔业为生，间或从事石刻这种手工业，而女子承担家务、务农且从事重体力劳动。在一起劳动的过程中，女子结成姊妹伴，男子结成少年伴，伙伴之间的感情超出亲戚之间的情义。当地除了崇拜和信奉妈祖之外，还常常祭拜夫人妈、房头神和头目公。[1]1-2 需要注意的是，惠东的这种特殊性并不仅仅与女性相关，实际上，他们是汉文化传统中的一支，乔健的这一提醒对今日的惠东区域调查仍然具有价值。

周立方进一步阐释了大岞的社会分工情形。大岞作为一个渔村，形成了男性作为渔民专门从事海上捕捞，女性则承担农副业劳动的两性分工方式。最为主要的是男性以从事农业劳动和家务为耻。[1]88 当地村民认为，男女体质的差异形成了这样的劳动分工，女性力气不如男性，会晕船，不适应渔民工作。他们也曾尝试过组织女性出海，但都没有成功。周立方认为男女分工的原因在体质之外，而落在文化上，比如大岞人认为女性在船上会污秽神明，同时还造成日常生活的不便。

大岞女性具有相当的经济地位，这与她们作为工农副业的主力军分不开。她们可以有私己，在娘家或长住娘家期间，劳动收入都归自己所有，生子之后住进夫家，也还是可以将收入作为私房钱。经济上的相对独立，加上男性作为渔民长期在外讨海，所以女性又有相当高的社会地位，渔村里的政治、经济和文化生活以及社会活动，女性参与度极高，[1]91 妇联会的组织极强。与此同时，大岞女性也是继承和发展传统文化的主体，她们的服饰就是突出的体现。后文蔡尔鸿进一步具体论述了惠东女现代服饰的美感，简单而言，是将自然地理和景观色彩融入她们的服饰当中。虽然大岞女性的地位和作用看起来比其他汉族地区要高得多，但是这里仍然存在重男轻女现象，比如生产上的男女分工、财产继承、日常生活中的大男子主义和婚姻的不自由等，蔡永哲关于儿童教养的男女差异也能说明这种不平等的思想。正是由于这种重男轻女观念，大岞甚至出现了家里只有女儿而买男孩的现象，重视男性继嗣而忽略血缘。石奕龙关于大岞人婚姻的研究也涉及这一问题,他指出招赘婚就是解决无后问题的一种方法。

石奕龙谈及了大岞人结婚的程序以及缔结婚姻的模式。他首先强调大岞是汉族社会中的一个小社区,婚姻形态是一夫一妻制。他们的结婚程序与自宋代以来汉人形成的六礼基本一致,但多了一些需要卜日师、妈祖参与的过程。大岞人订婚早,一般13—14岁订婚,然后要经历压圆、合婚、送订、请期、安床、开绞剪等程序,直到男性18—20岁、女性16—18岁举行结婚仪式。大岞人认为新娘为虎口,开口会伤人,婚后三天之后新娘要住娘家。石奕龙从大岞女性不愿过早生孩子的角度,解释了这种避免同丈夫过夫妻生活的习俗。关于大岞婚姻的模式,有招赘婚和交换婚等形态。招赘的情况又分为两种,较少的是在女儿长大成人后为女儿招赘,较多的则是从小抱养男孩,将之视作亲生子,而与之结婚的亲生女儿则被视为抱来的小媳妇。交换婚更多的是对家庭贫困难以找到妻子的情况的一种解决方式,可能是姑换嫂平等交换,也可能是不稳定的多方间接交换,但归根究底,是为了帮忙找媳妇并降低结婚成本的需要而出现的。

蔡永哲从怀胎、出生、庆礼、命名、教育、学艺、游戏和结伴等方面详细分析了崇武大岞村儿童在成长教养中的性别差异情况。总体上,大岞人更期待男婴的降临,所以从怀胎开始,就在不同的节日求神,并向夫人妈求象征生男孩的白花。生了男孩要大放鞭炮,抱回夫家,而生女孩则静悄悄回村。同时在满月等庆礼上娘家准备的礼物和参加的人数因生男生女有极大的区别,夫家准备的宴会也会有规模大小之分。更有甚者，有些庆礼是专为男孩举行的，比如周岁的抓挂，即惯常说的抓周。男孩女孩的命名、受教育的比例、所玩的游戏等也有差异。男孩会为渔民职业进行学习，而女孩很早就开始做家务干农活。而相同的一点是，他们成长过程中都会结伴，从而形成少年伴和姊妹伴。

潘宏立从历史的角度分析了港墘多个姓氏的传承。张、李、黄三个姓氏的村民原本组成了三个自然村，也是港墘的主要姓氏。以张氏为例，明洪武末到天启年间，他们经历了多次的迁居，从而影响了他们的祖厝、房支以及祭祖活动的结构。关于祖厝，潘宏立记载了一个"臭头皇后"（臭头指的是头上生疮）的传说，认为祖厝这种高规格的建筑与皇权之间有直接的关联，是由皇帝赐予他们的属于皇家等级的特殊建筑，而祖厝在日常生活中维持大家族之间的稳固。正是家族这种血缘关系网络才促进了宗族组织的发展，这种促进作用分别表现在不同姓氏的人们聚族而居，比如形成了三个自然村；而祭祖活动维系了宗亲之间的联系，比如张氏的大祭祀圈和房头的小祭祀圈；宗族内部也有一定的行为规范，强调互助和香火观念；祖先崇拜以及同祖意识成为宗族及其存在的观念基础，共同祭祖也成为内聚力量。随着时间的推移，进入20世纪80年代，这种传统当然受到了冲击，使得大祭祀圈消失，而小祭祀圈也变成自发行为，族田祖产不复存在了。潘宏立比较了祖厝和宗祠的区分，指出在文化上，祖厝原来是民居，是供奉本族祖先灵魂的场所，也是举行其他活动如丧事、跳火盆、结婚仪式的地方。一方面，祖厝强化了我族意识，但另一方面，祖厝及相关习俗又限制了人们的思维，使之倾向于保守。

惠东的信仰与习俗

在以往的研究当中，惠东给人的印象更多的是独特的惠女习俗，甚少触及当地的宗族和宗教信仰的层面。《惠东人研究》弥补了这种研究视角上的缺憾，不仅收录了潘宏立有关宗族的文章，还专门列出了"宗教与寺庙"主题。该主题4篇文章分别总体介绍了大岞和旅台大岞人的民间宗教、寺庙和信仰，并具体研究了妈祖信仰和云峰庵。其中，叶文程的《惠东大岞人的民间宗教》一文介绍了大岞的妈祖信仰及其海上仪式、其他宗教信仰和祭祀仪式、家中供奉的神祇和崇拜仪式、祖先崇拜、乩童巫婆等民间宗教的各个方面。周立方的《两岸大岞人的妈祖信仰》介绍了大岞和旅台大岞人共同的妈祖信仰。从他们的叙述中，我们发现，当地渔民在造船和捕鱼出海等事情上要先请妈祖来坐镇。对大岞村民来说，妈祖是一个海神，是境主佛，其职能不断延展，变成能够主宰一切的神，传宗接代、婚姻缔结、生儿育女、保护儿童成长、消灾解厄等，都要接受妈祖的庇护。另一个重要的民间信仰是对头目公的崇拜。大岞人认为，海上遇难者的鬼魂能保佑生人出海安全和海上捕鱼获得丰收，[1]162 所以渔民们在海上遇到死难者尸体或网到人骨、大鱼骨，都会妥善保护，集中放置在头目宫内供奉祭拜。

陈国强的《惠安崇武的民间寺庙和信仰》对崇武的民间寺庙

进行了调查，分别介绍了数十座佛教寺庙和道教寺庙，尤为详细展开的是对夫人妈信仰的调查，家庭中婆媳供奉的夫人妈塑像通常数量较多，有娘娘、将军等，其实多为年轻夭折的亲属，也有年长死去的亲属。需要注意的是这里的寺庙多数由女性管理，在佛教寺庙里由带发的菜姑（即尼姑）进行管辖，信徒也多为女性。蔡永哲的《崇武城里的云峰庵》是根据与陈国强、庄英章一起进行的寺庙调查而写成的，专门介绍云峰庵的由来、驻寺尼姑、早晚功课、经济来源等方面的情况。

总体而言，惠东人的信仰世界仍然是围绕着神、祖先和鬼三个不同范畴展开的。在公共庙宇所供奉的神灵层面，大到境主佛，小到房头佛，大岞渔民内心有自己的万神殿谱系，其中妈祖是跨越地域的，而房头佛则为各个不同房头（或称刊头）所拜的神明。而每个家户当中，还会供奉土地神、灶君、观音和妈祖等神明。祖先的牌位则放置在各房头的祖厝当中，丧事与祭祖等仪式与祖先崇拜有关。对于鬼的观念，大岞人表现出了尤为特别的信仰——头目公和夫人妈。头目公一般是渔民在海上捡到的人或动物尸骨，将之统一埋葬之后形成较小的庙宇被称为头目宫，由此产生了一系列对陌生的外来鬼魂的祭拜习俗。而夫人妈一般则是亲族或姐妹伴当中自杀或早夭的年轻女子，大岞女性将其塑像供奉于家中，并为其配上男性的将军，由此产生的是对熟悉的内部鬼魂的祭拜。对于夫人妈信仰中将军与娘娘的对偶关系能够让人联想到葛兰言论述的上古中国阴阳观念，而且惠东人的信仰图景与后者在《中国人的宗教》最后论述的中国人弥散性的宗教生活十分吻合。这从侧面说明，闽南汉人区域研究或许能够为葛兰言的宗教理论提供注脚。

话说回来，惠安女特殊的服饰和长住娘家习俗是怎样形成的？她们为什么会集体自杀且自杀率一直较高？《惠东人研究》一书专门辟出最后一个主题来谈相关研究的争议。陈国强梳理了长住娘家婚俗研究的既有观点并描述了惠女服饰的变迁，陆昭环、林嘉煌、林瑞峰对惠安女集体自杀等现象进行了解读，乔健则再次重申其社会分工导致长住娘家习俗的理论。长住娘家婚俗是一个迄今为止仍然没有得出定论的问题，同时也是导致惠东地区被标签化的一个重要原因，这是今后惠东地区人类学研究应该加以反思的方向。从《惠东人研究》一书的大部分论文来看，惠安女的服饰和婚俗并不能完全代表崇武和大岞的独特文化，相反惠东是一个可以进行整体主义民族志研究的区域。

惠东研究的去标签化：
长住娘家风俗的人类学研究

兰婕

惠东长住娘家风俗的特殊性使惠东人以此为标签，将自己与福建其他地区的文化区别开来。与长住娘家习俗相随的，则是惠安女的劳动分工、姐妹伴、自杀等问题，这也成了中国人类学东南研究中的经典内容。自 20 世纪 50 年代开始，闽台及国外学者陆续对惠东的风俗产生研究兴趣，尤其是厦门大学人类学者的发现与关注。从林惠祥、蒋炳钊、陈国强、吴绵吉，到李亦园、乔健、庄英章，相关的论著发表已跨越了 60 余年。

60 年过程中，在惠东进行的几次实地调查对长住娘家等风俗的研究有着重要的推进作用。1951 年林惠祥先生是在当地的土改和推行新婚姻法运动的工作中，通过查阅资料和查问当地干部、妇女得到相关信息的，并不能算作真正的田野调查。大多数研究者则是在 1984—1989 年间参与过崇武或大岞村的实地调查。其间，1987 年崇武古城创建 600 周年，同年 6 月在崇武镇城区、郊区开展的调查，1988 年开始的"闽台惠安人研究"对惠安整体的人类学研究，以及 1990 年香港中文大学两岸惠东人写作研究研讨会等活动相继展开，成为惠东研究的高潮。在此基础上，学者们于后来的 20 年间仍不断地给出回应和再研究，通过一系列的文章和著作专题，长住娘家的研究逐渐形成了一个脉络，同时触发了人类学对惠东地区的研究。

长住娘家研究的开端与进路

林惠祥先生是中国人类学界最早关注这一问题的学者。[1]260 尽管他当时并没有进行深入的田野调查，其《论长住娘家风俗的起源及母系制到父系制的过渡》却开启了长住娘家风俗研究的先河。针对此婚俗，林先生力图阐释其来源为何。首先，他通过广泛的民族志材料进行比较，指出这一风俗并不是唯一的现象，而是普遍存在于中国，只是在叫法和内容上有所差别，性质却是一样的。比如广东的不落家和金兰会，仲家（布依族）的坐家俗，苗族的长住娘家，金川藏族的相关习俗等。这种婚俗的性质，反映了它的起源是母系社会向父系社会过渡期的遗留风俗。由此，林先生将惠东的风俗与人类学社会制度、婚姻制度的研究放在一起，通过母系向父系转变的过程中男女双方主动发生的习俗，解释长住娘家为何是母系社会的遗留风俗。关于古俗的遗留，林先生并没有认定惠东人因是少数民族的后代才会保留，他反而指出汉族是混合的民族，且对古闽粤的开化和影响较迟，造成了古俗的遗留。回到具体层面，惠安如何能够突出地存留着古俗？林先生强调了经济方面的原因以及封建制度对其内容和性质的影响。

之后，蒋炳钊、陈国强、乔健在林惠祥先生的基础上继续讨论这一婚俗的相关问题。蒋炳钊先生在《惠安地区长住娘家婚俗的历史考察》中继承了林先生的部分观点，如不落夫家的婚俗是母系社会向父系社会过渡时遗留下的风俗，且与许多少数民族的婚俗相似；不同点在于是否拥有性自由。但他延伸了惠东人族属的研究，尤其是通过少数民族相似婚俗的比较，他认为这些流传的地区曾是古代百越民族的生活区，在族属上值得探讨。研究方法上不同于林先生的是，蒋炳钊先生引入了对历史文献的考察，开始从相关的方志、地理书籍、史书、考古资料讨论惠东人在福建历史上的族群关系中应该是什么样的定位。他明确地指出，惠东人就是土著闽越的后裔。而明以后汉人的大量迁入使惠安土著逐渐被汉化，成为当时汉族的一个来源。长住娘家的婚俗保留了形式，内容却受到了汉人伦理观念的改造。当然，这一风俗为什么能够长期保存是长住娘家研究中都会试图回答的问题。蒋先生认为原因是惠东开发的时间较迟、人口数量与文化生命的关系、惠东地理闭塞、女性经济上的独立、教育落后。

陈国强先生的文章《惠安长住娘家风俗及其研究》《惠安长住娘家婚俗与特别衣饰》在两个方面与以上学者的观点有所不同，即风俗的来源和人群的族属。陈先生认为众多学者对风俗的研究，无论是母系社会过渡说、闽越遗留习俗说、疍民和黎族说、两性分工和经济原因，都不具有充分的证据。首先，起源于原始社会的风俗，在少数民族中得到证实，但从经济方面谈及古俗保留的原因缺乏分析；其次，没有确切、连贯的考古资料和文字记录古闽越人在惠东的生活痕迹，且闽越人的文献记载中也没有出现过相关风俗，同时惠东的地理环境并不算闭塞，没有高山巨川的阻挡；最后，通过对惠安服饰的研究，陈先生指出林瑞峰、陈国华认为的惠东人是疍民、黎族之说并不正确，他们应该是汉人的一部分，并不具有所谓的少数民族特征，而经济和性别分工也只能说明长住娘家风俗保留而不是起源的原因。在这里，陈先生还提及要对惠东人当中姐妹伴、少年伴组织有所关注。

庄英章在《福建惠东妇女文化丛初探》一文中同样认同以历史的过程论看待这一风俗的形成。关于惠东长住娘家的观点，他倾向蒋炳钊先生闽越与汉族的文化接触的说法：汉人定居在闽越人的生活空间内，开启了与当地土著的交往。这样的族群互动带来的结果就是人群的融合和风俗的采借，长住娘家的风俗被接受并保存了下来。庄英章教授还提到研究长住娘家务必要思考具有什么样的社会意义。当社会价值观发生转变，经济地位的重要性得到凸显时，惠安女社会地位的问题也应当被重新思考。原本由于地位低下而出现的各种现象——姐妹伴、自杀、特异的服饰和发型——是伴随着长住娘家这一惠东妇女文化丛的主轴设计出来的。当妇女生下孩子后长住娘家方才结束，这也意味着妇女围绕着自己的身体和子女，在与丈夫之间划分出了势力范围。生育带来的是妇女自我势力范围的建立，此时她才可以与夫家的势力相匹配，由此也形成了一个卢蕙馨（Margery Wolf）所说的子宫家庭（Uterine Family）。总体来看，庄英章认为长住娘家风俗及其所包含的特殊现象形成了惠东妇女文化丛。

自20世纪50年代以来对惠东人长住娘家或不落夫家的关注开始，惠东的社会概况、文化特征被呈现在人们面前。尤其是惠安女作为一个极具特征的群体，体现出了一种悲剧性矛盾：她们既坚强（生理方面）又脆弱（心理方面），地位低下且思想守旧，以自己定下的众多规矩束缚自己的身体和心灵，产生痛苦并以自杀寻求解脱。她们在生产、生活中的沉重负担，又被塑造为陆地（女性）与海（男性）的关系——女性固定在陆地劳作，男性则穿梭于海洋之中讨生计。在长达60余年的关注过程中，众多学者通过调查、分析，给出了不同的解释。这些研究在总体上呈现出了以下几个面向。一是社会体系，即对母系制和父系制社会的讨论，试图从人类社会发展的一般规律中寻找风俗起源的答案。二是亲属制度，包括实地调查中发现的不同的婚姻形式（童养媳、招赘婚等），以及由此结成的亲属关系。其中为促进生育和为维持婚姻而产生的收养关系，又涉及闽台养子现象的研究。三是族群研究，无论是通过民族志材料的比较、历史文献的梳理，还是实际服饰的研究，对惠东人族群属性及其与历史上各族群的交流接触，都是学者们主要回应的问题。四是宗族研究，这一地区宗族的形成与其在历史上人口的迁入和迁出有关，移民史的讨论也尤为重要。五是经济与性别分工，这在人类学的性别研究中也是非常重要的研究对象。经济所涉及的权力、土地（土地制度、土改）、产权等问题也隐含于其中。

研究路径的转折与分野

与以上学者不同的是，李亦园先生与乔健先生在关于婚俗以及更大范围的惠东研究方面呈现出了不同的转向。乔健教授在《惠东地区长住娘家婚俗的解释与再解释》及《惠东女子不落夫家》中分析长住娘家时指出，之前学者的分析包含了进化论和传播论的色彩，而最终都需要一个功能性的解释，最为合理的功能性解释就是男女的性别分工。同时，在众多学者对惠东风俗一面倒的批评声中，乔健教授特别提及这一婚俗的合理之处：在农业生产、传宗接代、姐妹情义、丈夫责任方面，这不失为折中的处理方式，能够让女性在陌生的夫家环境中有一个适应阶段。相比之下，李亦园先生的文章《两岸惠东人的比较研究：理论与探讨方向》则是在整体的理论架构上做出了回应和思考。在社会体系演变上，他认为不把这一婚俗投射为全人类的进化过程，而是和后来汉人接触演变而成，且将其放置在福建、浙江、台湾同一文化系统中（考古体系上的），与南岛民族进行比较会更具意义。功能的解释上，李亦园先生认为对习俗的解释不仅要关注起源的解释，更重要的是延续的意义。因为习俗在不同时代有不同的意义，所以习俗具有的意义有别于起源时。显然，功能意义上的解释十分重要，也具有人类学理论意义。结构关系上，他认为族群之间的互动会形成一种结构关系，表现为各种族群的识别或是族群内的认同。而这种结构上的对立意义很有可能会延伸到男女两性的对立上，形成一种可行的解释。这一解释的意义在于它是从福建整体的族群入手，不局限于惠东，更具有普遍性。异族接触或文化接触上，李亦园教授认为从少数民族风俗被汉人所改造解释长住娘家证据不足，更不能证实福建早期的土著是母系社会。所以，从文化接触的角度将其解释为是汉族的习俗由于受到异族的接触而发生了有意义的改变，相比之下更为合理。

20世纪90年代初，惠东研究成果的集中发表、出版引发了热烈的讨论。前期学者的研究在蓝达居看来呈现出了两种研究主张，一种是对惠东历史过程的强调，包括族群间的文化接触，一种是对现实文化状况的功能性解释。然而这两种研究路径并没有很好地结合在一起，现实的文化功能缺乏动态的历史过程，历史的族群接触中又缺乏对人文现象现实而基本的认知。[2] 两岸学者不同的人类学理论、研究倾向通过同一主题的讨论得到了展现。厦门大学的人类学者是以考古和古典进化论的路径对惠东长住娘家涉及的婚姻及社会形态进行考察，同时结合民族史视角，从历史文献的记载中找到惠东可能经历的文化状况。港台学者则是在20世纪六七十年代人类学功能主义的理论潮流下提出观点，强调对文化习俗的功能性解释，不过也因此带有功能主义缺乏历史视角的特征。

结语：学术研究的去标签化

毫无疑问，港台学者的不同声音给这一研究带来了视野和理论上的转变。遗憾的是，对相关问题的研究逐渐陷入了停滞状态，已有的讨论仍局限在惠东人来源、族群接触等方面，鲜有对前人的突破。而李亦园与乔健带来的转折似乎也没有更进一步的落实。现有的人类学框架下，这一风俗与家庭、财产、继嗣情况结合起来的具体研究并不多见；它如何在实际的生活情境中展开也并没有得到充分展现，研究更多地是在整体上阐述观点。

尽管遭遇瓶颈和停滞，长住娘家在成为惠安女特殊文化标签的同时，却在学术的研究道路中开始了去标签化的进程。20世纪80年代以来与长住娘家有关的研究成果虽仍是这一地区的研究重点，但惠东的研究也开始不再局限于对以上单一问题的探究，而是扩展为真正的人类学社区调查。其中不仅有关于惠东社会生活、文化各方面的实地调查，还包括体质人类学的测量，奠定了惠东研究的基础。从最初关注长住娘家来源，到谈论族属和族群间的文化接触，再到功能主义的转变，则可以看到一条完整的惠东研究脉络。至今，长住娘家的问题尚未找到最终的答案，但它的研究过程见证了海峡两岸和港澳的人类学者如何由单一问题的探讨，转变至对惠东整体研究的一段学术史。它的意义也在于如何摆脱现实生活场景中粘贴在各文化事项上的标签，使学者进行更具整体性和延展性的学术研究。

汉、闽越与双重文化：
读《惠安民俗》

金婧怡

福建省惠安地区所具有的特殊婚俗在20世纪80年代和90年代初期曾经引起台湾、厦门等一大批学者的关注，随之出版了一系列有关惠东人研究的论著文本。其中《惠安民俗》这本书就来源于1992年11月在惠安县举行的惠安民俗研讨会的会议文章。在本书之前对惠安地区的研究论著已经有了诸如《崇武研究》《惠东人研究》等，特别是后者和本书无论是在调查时间与研究内容等方面都十分相近，具体描述了惠安东部地区（崇武大岞等地区）迥异于其他地区的特殊文化现象。对比二者，本书更加侧重于琐碎的民间风俗，其中包含了婚嫁、丧葬、渔业风俗、信仰等诸方面的风俗介绍，并且对百崎回族乡民俗进行了讨论。

论文集共收录了35篇会议文章，田野材料比较多元，内容范围非常广泛而丰富，特别是在一些对民俗细节的关注上，对婚俗、节庆、宗教信仰与仪式活动等进行了细致的记录。然而究其主旨还是比较简单明确的，都没有离开试图探讨惠安民俗文化和百越时期闽越文化的历史渊源。除却进化论对文化来源的探索之外，收录文章的另一部分内容涉及信仰的传播和变迁，具体内容主要体现在惠东地区的风俗文化和宗教信仰与周围社区和台湾的传播及联系，以及不同信仰仪式的记录和分析，比较宽泛地涉入惠东人的日常生活领域。

惠东民俗与百越文化

在惠安地区民间流传着一些传统的风俗习惯，诸如巫风、蛋俗、讳猴，等等，从和这些民风民俗一同流传并作为其注脚的相关传说中，能够发现这些风俗在时间脉络上保留的一致性，也就是说，如今的风俗实践是将汉代以前的习俗完整地保存下来，这不仅体现在对突发事件的灾异解释中，同样也频繁地存在于日常实践中。[3] 巫风作为一种文化遗留物成为这些研究者分析的重要环节。

巫术实践作为祭祀活动是日常生活的一个重要方面，书中分门别类分析了惠安地区保存着的大量巫者参与的祭祀活动，民间诸如生、老、病、死、婚嫁、乔迁等日常家事，这些都会和巫文化联系在一起。将日常生活和祭祀联系在一起的文化形式，它的起源在杨亚其看来是和作为古越国臣民的惠东先人怀念大禹治水的功绩有关。祖先在东南海疆为其建庙祭祀，通过建社庙来祭禹魂。[3]20-21 而在历史进程中，汉代以前的传统祭祀形式不但保留了下来，通过巫觋连接天人关系的逻辑也流传了下来。

这种被认为传承着闽越文化的仪式进而发展形成了当地的一整套和巫觋祭祀相关的生产生活逻辑，其中丧葬祭祀是最为明显的一项内容。在惠安乃至整个闽南，都对祭祀祖先和祭祀孤魂野鬼实行了严格的区分，即作为祭祀血缘相关的祖先祭祀和超度孤魂野鬼的普度仪式，两者在诸多方面呈现出的显著差异实质反映了当地人鬼魂崇拜的观念。惠安民间出现的驱鬼逐疫的祭厉传统，[3]67-70 就是通过仪式舞蹈、普度活动驱逐鬼魂，保护民众的日常生活的活动。这实质上是对阳界和阴府进行了区隔，但这种区隔具有相对的开放性，承认二者之间具有交流的可能性。例如普度仪式的存在就是试图将鬼魂驱赶至阴府而不再干扰活着的人的灵魂。而与之相反，在民间中秋夜实行的捐落阴的活动则是将活人灵魂送去阴府与已故的亲人会面的仪式。其中巫女、巫师的角色经由巫术的灵力穿插在这两个场域之间，架构起交换关系的网络。

在本书中除了惠东人对巫风巫术的强烈继承显示出与少数民族存在的历史渊源之外，特有的服饰成为这些学者试图验证惠东民俗受到闽越文化浸润的另一条探索路径。

在陈国华对惠安地区民俗的整体性研究中，基于汉代前惠安地区从属于闽越族的历史史实，并联系现存惠安地区奇特的服饰和风俗，认为惠东人和百越民族有着紧密的联系。他对当地人对蝴蝶的图腾崇拜、闽南语言中具有的混杂性、二次葬、文身等遗俗，一一进行了罗列与分析。譬如，当地实行的拾骨葬（二次葬）风俗在《战国策·越策》中有过明确的记载；净峰、小岞地区出现的女性奇异服饰和蝴蝶图腾的传说都显示该地古习俗的保存完整性，以及和海南黎族等地存在的某种程度的相关性；惠女衣着和婚俗也能够在其他少数民族传统中找到共同点。通过这些具体的例子，他试图展现出惠安地区和百越时期的少数民族在风俗习惯上的关系。这一研究基本承袭蒋炳钊对惠东人的族源解释，后者认为由于第四次大迁徙，百越族被统治阶级杀了一批，而剩下的一些族人则由原来的地区向山林沿海地带转移，也就是最终到达如今所说的惠东地区。[3]140 吴国富在《惠东俗民文化源于古越族》中，则进一步从文化的角度探索惠安俗民文化的根源，跟之前陈国华等人的观点类似，他认为惠东地区的文化来源于古代闽越族。他进一步撷取了作为百越后裔的少数民族和惠东地区汉人的相似性，认为特别是在两性分工上，惠安妇女在生产劳动中所承受的工作强度之大，在婚丧嫁娶和宗教祭祀活动中扮演的角色之重要程度，都和华南、西南，诸如壮族、黎族、布依族，这些在族源上都是越人后裔的少数民族中女性所处的地位存在一定的相似之处。

移民文化的前世今生

作为一个具有双重文化属性的社区，惠安地区一方面弥漫着汉文化气氛，另一方面又在文化上强烈区别于其他汉族社区。文化主体都为汉族人这样的形态特征，恰恰表现的是南迁的中原汉人对本地闽越文化的默许和接受。林曦认为作为迁入者的汉人进入原住民地区，必然会入乡随俗，难以彻底改变当地原有的风俗。因此既然该风俗不像是迁入者带来的，那么文化必然是原地固有的。[4]他试图强调原初文化中包含的闽越基因，但是从这话中同样可以发现在当地实质表现出来的是一个过程两个方面的社会文化变迁，一是闽越土著文化的汉化，二则是中原汉族移民的土著化。

所以，在进一步对特定地区的研究中，发现这样的双重关系在崇武地区以空间形态的方式展现出来。崇武镇古城墙外部郊区形成具有奇特的妇女服饰和特殊婚俗，即长住娘家的惠东风俗，与崇武城墙内部正常的婚俗方式形成了鲜明的对照。[5]换句话说，城墙的物理特性——内外关系造就了双重属性，移民文化中聚合和排斥的张力通过空间区隔的方式体现了出来。而这种双重属性在族群结构和文化结构中呈现出一体性的表达。收录的多篇论文都试图采用这样一种模式，比较经由城墙这一具有丰富象征意涵的符号所带来的区隔。通过对这些形态的历史地理文化情境考察，联系当地自然条件和地理格局，几位作者对其脉络的分析基本止于族群格局，没有能够进一步分析其中旨趣，并且囿于其研究的时代背景，通过这些田野素材，研究者反而试图去验证马列主义民族学对族群的观点。

不同文化的传播和融合在传统的葬礼的变迁中也表现出来，其中《惠安的两种特殊丧祭俗》中特别提及在惠安实行的比较特别的两种祭俗，这两种习俗明显地接受了中原儒家文脉的影响，由儒家祭奠孔子的春秋两祭形式而衍变为儒家祭和南管祭（弦管祭）。前者办祭相关的是受过正统教育的知识分子，只能够在接受过一定的文化教化的家族中进行，后者则是强化了的地方特色文艺形式，即南音。值得关注之处在于参加弦管祭的主体不是文人，而是弦友所在的文艺团体，由此可以看出，在社会文化发展中，地方的文艺实质是形成了区分于正统教育的另一种重要的文化形态，其地位已经超越了仅仅作为一般娱乐的形式，而升华至文化格局中的一个具体位置。这两种葬礼祭祀和惯常的丧葬习俗，如做功德等，呈现出儒道两条相互平行发展的线索。这样的形态和它们的历史进程具有一定的契合之处，正如城墙所表现出来内外文化的区隔，移民文化中的交融似乎也存在着双重文化性在某种层次上的混融和排斥。

宗教信仰在移民文化中占有更为实质性的作用，但这从汉代中原汉人迁徙到惠安地区这一历史情景中很难说明，文章对此的企图更多地体现在惠安地区向外界的迁徙过程中。在向外界的传播中，移民成为文化传播的有效载体。本书通过一系列文章突出宗教信仰与移民之间存在的巨大张力。以崇武渔业的妈祖崇拜作为具体的例子，[3]141-146 渔业的繁荣，导致在惠安地区普遍流行的是妈祖信仰，而这一民间信仰是大岞村经由通商贸易传播到台湾的，此后迁居台湾的大岞村民的表达更为直接，他们在基隆修建了妈祖庙。同样的，七大人和王爷信仰也遵循相似的传播逻辑，[3]176-181 王爷信仰起源于瘟神崇拜，民众希望通过借助王爷神的保佑,以避免瘟疫的传染,初期移民的扩张和散布与宋代皇帝南迁有着一定的联系。而待到闽南人东渡进入台湾地区,移民文化中地方守护神的出现表达的是人和土地之间的关系,这些神灵上升成为移民社会的精神集合,信仰在社会的角度实质上作为社团的象征符号表现出来。从这两个案例其实可以窥视出惠东地区信仰甚至文化风俗向外延伸,并发展成为具有群体认同性的精神依托的一种典型模式。

结语

在本书中,对惠东汉人的族属来源问题并没有进行过多的质疑,基本接受陈国强教授所认为其为"不断迁入的汉民"[6]的观点,但由于其并未给出惠东人习俗的特殊性的原因,这些研究者开始试图将一些遗留在惠东人身上的风俗习惯,与闽越时期的少数民族相联系,从文化起源上来探索惠安人作为汉族的特殊性的缘由。

除却对汉人社会的研究,在本书的最后一部分的七篇文章,是以惠安的一部分少数民族作为具体案例,主要是在百崎回族乡中进行的社区研究,其内容实质是强调了汉族和回族在文化交融中的相互影响。通过对婚姻习俗、节庆习俗、宗教习俗、丧葬习俗这四大块内容的具体分析和细节罗列,这些研究者试图将回族伊斯兰教的教旨核心和接受汉化的程度进行比较,并进一步去理解两者之间的文化传播和涵化。他们发现,百崎回族社区中不少民俗趋同汉族,例如春节、元宵、端午等汉族节庆活动往往举行更为隆重的庆祝,而传统的回族节日则相对淡化。宗教习俗上,百崎回族的乡民中甚至接受了汉族信仰佛教、道教的宗教观念，使得这一地区的庙宇分布和神灵结构甚至与当地汉族的诸神信仰十分类似，包括对观音、保生大帝、妈祖、关帝等典型的当地汉族信仰中的神灵形象的崇拜。

所以，由于其明确的时代背景，特别是其中对族群的概念依旧采用的是苏联民族学的理论范畴，研究过程中呈现出比较典型的进化论和传播论这些传统人类学方法，其缺陷和优势都较为明显，后来研究者的关注点逐渐转移，避免了惠东地区的研究陷入泥潭。虽然本书对惠东人族群文化和风俗仪礼的解读存在着问题，但是现在依旧具有一定的文献价值。

惠安女与现代国家：
读《亲密政治：华南的婚姻、市场及国家权力》

孙静

萨拉·弗里德曼是20世纪80年代毕业于康奈尔大学的人类学博士，她现在任职于印第安纳大学的人类学系。她1994年夏天第一次造访惠东，于1995—1997年来到惠东大岞村进行了为期两年的田野调查。这本《亲密政治：华南的婚姻、市场及国家权力》出版于2006年，是在其博士论文的基础上修改而来的。这本书起因于弗里德曼对惠安女不落夫家的兴趣。但是随着田野工作的深入，她对惠安女的形象有了更深入的思考，她认为，在对惠安女身体与实践进行历史塑造的过程中，"亲密政治"扮演了重要的角色。她的研究思路受到2000年初的美国人类学界流行思潮的影响，对身体与政治的关系尤为敏感。她在文中不断对比苗族、彝族妇女与惠安女研究的差异，并引用埃里克·缪格勒（Eric Mueggler）在《野鬼的时代》中对傈僳族从社区、家庭到个人身体三个层面遭遇国家权力的研究。可以推测，萨拉追随了当时美国人类学界身体政治研究的热潮。这与20世纪70年代前后的汉学人类学家对闽南地区的研究旨趣有所不同，萨拉这一代人的研究展现出新的研究视角与兴趣，不再只关心宗族、宗教或者仪式、历史这些前辈闽南研究者的"老生常谈"。他们强烈而敏锐地试图捕捉当代中国的政治变迁与人们日常生活的某种张力。

在萨拉这里，这一当代中国政治变迁的时域被她以毛泽东时代与后毛泽东时代加以概括。毛泽东时代的主要话语是"封建"，开始是针对信仰活动，比如妈祖、观音，到后毛泽东时代这一话语被应用到更广泛的日常生活实践中，而后毛泽东时代的新生话语则是"精神文明"，"精神文明"衍生出众多的方面，比如有无素质，有无文化以及讲不讲文明。"封建"与"精神文明"的时代话语被萨拉视为当代中国政治变迁和国家权力的重要表征。因此本书的第一部分及第三部分是在勾勒经济结构变迁的同时重点对此种国家时代话语进行剖析。另一方面，针对日常生活的描述，萨拉则把重点放在惠安女的婚姻、劳动及服饰方面。但不管是婚姻、新的市场经济结构下的劳动，还是惠安女的服饰，都是以所谓"亲密政治"这一概念加以勾连，或者说惠安女如何定义自己的"对伴"范围及礼物义务圈，如何在男女共同劳动的工厂环境里与异性相处，又如何通过自身穿着表达"封建不封建""文明不文明"。这些不同层次的问题界定了惠安女的身体及其实践的你我、里外与亲疏，因此萨拉说这本书她想要探讨的问题是，惠安女如何在地方层面上以身体实践的方式应对来自国家及象征体系的权力。这一被汉人研究长期忽略的女性群体的研究对萨拉这位女性人类学家来说，具有得天独厚的优势。她能够深入参与这一女性群体的生活，并因为同是女性而感到生活命运的息息相关。直到2002年她都不断回访惠东她的田野调查地——这一男人打鱼、女人耕作的海滨村落山林村（音译，化名）。

本书分为三个部分，包括作为封建主体的"惠安女"、后毛泽东时代的"亲密生活"及差异的生产。在第一部分，萨拉勾勒了1949年后以女性解放为名的大集体生产时期，尤其是20世纪五六十年代，这一时期的惠安女吃苦耐劳，貌似从之前的耕作劳动中解放了出来，实际上进一步强化了男性主导的渔业，她们在劳动力市场上仍被视为无用的。直到20世纪90年代，这一劳动力格局才被打破，1992年5月，党委书记陈新兴（音译）旅日之后回乡创办了石雕工厂。这种在地工厂使得女性在婚后仍然可以选择继续工作，随着渔业的逐步衰落，工厂工作进一步提高了当地惠安女的经济地位。与经济结构变迁相伴的，是一系列的"反封建"的"移风易俗"的政治运动，包括惠安女体貌的改变，及其与丈夫、母家及姐妹关系的改变。首先是去繁就简的服饰改革。1952年工作小组来到崇武镇开展工作。他们试图去除当地女性繁复的头饰，但头饰的繁复实际上与惠安女的婚姻观念有很大的关系。如果头饰乱了，则意味着前一天晚上与丈夫就寝时发生了不道德的事情，这一观点显然与不落夫家的婚姻传统是结合在一起的。工作组于是用"翻身"作为"移风易俗"的口号，这便有了双重的含义。既是去繁就简头饰之后，与丈夫同寝可以翻身，也意味着劳动力市场的解放、个人自由的解放。随之而来的新婚姻法运动的推动，对夫妻双方"感情"的强调再一次将"不落夫家"的婚姻传统斥之为封建落后的残余。女性之所以不愿意到夫家去，一定是因为她们的婚姻并非建立在感情的基础上。因此废除这一婚姻习俗，就是对女性的解放。"妇女回夫家"的口号和民谣暗示了当时国家权力对惠安女及其婚姻的态度。导致国家废除这一婚姻习俗的另一重要原因是姐妹集体自杀现象，这一现象被当时的工作组报告描述为对封建迷信的服从，对来世生活的向往。但这一婚姻改革的实际后果却并不如人所愿，反而使得更多的女性外嫁到他村，因为不能与同姓结婚这条规定对当地的影响更大。20世纪50年代的婚姻大部分还是依赖父母与说媒人。总而言之本书的第一部分为我们勾勒了惠安女作为1949年国家权力渗入地方进行"移风易俗"政治改革运动的主要对象，在这一过程中，女性的服饰、亲属关系、婚姻关系、同好关系被迫发生改变，与此相适应的是当地的经济结构的变迁。因此，作为核心分析概念的"亲密政治"指涉的便不仅是身体的切身方面，还有其实践行为的方面。后者与社会结构、文化观念紧密相连。

在本书的第二部分，萨拉渐次展开对婚姻（异性关系）与姐妹（对伴同好）的"亲密政治"的深描。她注意到20世纪50年代的婚姻改革对当地年轻人的影响，由于鼓励对浪漫情感为基础的婚姻的追求，一定程度上增加了被母家遗弃及无力反抗夫家的风险。她列举阿萍的例子说明远离母家的生活让她面对丈夫的负债、养儿的辛苦十分绝望。因为远嫁，她的母亲不但部分负担她的生活开支，还要为她支付原本在山林村的礼物交换开支，以维持她的社会关系。新的亲密关系号召人们走向自由、解放，试图建立社会主义的新主体，却也让这种基于感情的婚姻方式面临着旧的婚姻习俗不曾面临的问题与挑战。因此它是否带来了自由与解放成了一个大大的问号。

另一方面，惠安女的亲密关系还有很大一部分建立在同性关系上。当地人称之为"对伴""做对"的姐妹关系上。这一关系的维持还保留有（传统上的）对已故的对伴进行祭祀的传统。如果某人的未婚妻不幸去世，未婚夫要首先拜访的是其未婚妻的对伴，而不是未婚妻出生的母家。这种对对伴的灵魂的畏惧与祭祀方式被桑高仁概括为"铭记的鬼"，这些鬼之所以被记住，并无所归依，是因为她们死于非命。这使得她们只能身处阴阳之间。这一对已故对伴的鬼神信仰以女性为中心，最集中表现在对夫人妈的祭祀上。通过祭拜夫人妈，使得死于非命的人向阳的方向而不是阴的方向转化。在死于非命之中，最糟糕的情况是死于自杀。[7]除了这种通过连接生死的仪式来强化对伴关系之外，更普遍的是日常生活的纽带。老一辈的妇人强调她们年轻时候被要求只能在晚上才能与同辈在一起聊天，据说政府当时是为了阻止集体自杀的发生。但是20世纪50年代的集体大生产活动又使得她们重新获得聚在一起维系对伴关系的机会。在这个背景下的新的对伴关系因为不再拘泥于家庭生产，因而表现出更加复杂多样的形式。1949年前的对伴关系可能更多建立在分离的家庭劳动力中，而现在的对伴关系建立在日常的集体劳动中。更重要的是，大型基础设施的建设使得女性团体以更为紧密的方式联系在一起，因为她们可能要远离母家所在的村庄，需要更加团结。结成对伴关系的妇女之间有非常紧密的联系，不仅照顾彼此家庭的生育，在劳作或建筑上提供帮助，而且也会充当对方家庭后代的媒人，甚至一起去参拜寺庙。就算是日常纽带被迫隔断，也要千里迢迢去到特定的寺庙进行参拜。

对伴关系除了以上所描述的祭祀仪式传统和日常交往之外，最显著体现在礼物的交换网络与道德义务中。结成对伴关系的彼此需要在婚礼上陪同，送礼物，邀请吃饭。婚姻往往带来空前扩大的礼物交换网络及义务。女孩子年轻时面临着交往更多的对伴的压力，这意味着举办婚礼的时候邀请越多的同伴，越有面子，自己越受欢迎，另一方面这也带来相当大的同辈压力及社会竞争。因此对伴关系不仅是女伴之间共同参与活动，分享情绪，而且是切实建立在经济基础上的大量的周期性物质交换，或礼物交换。拒绝参与这一交换圈的礼物流动，意味着对对伴的这一紧密纽带网络的排斥，这将是对亲密关系及其义务的强烈拒绝。对于惠东妇女来说，结成对伴关系的不在少数，而且20世纪90年代之后实际上数量更多，有时候甚至上百个。同时，对伴关系的界限并不是固定不变的，反而是相对宽松的可调整的。有时候对伴来自外村，有时候包括男性。

这一关系界限的松动与新的经济形式出现有关——20世纪90年代之后石雕厂的建立。虽然当地女性获得了经济独立的机会，在亲密关系这层上，萨拉关注到了新的挑战——混合性别差异的工作环境及日新月异的娱乐方式。但是在她们获得经济独立之后，是否能够自由选择服饰以及与人交往的范围，在萨拉做调查的90年代的惠东农村，这中间的矛盾和阻力是相当大的。有的年轻惠东女购买自己喜欢的服饰，如牛仔裤或衬衫，拒绝穿惠安女的传统服饰，这会带来村里对"装漂亮"的非议，被批评为铺张浪费。也就是说，经济地位的提高带来了道德的下滑，这是后毛泽东时代的"建设精神文明"话语的重要表现。所谓精神文明建设和物质文明建设两手抓，两手都要硬，从惠安女的经济地位变迁中也能窥探当时随之而来的道德压力或是"精神文明"的压力。同时，这些获得经济自由，购买新款服饰的妇女有的行为甚至带来更强烈的道德指责，比如萨拉所举到的KTV的例子，在KTV碰到男性友人，对于参与集体聚会的姐妹们来说具有极大的道德压力，在KTV享乐被视为是不道德的。更极端的例子是，KTV被视作是与卖淫有关的场所，经常出没这样的场所的女性被视为"水货"。[7]185-193 因此无论是在性别混合的工厂工作，还是进行娱乐活动，女性虽然因为获得一定的经济自由而扩展了其亲密关系的范畴，但是仍然被约束在一个特定的社会道德准则中（有时候是向吃苦耐劳的封建形象摆动，有时候是向性道德保守的封建形象摆动）而呈现出紧张的关系。因此一方面戴头巾的惠安女被斥责为封建的、落后的、没文化的，另一方面时髦的新女性又会被评价为铺张浪费的、寡廉鲜耻的。惠安女形象的紧张关系，在萨拉看来，就是当代中国政治变迁中对地方女性进行权力改造的张力。

对惠安女进行塑造的力量除了来自经济结构变迁带来的劳动力市场改革之外，另一场重要的政治运动在20世纪90年代之后如火如荼，所谓的大众媒介对惠安女形象的塑造。这一塑造的前身来自一批重要的学术研究，如林惠祥对惠安女的母系向父系过渡的历史阶段论考察。惠安女不仅被作为一个区别于一般汉族的族群，而且被视为一个前现代的原始状态的族群。惠安女面临着相当尴尬的境况，她们的服饰有时被认为是少数民族，但在面对真正的少数民族时，她们又被识别为汉族。许多惠安女很少穿着传统服饰出省打工，以免造成民族身份问题的尴尬。但是另一方面旅游业和商业的发展，又让这种民族性（异族性）得到最大限度的发挥与展示，如公园的巨幅惠安女雕像对旅游业的吸引，从事小生意的惠安女通过服饰的异质性吸引顾客来访。萨拉在这一部分详细记录了电视台纪录片如何在惠东寻找正宗惠安女的故事，[7]204-211 通过这个故事，她想要展现的是，国家与地方之间呈现出来的张力是如何铭刻在惠安女的身体与实践上的？性别为什么成为政治表达的重要向度？萨拉试图在惠安女的研究中寻找到当代中国的个案回应。

因此，摇摆于汉与非汉之间，传统（封建）与现代（进步）之间，野蛮与文明之间的惠安女，本身成了当代中国国家象征的沉重幻象。惠安女，脱离了其原来的语义，成为国家权力的意义化身。萨拉说，某种程度上，凝聚于惠安女身上的符号、变迁、政治及意涵就是当代社会主义中国自身政治话语的全部展演。[7]246

小岞村落生活的传统与现代：
读《红头巾下的村落之谜》

吴银玲

小岞，位于福建省惠安县东部，三面临海，由于其曾长期与陆地相阻隔，迄今仍保留了较为传统的习俗和文化。长期以来小岞被视为惠东人文研究的一部分，但相比崇武和大岞却缺乏较系统的人类学田野调查。当然，小岞一直在人类学家的视域当中，比如20世纪80年代厦门大学陈国强等调研团队曾短暂涉足小岞，而后日本学者清水纯等人在小岞进行短期的田野调查，此后到1998年新年期间，集美大学的夏敏来到小岞。夏敏在数次前往小岞的过程中，发现传统与现代一直在这座半岛上振荡，并写出了文学人类学著作《红头巾下的村落之谜》。这本著作以文学性的笔调，试图解构人类学民族志的僵化和刻板，想要弄清楚"小岞人怎样过生活以及为什么要这样活着"这一深刻问题。

人类学家惯常以外乡人的姿态闯入陌生的社区,唯一的凭靠是学习土著的生活方式和语言。夏敏在已毕业学生的帮助下进入小岞,并且很快将这群学生及其家人发展为重要的信息报道人。由于在春节期间到访,他在走访小岞9个村落过程中,总能遇见不少与年度周期、人生礼仪、宗教信仰相关的节庆以及仪式。在此期间,小岞人的丰富性向外乡人夏敏敞开。

最先进入他视野的是小岞人的信仰世界。作为一个海洋文化的承载地,小岞人对于妈祖的崇拜和信仰最为普遍。无论是渔民还是打工仔,他们已经习惯了得到妈祖的庇护,他们不仅将妈祖供奉于宫庙之中和家户之中,也将妈祖供奉于船舱之内,并且要虔诚地加以祭拜,以保证整个生活的顺利。靠海的东山成为夏敏观察的一个重要场所,他发现这里家家户户供奉妈祖,但村落最大的庙宇却是供奉观音的莲花寺,同时村落里有8座宗祠[①]和3座土地庙,东边的海边还有头目公庙。夏敏将东山的神、祖先和鬼的区分体系联系到这里的自然环境、生计方式以及宗族械斗等事实之上,这可能高估了东山在整个小岞的独特性。

除了广泛的妈祖信仰之外,祖先崇拜在整个小岞都相当普遍,所以小岞到处都能找到传统建筑形制的祖厝。无论是房头还是支派的祖厝,基本上都能起到凝聚作用,强化宗族、血缘的认同。[8]同时小岞人对祖厝,也存在两种相反的态度,一种认为

---

① 据笔者2016年8月在东山的走访发现,夏敏笔下的宗祠实际为祖厝,可能东山人已经模糊了祖厝与宗祠的区分,但小岞有一处专门的宗祠,即李氏宗祠,其他所谓宗祠绝大部分为近年翻建的祖厝。

祖厝建得辉煌美观，不仅能够证明祖先的好名声，也能通过祭祖仪式显示子孙的孝顺；另一种则认为这些仪式是迷信和愚昧的表现。[8]在夏敏走访的时期，一些祖厝尚未得到翻修，旁厅间或住有孤寡老人，这些女性老人在祖厝这种公共空间却仍然保有自己的私人神龛。与阴暗的祖厝相比，后内的李氏宗祠因其历史能够追溯至宋朝宰相李文会而正在翻建当中，夏敏从李文会和与之相关的宗祠祭祀活动当中看到了大小传统之间的张力。他认定，小传统不可动摇，[8]49所以无论小岞建起了多少洋楼别墅，祖厝终将会以传统的方式得以保存、修葺、翻建甚至是迁建。

小岞人的宗教世界如此地包容和整合，以至于夏敏看到的仪式常常是复合型的，而信仰的神明也常常佛道不分。人们对前内的妈祖、东山的观音、后内的正顺王、南赛的保生大帝、新桥的重华公等五个较大的神祇，能够说出不少传说与神迹。这些超自然的灵力，是小岞人追求的灵验。而夏敏调查的当下，传统遭遇了重重冲击：神明"坐汽车"去朝圣进香，宫庙成立董事会，等等。

在纷繁复杂的小岞人的神明世界之外，夏敏接下来走进了小岞人的生活世界。夏敏认为，对小岞名人的访谈是了解小岞人生活的重要途径。按照小岞人的标准，他找到了三类名人，分别是风水师、热衷家族事务的老人和地方政要。书中花了一个章节描述他对风水师李文晖的两次访谈，但他们都难以绝对化地断定风水是科学还是迷信。而在夏敏的学生家中，他参与观察了小岞人怎样生活。小岞人好客，热情对待夏敏。而他看到了长住娘家的新妇被丈夫请回夫家之前的着力打扮，也看到了生育子女的姐姐过年难得回娘家帮忙料理家务，同时感受到小岞女性的勤劳和两性之间的社会分工。

在小岞人的生活世界中，婚丧两种礼俗尤为重要。在丧事的仪式之外，食物和服饰进入了夏敏的视野，供奉神明的食物、茶会上的果品、待客的海产划分着人与神、人与人之间的界限，而着装和颜色则礼仪化地进行文化表达。[8]97 在传统婚礼当中，安床、开家剪、上头、入进等仪式和长住娘家的习俗强化了两性之间的矛盾，而当下，美丽的新娘撑起白伞似乎正在与传统相抗衡。

婚俗以及服饰是惠安女留给世人的普遍印象，甚至已经被标签化了。因此女性必然得到人类学家更多的关注。小岞与崇武、大岞不同，这里的女性在黄斗笠下戴着红头巾。小岞女性的头饰能够在信仰、实用和审美[8]143 三个层面得到解释，夏敏甚至突发奇想认为这种服饰模仿自鱼的形体。[8]144 但在美丽的装束背后，夏敏发现了小岞女性的悲情历史。小岞女性虽然当家，却是苦当家。[8]147 这种苦不仅表现在体力劳作上，更多地还表现在长住娘家、夫妻分离、被男性歧视等带来的精神压力之上。于是出现了诸多自杀的悲剧，尤其是集体自杀的惨剧，当地的一句俗语描述了女性的自杀现象——"生得怪，死得怪；生的是一大串，死的是一大群；一起哭来一起笑，商量着一起去跳海。"[8]151

城镇化必然冲击乡村，无论是接受还是批评。在夏敏看来，连接新桥和前峰的街道两端成为商业中心，店铺琳琅满目，服务多种多样，尤其是歌舞厅和KTV的盛行使得乡下人有了自己类似于城里人的休闲生活。他采取走访统计的方式走完了这条街上160余家商铺，并且重点访谈了一家书店和一家KTV，发现这里对书本阅读等的需求不高，而KTV基本上属于高消费水准。夏敏发现小岞正在朝旧事物不断消失的城镇推进。在这种城镇化的推进过程中，老人、中年和青年的态度是不一样的。老人代表着传统社会和小岞的文化传统，他们常常在祖厝活动。而类似康庆章、康美英、李双田这样的中年人，则表现出人格上的多元，他们在传统文化的襁褓中长大，由于接触了偏离传统的城市化生活，所以不同于上一辈那样守旧，也不像年轻人那样激进。[8]133年轻人却敢于解除自己小时所订下的婚约，更趋向于拥抱城市生活。

在描述了小岞社会阶层互相之间的诸多抱怨之后，夏敏的笔触又落回到对儿童游戏以及戏剧的书写上。夏敏虽然看不懂在新桥祖厝前的芗剧《深宫谋案》，但并不妨碍他观察观众和演员，演员们或许不那么专业，观众却并不挑剔，只有孩童在台下玩起了"追杀"游戏。游戏具有社会化的作用，男孩子会模仿成年男性的阳刚，女孩子则会模仿自己的母亲。与游戏同样具有地方性的则是戏剧，演剧是神明诞辰活动当中的重要环节，然而同样遭到了现代性的冲击。芗剧和游戏其实是KTV等进入乡村之前的休闲生活方式的一种，同样要在现代性视角当中加以审视。

在本书的最后一个章节，夏敏对小岞和大岞进行了一番表面化的比较，两地在自然环境上极为相似，但因小岞行政级别高于大岞，所以在教育方面强于大岞。但是小岞相对封闭，大岞的流动人口更多，大岞的经济水平高于小岞，另外两地女性的穿着头饰、民间信仰的特点等均有区别。夏敏通过这番比较，试图指出大岞、崇武并不能代表整个惠东文化，应该说每个社区都有自己独特的文化，不应该简单地代表或被代表。

可以说，夏敏在其著作中关注到了小岞的生存环境、渔业生活、乡土意识、宗族宗教、礼俗仪式、服饰饮食、社会变迁等诸多人类学田野调查需要探查的主题，他用文学性的笔触，倾注了或怜悯或感叹或钦佩的情感，来面对他的研究对象。时至今日，小岞已经在传统和现代的拉锯中走得更远，当下对小岞进行人类学研究，所发现的诸多事实或许不同于18年前夏敏所观察到的现象，但是根底里，小岞的村落生活仍然应该保有海洋文化的特色，乡土文化的丰富性仍然会吸引外乡人，他们的神、祖先和鬼的体系或许还是一如既往地界限分明。

参考文献

[1] 乔健，陈国强，周立方. 惠东人研究 [M]. 福州：福建教育出版社，1992：4.

[2] 蓝达居. 历史学与人类学的对话：惠东人文研究 [J]. 厦门大学学报（哲学社会科学版）. 1995（4）：19–24.

[3] 陈国强. 惠安民俗 [M]. 厦门：厦门大学出版社，1997：20–35.

[4] 蒋炳钊. 惠安地区长住娘家婚俗的历史考察 [J]. 中国社会科学，1989（3）：193–203.

[5] 铃木满男. 福建民俗研究 [M]. 杭州：浙江人民出版社，1990：57–76.

［6］ 陈国强. 福建惠安崇武的衣饰与族属试探［J］. 厦门大学学报（哲学社会科学版）. 1989（2）: 130–136.

［7］ FRIEDMAN S L. Intimate Politics: Marriage, the Market, and State Power in Southeastern China［M］. Cambridge(Massachusetts) and London:Harvard University Press, 2006: 149–167.

［8］ 夏敏. 红头巾下的村落之谜［M］. 上海：上海文艺出版社，2000：40.

东南的"两条道路"[1]

金婧怡　吴银玲　陈敏红　孙静　罗攀

按语：据指导本读书会的王铭铭教授的介绍，海外人类学家在中国东南进行的研究，其起点是19世纪末荷兰学者德格鲁特对于礼的民间实践的考察。清末民初，一些受新思想影响的文人，在同盟会和民俗学的双重影响下，也对东南地区的民俗展开研究。稍晚，又有学者受西学的影响，转向社会组织的功能研究，特别是对作为东南民间社会组织主要形态的宗族产生了浓厚兴趣，如林耀华在福州周边地区对于宗族展开的研究，持续影响了汉学人类学，深受20世纪50年代成名的汉学人类学家弗里德曼的喜爱。然而，当弗里德曼在伦敦政治经济学院依据林耀华等前辈的著述对东南进行宗族理论的思考时，在中国东南本土，另

---

[1] 原载于《西北民族研究》2017年第1期。

一脉络的人类学研究以不同于人类学的名称长期存在，对于20世纪80年代以来的学术也产生过重要影响。20世纪三四十年代，民族成为南派人类学代表人物之一、厦门大学教授林惠祥先生的关注点之一。林惠祥先生对于文化圈是十分关注的，他曾从语言和文化角度考察南岛民族与华南人之间的关系，这为百越民族史的研究作了铺垫。从德格鲁特到包括王铭铭在内的核心圈研究者，与从林惠祥等这样的南派人类学前辈到今日的东南民族研究者，形成了东南人类学的两条脉络。

碑文石刻中的风俗与忧郁：
读陈万里《闽南游记》

金婧怡

陈万里及国学研究院

1926年，陈万里从北京动荡的时局中脱身，辗转南下，途经上海来到厦门，受聘于厦门大学国学院，任考古学导师兼造型部干事。[1]在此之前，他刚刚结束对敦煌的考察，带着对遗迹考古的热情投入这场民俗运动之中。

从整个民俗学史上看，厦门大学时期也正是民俗运动历史上的南北之间的间隔期。在民俗界，通常将北京大学看作其开端，中山大学为其发展和繁盛地。其中1925年6月标志着歌谣运动的《歌谣周刊》停刊，意味着以北京大学为中心的民俗学运动基本终止。而另一个中心中山大学民俗学会则直到1927年11月才成立。在这两者之间的两年多的时间里，恰恰就是福建民俗研究活动最为兴盛的时期，其中影响来源之一就是这时期知识分子的迁徙。1926年，沈兼士、林语堂、顾颉刚、罗常培、黄坚、孙伏园、容肇祖、潘家洵、丁山、章延谦等一大批学者从北京来到厦门大学任教，直接促进了闽南地区的民俗研究活动。其次则是20世纪初期福建本地学者就已开始进行了一些民俗调查的尝试，两者都使得当时民俗调查的热情更为生猛。[2]

陈万里写作《闽南游记》也正是在厦门大学任教的4个月中，他利用其中的空闲时间在泉州、漳州等地游访，记录所见所闻，收集器物碑文。这一系列文章与其说是游记，毋宁说是一部学术报告中的组成部分。这三次泉州之行，是当时厦门大学国学院史学研究所组织的访古调查中的一个非常重要的环节。

1926年9月18日，在有林语堂、沈兼士、黄坚、周树人、顾颉刚、孙伏园、潘家洵、丁山、陈万里等学者参加的厦门大学国学研究院编辑事务谈话会上，国学研究院决议组织风俗调查会，并发行《国学周刊》，这是继北京大学风俗调查会之后的又一个民俗调查与研究学术团体。

国学研究院发行的第一期《国学周刊》上刊登三则启事：第一则是征求本省家谱；第二则是收集各地古器物及风俗物品；第三则是征求海神、土地神、洛阳桥、朱子、郑成功、郑和（三宝公）及倭寇的传说、遗迹，各地古迹古物之调查记录，并一切实事的记载。沈兼士提及研究宗旨，言曰：

> 本院于研究考古学之外，并组织风俗调查会，调查各处民情、生活、习惯。与考古学同时并进。考古学发掘各处文物，风俗调查则先从闽省入手。[2]

可见设立研究院之初试图囊括的民俗资料之丰富，涉及的内容之广泛，以及雄心之大。

然而事与愿违，《国学周刊》共出版3期，只刊登了第四期的目录预告，就停刊了。期年后，成员亦纷纷离开厦门大学。

彼时陈万里亦是这场浩浩荡荡的民俗调查中的一员，不同于对民俗理论的研究，考古学出身的他特别关注实地的田野调查，他与顾颉刚、张星烺等人几番游访漳州、泉州，将研究和调查深入田野和民间。

三次泉州之行

厦门大学国学研究院的泉州访古与研究，对泉州学这一研究领域确有筚路蓝缕的拓荒之功。[3] 他所椎拓的碑文、拍摄的石刻造像，以及对种种古物遗迹的忠实记录，形成了一整套有关当地的珍贵的原始资料，因而罗常培提及陈万里的功绩毫不掩饰这一开创性的作用，他是这样表述的：

> 最近我接到厦门朋友的信，知道那里渐渐有人到石井

去凭吊郑成功的故里，或赴晋江去摹拓开元寺古塔的雕刻，那末，谁是开这种风气的'筚路蓝缕'者，自可不言而喻了。[4]

在《闽南游记》中，完整而详细地记录了三次的游访经过，正如罗常培在序中所言，陈万里对泉州的三次游访分别有其不同的关注点，其中"第一次在城内古迹的观察；第二次在回教古墓的探讨；第三次在私家所藏古物的鉴赏和购求"。[4]然而这三次行访终究还是留下遗憾，甚至这也成了写序者所耿耿于怀之事，其中之一就是"对有关摩尼教史迹的清源山"缺乏细致的记录。当时迫于一些时局原因，地势不易，走访困难，陈万里一行哪怕费尽周折依旧没能够找到遗址。两年后罗氏终于登山游览呼禄法师的墓址后，不由得大呼遗憾。[4]

第一次游记记录了民国15年（1926年）11月3日至6日共3天的行程。此行与张星烺和艾锷风两人同行。这三天中，三人跟随着神父相继走访了当地的宗教古迹，特别是文庙、开元寺东西二塔、清净寺、灵山回教墓地、基督教堂、奏魁宫等古迹。三人此行游访泉州的目的不尽相同，作为研究中外交通史的专门学者，张星烺的这次游历有着明确的学术收集的目的，德国人艾锷风钟情于开元寺的古塔，灵山的回教徒古墓则是作者陈万里的兴趣所在。三人后将此行的经历结合个人的旨趣写就三个风格迥异的文本，分别是陈万里的《泉州第一次游记》、张星烺（在国学研究院作了一次题为"中世纪之泉州"的专题讲演后写作）《泉州访古记》以及艾锷风的《刺桐双塔》。[5]

作为与《泉州第一次游记》相互对照的文本，不同于陈万里的游记中所展现出的是闽南在商业以外的魅力，以及更为闲散的文风，在张星烺的《泉州访古记》中，则在记录行访历程的同时具有其较为明确的核心。他从交通史的角度，立足于"泉州为中世纪时世界第一大商埠"这一空间位置而展开记述。因而他对游访过程中所体现出的宋元时期泉州与海外各国交通贸易的痕迹，外国人在泉州的物质遗留（比如对奏魁宫中的十字架的兴致）具有更大的敏感度。在记录古迹、宫庙的情状时，更加聚焦于多重文化潜在的交织部分，同时还对马可·波罗等旅行家对泉州的记述加以梳理，重视的是泉州所遗留下的中外之间的联结关系。张星烺的宇宙观是突破国家的，将泉州放置在中心的位置，通过这样的内外关系来理解这座城市的兴衰曲折、文化的交往和沟通。在《泉州访古记》中还记录了一段偶遇晋江人陈育才的对谈，这部分并没有出现在陈万里的文本中，张星烺从对谈中了解到色目人蒲寿庚后裔的情况，作为一个人物，他的性格、行为，是和全部的历史有关的。对他的后人进行追溯，这对于理解泉州伊斯兰文化的发展有着很重要的作用，从物质的交流沟通发展到了人的迁徙交往。因而在此后陈万里的第二次游访调查时，调查组就把对蒲姓后裔情况的调查纳入到了内容的收集之中。[6]

陈万里第二次游访泉州是在一个月后，这次的时间较前一次明显增加，时间从12月15日至12月24日，共10天，参与者除陈万里之外，还有当时国学院教授顾颉刚，国学院编辑兼陈列部事务员王肇鼎。虽然以游记为题，但此次游历实际上是以调查的方式展开的，因而在调查的初期，三人就已经有了明确的分工，其中"神祀归颉刚，风俗传说归孟恕，古迹则余任之"。[4]28 随后顾颉刚写就《泉州的土地神——泉州风俗调查之一》一文，该文章同样刊登于《厦门大学国学研究院周刊》的第一期和第二期中，虽然只有寥寥数千字，但在文章中，基于古史、神话、民俗的背景，聚焦于泉州的民间文化，他对泉州土地神的关注是和上古祭祀联系在一起的，认为这是一种神格的变迁。因而他从土地神入手，分析了泉州铺境祀神的历史，认为地方神与古代的社有关。社在上古时代承担着祭地作用，也配祀有功德于民的贤人。随着历史的变迁，社庙成了土地庙，社神获得"福德正神"的尊号，而原本作为配祀的贤人却被单独供奉。[7]也就是说，顾颉刚认为，神的变迁由一个趋于符合历史道德观的动力所推动，社神的变迁史也是神人的关系史，通过道德性的解释制造出符合时代的偶像。这也正是他古史研究的观点，要将古史和故事并重，唯有如此，才能勾画出古代的社会制度和思想潮流。[8]

总结此次调查结果时陈万里如此记录：

> 综计此次调查结果，关于风俗、神祇及传说方面，颉刚孟恕，所获成绩甚多。余则于东禅寺畔，发现古墓三区，差堪自慰。蒲寿庚后裔虽难证实，顾较第一次调查时，已有进步。至于宋代石刻造像，在泉州为特多。除万安桥外，均为南渡以后，即西历十二三世纪之作品；其年代及建造者，根

据确凿，尤可信也。今为列表如次，留备异日作系统研究时之参考。此外城中之古物古迹，均能得一大概。自信此行，尚不辜负。后日者，匪患肃清，社会安堵，复能假以时日，或有相当成绩，是则余所希望也。[4]51-53

陈万里的第三次泉州之行目的则显得与前两次大不相同，此次并未将目标定位于古迹古墓遗址的勘测记录和对民间信仰、传说的收集整理，而主要是参观私人收藏家的藏品，并伺机购买，以及完成此前的一些遗留工作，将开元寺中此前未摄影椎拓的佛教传图进行收录。所以他对这几日的记载颇为简略，几日中大部分时间皆奔波于古董商人、掮客、收藏家之间。这次游历似乎有些风波，泉州城中匪患严重，城内处于戒严状态，他在夜间听见清晰的枪声，询问朋友却被告知这是此地常态。而陈万里此次前来动荡更甚，这也使得他的兴致不再如之前两次那样高涨，于是在第四天一大早，他就匆匆乘船赶回了厦门。

圣墓、遗迹与器物

这几次的调查，参与成员的学科背景皆不同，进而产生了内容丰富的文本对话，陈万里显然不如顾颉刚那般重视与上古之间的潜在联系以及地方神灵的衍进史，并没有运用历史分析的方法去刻意强化社庙之中的时间感，亦没有张星烺对于区域交通的重视，在张星烺那里通过海洋沟通了中西和中外，进一步延伸了空间观念。

东南的"两条道路"

阅读陈万里的游记,能够很明显地窥见他的兴趣所在,也许是从敦煌远行遗留而来的对考古文物的热情,在泉州的这一系列调查中,对古迹和墓地、石刻石碑等的重视体现了他对物这一层面上的敏感。遗迹和传说是民俗的两极,而泉州古迹中的造物、人文和掌故中的人道、神道是合二为一的。

在第一次游记中,陈万里其意就是去灵山回族先贤墓一探究竟,按当时《府志》和《闽书》中的记载,此处墓冢应为唐代来泉州传教的伊斯兰三贤四贤之墓。但当陈一行前往的时候,任神父却介绍说,此前西班牙神父阿奈茨(Arnaiz)在此墓边发现基督教徒所刻的阿拉伯文墓石,这实质是当时的景教教徒的坟墓。这样的疑惑在发现东禅寺附近的三处古墓后更为加剧,陈万里首先是从建筑风格来判断其所属的,对比回教墓地和基督教墓地的形制,以及旁边的碑文器物,经由这些物件,他的困惑同样也指向了闽南文化的混杂性,这种含混已然不仅仅是回教墓地与基督教墓地为代表的这两个宗教体系之间是否存在某种混杂的可能性这样单一的疑虑,实质导向的是对闽南祀神体系的杂乱的思考,以及在这样的环境中所呈现出信仰结构的生长状况。

从奏魁宫碑记中可以发现,在当地依旧保留用铺境界分区域边界的习惯,铺境虽然已经从官方的监控体系中失去作用了,但是依旧成为当地民间的分类仪式体系,帝国的图式依旧完整地展现在当地人的宇宙观中。奏魁宫是作为宽仁铺铺境宫庙,因而也是地域的核心,供奉的神灵庇护铺境之内的居民。在这里,人的生活和神的生活是合一的,神的分类图式和生活节奏规定了人的互动规范和年度时间。[8]183

在他们观察当地人的日常实践的时候，发现该神像已经被整合进当地人的民间信仰体系之中："神父告诉我们说，摄影可以，椎拓怕要惹起人民反感，因为有许多人向十字架石刻去烧香磕头。"[4]7要将神纳入帝国的体系中，灵验成为这种新的道德衡量标准。中国民间信仰的弹性不仅仅吸收的是本土的道教、儒教，甚至将这些教义严明的制度化宗教也予以接纳，这种接纳之中亦包含了误认（被误以为是十字架石刻的释迦牟尼造像），附会等明显的因需求而再造的传统。可以发现，顾颉刚看待这个天使像是和对土地神的解释一脉相承的，其核心就是从时间的角度来理解这些变迁，而张星烺则在空间的方位上予以拓展，内外的碰撞和张力成为他理解寺庙中的天使像的关键之处。相较于二者时空两个不同的维度，关注古迹实体的陈万里除了忠实地摄影记录之外，其实对此并没有做过多的阐释，但是从他对回教墓地的态度当中我们或许能够窥视出他对民间信仰混杂性的理解。在泉州，不仅有佛教寺庙、回教寺庙、基督教堂、郑和在灵山圣墓前的碑文，还有诸多表现在物质层面的交融。泉州宗教体系的宽容也不仅仅是对帝国结构的模仿和民间的再造这些表现在文化阐释层面的实践，而且在器物上给人更深的迷思。

第三次游历，陈万里的关注焦点已经从大型石碑深入到具体的小型器具，特别是瓷器和陶器方面。旅居厦门的日子里，陈万里时常跑到附近的古董店中，结合他后来的经历，即他从1928年就开始对南北各大名窑展开考古调查，可以看出他将工作重心转移到陶器、瓷器等物质技艺之上。

沙滩拾贝

这些游记最终以一篇颇值得玩味的回忆作结,如是观之,《旅厦杂记》可以看作是陈万里从北京南下至厦门,在厦门旅居数月的心路历程的自我表述,他的个人心态某种程度上也是当时知识分子的心态,其中颇能窥见在当时的社会情境中,社会科学及人文民俗研究者的处境。学术核心人员的漂泊不定,厦门大学的风景之美,学术规模之散漫无系统,三者皆更增惆怅。

回忆起在厦门的几个月,陈万里有言,"是以终日在校,转觉处处晏然,不愿涉足尘世",[4]57"惟旅厦数月中,拾贝而外,读书时间颇多"。[4]66 陈万里拾得一趣,便是在每日五时以后至海滨拾贝。而不假时日,同事友人皆以此为趣,一种聊以自慰的消遣渐渐在蔓延。

1926—1927年间的厦门,确实出现过成为民俗学学术中心的可能。虽然转瞬即逝,这些努力还是有意义的,比如在几年后当地学者吴藻汀出版了《泉州民间传说》,记录下了当地的神话传说,包含广泛的故事当中读出的却是契合地方话语的仪式表演。其中,吴藻汀突出了人的命运和城市命运的关系,民间风俗所仰赖的不仅仅是神人关系的宇宙观图式,还有人文地理这些自然关隘。[9]

整个厦门大学国学研究院时期的学术都是以游为核心,是在漂泊不定的感情之下,他们转而关注民间传说、民间信仰,实质上就是在表达这时期知识分子对官方的失落，而将视线转向了民间。徘徊于游与仕的士人心态，也是中国传统中的隐疾。

1927年以后，顾颉刚、容肇祖、罗常培、沈兼士、林语堂等一批学者，相继离开厦门大学，厦门大学风俗调查会遂名存实亡，原来计划的各项工作无人继承。[2]75 闽南民俗的研究热情渐渐随着人员的离散而风吹云散。

视野转回到陈万里本人，他在厦门也仅仅只待了4个月便离去了。在此之后，他逐渐将兴趣转移至陶瓷考古上，不知是否是他多次出入泉州士人宅邸，与各路私人收藏家交往笃深，观赏罕见精巧陶瓷收藏产生的影响，只知道1928年起他"八去龙泉，七访绍兴"，考察浙江龙泉青瓷，收集了瓷器。再后来的陈万里，整整30年，一直持续着对古代南北名窑的整体考察，并且将科学考古方法和文化传统结合起来。时间到了20世纪五六十年代，这时候的他已经遍访全国各地，调查窑址，写出《中国青瓷史略》和《陈万里陶瓷考古文集》等考古学术作品。这些似乎都在表明他越来越沉浸于器物的世界之中，而与闽学和泉州学渐行渐远。

或许这种情愫早已在国学研究院的那些岁月中发酵，《旅厦杂记》末尾处有这一句话，大约可以表达他的决绝与迷惘：

国学研究院之成立……何意北来后，消息日趋险恶，同人咸退出厦大，空负此愿，复有何说！[4]66

义序与宗族乡村：
读林耀华《义序的宗族研究》

吴银玲

20世纪三四十年代，一批中国早期的社会学家、人类学家前往英美国家求学，林耀华就是其中一位。随着他们博士论文的出版，中国乡村研究蜚声海内外，从而催生出了人类学史上的经典村落，比如江村、禄村（二者为费孝通的研究地点）、黄村（林耀华的研究地点）。经过半个多世纪，学界也出现了对这些村落的回访和再研究。[①] 同为林耀华的研究地点，在 2000 年之前，义序没有获得与黄村相当的关注度。不少学者将之归结为林耀华的硕士论文《义序的宗族研究》没有正式出版刊行，黄村则因为小说体的人类学著作《金翼》广为流传。虽然义序并不如黄村那么有名，但是在人类学界也一直被关注。

如果谈及中国宗族研究，必然要提到英国人类学家莫里斯·弗里德曼的名著《中国东南的宗族组织》。在该书当中，弗里德曼大量引用了林耀华的义序研究，不过由于《义序的宗族研究》没有发表，所以他引用的是林耀华 1936 年发表的论文《从人类学的观点研究中国宗族乡村》。由于没有看到林耀华的硕士

[①] 费孝通本人曾不断对江村进行回访调查，而且 2016 年社会学界还组织了费孝通江村调查 80 周年的学术庆祝活动；庄孔韶对林耀华的黄村进行了再研究，并写作出版了作为林耀华《金翼》后续篇的《银翅》。

论文全稿，只是将作为硕士论文缩略版的一万余字的《从人类学的观点研究中国宗族乡村》翻译成英文进行参考，所以弗里德曼有时候将义序和黄村混淆为一个村落。而在《义序的宗族研究》尚未正式发表之前，陈长平、庄孔韶、蓝林友分别在各自的研究中介绍了林耀华未发表的义序研究。到20世纪90年代，阮云星受林耀华《金翼》的影响选择了对义序进行回访和再研究，随后一直到2000年前后，他发表了一系列对义序宗族和村落习俗的研究作品。2000年，《义序的宗族研究》正式出版，黄意华、甘满堂、刘涛、陈巧云、杜靖等人分别撰文评述林耀华的宗族研究范式。正如蓝林友所说，"在严格意义上讲，义序是中国学者按规范的人类学田野调查方法进行中国宗族研究的第一个调查点，正是义序这个小地方，开启了中国宗族研究的新局面"。[10] 所以《义序的宗族研究》一书是极具理论价值和历史意义的著作，而义序也因此具有极大的再研究的可能性。

《义序的宗族研究》写于1935年，是林耀华在燕京大学完成的硕士论文，全文共约15万字。同年英国著名人类学家拉德克里夫–布朗应吴文藻之邀访华，在燕京大学社会学系讲学，林耀华作为他的助教受其指导，以功能学派的视角和手法对自己的硕士论文进行了修改从而形成本书。由于出版时书后附有1931年林耀华写成的古籍考证类的《拜祖》一文，加上庄孔韶的《林耀华早期学术作品之思路转换》一文，使得不少读者将注意力放在了对林耀华的研究方法和思路的转换、义序研究与《金翼》异同等问题之上。实际上，《义序的宗族研究》一书的重点应该是放在对东南沿海区域村落的宗族组织和农民生活之上。

宗族与祖先崇拜一直是林耀华感兴趣的问题，早在1931年，他就通过文献考证方式对中国家族中存在的拜祖现象进行了阐述。《拜祖》这篇文章是林耀华对农村家族的最初探索，"为中国新生的社会学、人类学积累了珍贵的文献财富"。[11]林耀华对宗族乡村的兴趣一直延续，而且受整个燕京学派对社区研究方法的熏陶，加上受到芝加哥学派代表人物帕克访华的影响，林耀华在实地的田野调查中继续进行宗族乡村相关研究。比如1932年，他曾两度到华北地区进行礼俗调查，1933年到福建进行乡村观察，1934年又到义序进行了3个月的实地调查，最终才收集资料完成了硕士毕业论文。他的义序研究将拜祖所带有的国学研究风格和田野调查以及拉德克里夫-布朗所强调的功能分析结合在一起，因此形成了正文是一般民族志书写体例，而注释则附有详细的考据、数据、表格的模式。

至于选择义序为研究的标本，林耀华写道："原因有三：一，作者闽人，生于闽地，闽俗习惯，早已娴熟，行动不致与习俗冲突，言语又不会发生歧义。二，义序为纯粹黄姓一系的宗族乡村，异姓杂居者寥若晨星，可代表宗族乡村的一个模式。三，义序人文繁盛，虽近城市，不失乡村特性，且距作者家居不远，气息相通，调查方便。"[12]另外据蓝林友指出，选定义序进行田野调查背后的直接原因，在于林耀华在燕京大学的好友同乡黄迪就是义序人，他通过黄迪而结识义序乡乡长的儿子，从而顺利完成了田野调查工作。甚至还有学者指出，早在林耀华于福州读中学时就已经对义序留有印象了。简单而言，义序成为林耀华研究地点，是偶然当中的必然。

林耀华的调查使用了功能学派的方法，他从社区基础、社会结构、实际生活、心理状态4个系统收集材料。同时，他注意到，义序其实已经发生了能够使宗族组织动摇的近代变迁，比如基督教会带来的西洋思想，新文化运动及其创立的新式学堂、新兴经济势力、区乡公所政治改革等冲击。

《义序的宗族研究》全书共分10章：首先是叙述宗族乡村的基础；其次进入对宗族组织的描述当中，对宗族组织的形式、功能展开叙述；随后探讨宗族与家庭的关联以及亲属关系；之后进入个人生命史部分，重点描述出生、童年、婚嫁、死丧以及与之相关的各种礼俗；最后得出结论。

林耀华指出宗族为家族的伸展，同一祖先传衍而来的子孙，称为宗族。[12]1 从一般的理解而言，宗指祖先，族指族属，宗族合称，是为同一祖先传衍下来，聚居于一个地域，而以父系相承的血缘团体。[12]73 宗族由家庭扩展而来，从历时性的代际关系来看，夫妻与未婚子女两代人构成核心家庭，包括父母辈、子女辈、孙辈三代的家庭则为扩展家庭，由五服之亲构成的血缘团体为家族，超过五代的亲属组织成宗族；从现时性的组织关系来看，"家以灶计，户则以住屋计，同一住屋之内包括若干家……支以支派计……一房之内，则包含许多大小支派"，[12]73-74 这是从家庭家族而进到宗族的组成阶段。宗族的功能也是家庭的拓展，家是经济的单位，户是政治社交的单位，支是宗教祭祀的单位，而宗族则是经济、政治、社交、宗教等综合的单位。[12]74

村是自然结合的地缘团体，乡是集村而成的政治团体，宗族则是血缘团体。"乡村"二字连用，林耀华认为这是采取自然地缘团体的意义，也就是社区。宗族乡村是乡村的一种，就像义序这样，全村基本上出自同一宗族，宗族和村的界限是重合的。

义序作为一个血缘兼地缘的宗族乡村，有其地理基础、生物基础和经济基础。从地理角度看，义序位于福州城附近南台岛的南端，隶属于中国东南沿海区域。该区域内沿海多岩石，内地多山，居民多为渔民，从事海上生产作业，通过海洋与外界沟通要多于通过内陆与外界的关联。与此同时，义序还有一块适宜种植水稻的区域。这里的气候属于亚热带气候，适合农业耕作。义序的对外交通，除了有依靠潮水涨落的船只之外，陆地交通却比水路更为便利。

所谓生物基础，即指人口以及与之相关的婚姻、教育、职业等问题。义序几乎全村姓黄，杂姓不足2%。在依据年龄和性别绘制的金字塔中，发现0—20岁男性远多于同年龄段的女性，林耀华从重男轻女观念对此加以解释，比如女子早嫁出去，或者女孩假报成男孩。另外，15岁以上男子多外出打工，为流动人口。这里女子夫死不可改嫁，而男子失偶可以再娶，也有早婚、童养媳等现象。结婚年龄是男大于女。教育方面也反映出传统的男权观念，在新文化运动冲击下，女子识字者的比例仍不超过5%。而识字与职业选择也有所关联，不过乡民多从事农业相关劳作。乡民大多固守本土，向外乡移动较少，多移向义序周围的城市。

387

义序的经济基础，则可以分土地物产、物质器具、人民作业三方面来看。农业是义序的经济命脉，当地种植水稻、甘蔗、荸荠、蔬菜、果树等。义序靠近江边，水产也很丰富。林耀华还介绍了义序人的衣食住行，基本上义序的衣食住行具有本地特色，也有部分食物、衣物来自周边城市。义序的农民可以分为自耕农、佃农、自耕而兼佃农三类。而且农业劳作有与之相关的魔术，类似于马林诺斯基所谓的造船巫术类型，男女分工亦非常明确。值得一提的是义序的商业经营和市场已经较为发达。此为第一章内容，基本介绍义序的社区背景，描述了义序作为一个村落与周边区域的关联，村落内部的各种基本信息。在第一章的注释当中，林耀华基于功能学派的文化调查表格，分别罗列了义序村落的动植物、衣食住行、农具等各类详细信息。

从第二章开始，林耀华进入对宗族组织的具体描述当中。黄氏先祖自唐末乾宁年间迁入福建，绍兴年间第十二世复公移居义序，成为义山黄氏始祖。黄氏在闽南民间被称为六叶。始祖生子重，重生朱，朱生福、寿，在族谱上被称为里外两旁，此后繁衍到林耀华调查之时达十五房，房头名称根据居住地域来命名，比如房头名称为后园东、后园西、下厝、新厝之类。十五房各有房长，年龄和辈分最高者居之。全族人聚居一起，为了祭祀先祖建立了祠堂，祠堂随后发展成为宗族中宗教、社会、政治和经济的中心，是整族整乡的集体表象。[12]28 同时，祠堂还是宗族对外的象征，表达着宗族的荣耀。义山黄氏宗祠建于康熙元年，为一乡之中心。而后有两个支祠，为各房私有。林耀华在当时看到了当地大兴宗祠寺庙的现象。在宗祠建立起来之后,就出现了祠堂会组织。祠堂会由族房长、乡长、绅衿等组成,是一个并不严密的松散组织,每年组织五次叫作"开祠堂门"的会议。他们的职责是宗族祭祀、迎神赛会、族政设施和族外交涉4种。

在祠堂之外,还有庙宇。林耀华描述庙宇和宗族的关系、神庙和祖祠的关系,与王斯福等人类学家相比,有些不同。林耀华认为无论是祠堂,还是在庙宇,人们都是在拜祖,前者拜的是族内祖先,而后者拜的是族外英雄。祖先居于祠堂,神明居于庙宇,一个依附于神主牌,一个依附于神像。林耀华的这种印象,大体上与义序是一个以黄姓为核心的单姓村有关,因此祠堂组织和庙宇组织的成员可能重合。而在包括葛兰言在内的中国研究学者看来,神主牌和神像,必然是具有不同的宗教内涵,祖先崇拜与神明信仰是有严格区分的。[13]

义序大小庙宇有20多座,其中大王宫和将军庙为全族人共同奉祀,仪式崇拜等组织以祠堂会为基础。大王宫又叫尊王府,与宗祠对面而视。主神为法师大王,左右为水陆大王及其夫人。祭神迎会由祠堂会按照房支户数分配福首八人。将军庙奉祀的是张世杰、杨亮节、李庭芝等殉难报国的将军,被当地奉为地头神(即境主神),每年二月的迎神赛会则有会首若干人。此外,义序有联甲组织,中心人物就是祠堂会员,特别是族老绅衿和富商地主。义序的联甲总会下有九个联甲,对应九个区域,这是一个目的在于防卫的临时组织。在相对严密的宗祠、寺庙、联甲组织之外,还有个人的结社,比如加会、把社、诗社、拳社。其中加会为经济互助组织；把社为庆祝神诞而设，有经济目的；诗社、拳社则是文人武人的组织。

从功能上来看，最初祠堂是因祭祀祖先而设立，渐次而发展出政治、经济等功能。为了进行祭祀，必然需要祖产或族产。宗族的第一个功能是族产能够提供祭祀开支，另外族产能够聚集人心。祠堂的祭祀和坟墓的祭祀又各有其仪式和时间。宗族的第二个功能是组织迎神赛会，比如正月初九到十五举行的大王迎会和二月举行的将军迎会，迎神之时又有迎香炉和抢香灰等做法，类似于现在所谓的绕境、分香等。宗族的第三个功能则在族内立法、司法、行政等事务之上，比如制定族规、解决冲突。宗族的第四个功能则在于族外交涉，比如负责与官府往来，祠堂替官府纳粮收税，又比如族外通婚或械斗。

宗族背后又存在家族与家庭、个人等之间的相互关联。林耀华首先澄清宗族不同于宗法，后者与封建制度有关。前者以族房长为中心，后者以大小宗为基础。[12]72 一个重视的是年龄辈分，一个重视的是嫡庶长幼。所以宗族是血缘团体，而家庭是宗族组织的最小单位，是共同生活、共同经济、合炊一灶的父系亲属。林耀华的家庭尤其强调灶的观念。家庭的家长，父子相续，而兄弟则会分家。林耀华根据史禄国的方法，列出了义序的亲属称谓系统。亲属关系的系统则表达了亲子关系、夫妇关系、婆媳关系、兄弟关系、外戚关系，等等。

第六章开始，林耀华转而从个人生命史的角度对义序的生活进行描述。他认为社会不能离开个人，个人亦无法离开社会，两者是整体的东西。[12]107 林耀华对既有人类学理论是相对熟悉的，前面各章注释部分不仅讨论过宗教、集体观念、婚姻等相关研究，这里也探讨了范吉纳普的阈限理论。他从马林诺斯基的方法入手，个人生命史从出生写起，这就涉及祈子（送灯求子、请花）、怀孕、生产、三旦、满月、洁月、周岁、办喜、挂灯等各项环节和礼仪。从周岁到16周岁，一个孩童童年时期必然涉及断乳、过关、收惊、入学、灿斗、出幼和上头等各个阶段。一旦成年之后，就会婚嫁。成婚之前，又有请媒、合婚看亲、订婚送汤桶、定聘和送礼等流程，成婚之时又会送日单、搬伙、安床、长子，还有谢天地环节、迎轿、上轿、接亲、拜堂、出厅、谢酒、闹房等礼仪程序，而结婚之后又有请回门、出厅、撮食等仪式。在正常婚嫁之外，还有童养媳、纳妾、续弦改醮、百日婚、招赘、冥婚等变异婚姻。生命一旦终结，就涉及死丧仪式。人过世之后，要报丧、搬药师、敛尸、入殓、头七之时上孝，即披麻戴孝。而吊唁，则涉及上马祭、早晚奠、开吊，七七必做佛事，死后百日、周年、三年又各有祭祀的佛事。林耀华说生人居于鬼域，初死为鬼，久而成神。因为风水之故，所以又产生了停柩之俗。又有出丧、送葬、路祭、回龙等丧事仪式。祭祀方面则分为家祭、墓祭等。总之，书中173—177页的表格概括了个人生命史的各个环节。这些环节必然是可以逐一进行人类学乃至民俗学考察的材料，林耀华详细记录了涉及各个环节的礼仪、用具和解释，这也体现了他所掌握的功能学派的特点。

对于以上各章的主要内容，林耀华在结论一章中进行了总结和概括。他尤其强调了自己的研究方法和写作手法，是"自整体到局部，自结构到功能，自关系到生活"。文后附有详细的人口统计数据、宗庙家规、迎将军榜文、合约字据、呈文等材料。

总体而言，阅读《义序的宗族研究》，能够得出对义序和宗族乡村两个核心概念的印象。通过林耀华的详细描述，能够认识到，义序作为一个单姓村落，这里的宗族组织功能以及衍化过程、当地的个人生命史各个关卡的礼俗情况。对于整个闽南地区而言，在任何一个社区展开实地调查，可能都会遇到宗族、祖厝和寺庙相关的现象，因此，林耀华的义序宗族研究，事实上提供了进行对照和参考的理论文本。而且，林耀华本人的学术兴趣广博，他曾从汉人社区研究转向西南民族地区研究，又涉猎了不同的学术理论和流派，这增加了理解其学术思想的难度。但是不难看出，他的宗族研究不仅对人类学和社会学学科史非常重要，对他个人的学术生涯而言也是具有重要意义的。

灵验的等级：
读王斯福《帝国的隐喻：中国民间宗教》

陈敏红　孙静

王斯福及其《帝国的隐喻：中国民间宗教》

王斯福任教于英国伦敦政治经济学院人类学系，曾经担任过英国中国研究学会会长（1999—2002年），1996年至今为《人类学批判》（Critique of Anthropology）杂志主编之一。研究领域包括人类学理论与中国民间宗教、各文明之比较研究与历史人类学。最近出版有其主编的论文集《制造地点：国家计划、全球化与中国的地方反应》（Making Place : State Projects, Globalisation and Local Responses in China, UCL Press, 2004）、与王铭铭合著的《基层卡理斯玛：中国的四种地方领袖》（Grassroots Charisma: Four Local Leaders in China, Routledge, 2001）。

王斯福自20世纪60年代起在台北市郊区石碇乡进行田野调查，于1992年出版《帝国的隐喻：中国民间宗教》一书。2000年在初版基础上再次修订，增加第八章。此章是王斯福依据之后在中国大陆从事的村落调查而写成的，尤其集中于福建安溪、江苏吴江以及河北赵县等地。初版之后因为读者对"帝国的隐喻"望文生义的误解，王斯福在新版的序言中开宗明义，"有些读者把我的这种表述误解成跟一种帝国科层制相平行的结构与印证。但事实并非如此"。[14]将"帝国的隐喻"理解成对帝国象征的复写，是对王斯福本意的颠倒。"在地域性的崇拜（terriotorial cults）中所展示的宇宙观，也不是那种政府的与中央集权的行政，而是一种对鬼的命令和控制的多元中心的组织。"[14]2 所谓异端，并不是对立于正统，而是两者之间交互影响，相互映射。既然地方崇拜并非是中央政府的复写，那么地方崇拜的制度如何在帝国时期的政治与宗教背景下开展节庆，实现其"多元中心的组织"呢？王斯福在新版书的序言中写道，本书所要完成的任务是,"提出地方性的仪式和崇拜与政府及其正统之间的关系是什么",[14]3 这是一个结构性的命题,而不是一个历史性的书写。所以王斯福并不执着于细致描述中国各朝的地方崇拜变迁的历史。对于研究宗教的人类学家来说,他更想要回应一种更加开阔、更具延续性的他者宇宙观。

官方与地方

王斯福在求学生涯中先后受到弗里德曼和弗斯(Raymond Firth)的影响,他们都是西方汉学人类学谱系中的重要人物。与他同期开展汉人研究的人类学家有华琛、施舟人(Kristofer Schipper)、武雅士等,他们都在不同方面影响了20世纪70年代以来的西方汉学人类学的发展,同时也共同回应着一些问题,比如大小传统的议题。① 王斯福在本书中对小学与大学,地方崇拜与官方崇拜的思考便与此有关。但简单把大传统理解为官方崇拜,小传统理解为地方崇拜,又再次曲解了王斯福的本意。一方面,中国的地方崇拜将各个家户、社区都吸纳了进去,"整个中华帝国的景观,被划分成了不同的地域性的崇拜"。[14]73 另一方面,这些地方性神明身上经常烙印着某些政治隐喻。在官方的文字书写传统中(方志),通常认为,"每个地方都要有其自身的两个神庙来供奉像县一级首府那样所崇拜的地方神灵,一个是社,在那里,社稷神受到崇拜,而另一个神庙是给未受到崇拜的那些

---

① 所谓大传统即是官方的精英的书写的传统,小传统则是民间的地方的口头的传统。

死去的人而设的厉"。[14]75 但实际上，地方崇拜有自己的一套逻辑将帝国的社会控制转化并翻译成其地方神明体系。王斯福认为，城隍信仰正是这一实现转化和翻译功能的地方崇拜制度的体现，"城隍是民间崇拜与官方崇拜之间象征性对话的基点"。[14]84 城隍爷不仅实践了社所宣扬的帝国的恩报、孝道，而且通过构建地狱图景实现对鬼的力量的社会控制。王斯福指出，"这就出现了两套仪式。一套是亲属仪式，是指具有纪念性的官方的并放置有牌位的那一类。另一套是神的仪式，是由巫师、道士操演的放置有塑像的仪式"。[14]83 "在中国的宗教与政治生活中，它们实际是并置在一起的。"[14]83 正统与异端，难分彼此地勾连在中国的朝代史变迁之中。

然而，更重要的是，这一既蕴含官方宣法，又保留民间道术的地方，信仰往往通过一种惩戒式的魔鬼法令得以实现。也就是说，法、正义的实现方式是通过地方崇拜彰显的，而不是自上而下的帝国律令。这就是城隍爷这类神为什么总是面目狰狞、圆目偾张的原因之一。看起来，帝国利用神来实现社会控制，实际上帝国也聪明地意识到地方崇拜的反向认同（counteridentification），[14]76 因此帝国的行政执法体系往往为地方预留了乡约的空间——乡约并非仅仅是一种仪式与道德教育的制度。在晚期帝国时期，它还变成了一种村落咨询会，起着一种警察式法庭（a police court）的作用，并在县太爷的庇护下行使职能。[14]79 道德教育与实现权威的法结合在一起。这反映在地方宗教上，却恰恰是面目可憎的、兼具保护与监察功能的地域性神明信仰，如城隍爷、好兄弟或神兵。"这些神兵是神的命令与驱鬼权力的主要中介者。"[14]50 在这里，王斯福强调说，不同于帝国的和谐，这一为正统宇宙观有意忽略的军事力量充斥着武力、邪恶与防御性的乱。在民间的节庆中则表现为放军和犒军仪式。人们在仪式中对这些意义含糊不清的神兵表现出害怕又崇敬的矛盾心态。就算是比神兵等级高的神，也并不是威风凛凛，反而有些谨小慎微。因为神兵与鬼的界限难以辨析，而对神兵和鬼发号施令者，自己甚至也快变成鬼。王斯福大胆地推论，"即使对这些（玉帝）处于高位的神祇，从宇宙观来看，也要将他们看成是一种对魔鬼力量发号施令的命令体系，因为他们自身便是魔鬼"。[14]57 也就是说，正是因为这些和谐、正统的高等级的神祇具有魔鬼的一面，才使得他们具有压制魔鬼的力量，从而成为地方保护神。因此，王斯福并不认同韩格理（Gary G. Hamilton）从杜蒙（Louis Dumont）那里发展出来的仪式等级观念，中国的民间仪式反映出的是对魔力的寻求，而不是和谐的律。因此，帝国的隐喻恰恰不是地方对帝国行政体系和正统宇宙观的复写，而是一种由道士或灵媒的符来传达命令的带有更多军事意味的转译。这种等级是通过驱鬼过程中的命令式压制力量得以树立权威来实现的，而不是等级分明、各司其职的科层制度。

灵验与感应

王斯福在二至七章中皆极力表明，地方崇拜对于正统宇宙观的转译，形成的并非是单一和谐的律、礼，而是所谓的多元中心,甚至在这一过程中,正统与异端也并非二元对立,而是已相互渗透,辨析不清。玉皇大帝也可能是魔鬼力量的化身。如此,这一帝国的隐喻生发出了甚广的历史余地,赋予神话与传说以相当重要的地位。王斯福只有跳脱史学家的指摘,走向结构主义人类学的论述才成为可能。对他来说,实现这一结构主义命题追问的唯一方式是进行仪式研究。"我要描述的仪式,既是宗教的又是巫术的,它们指的是有应验的神灵。"[14]9 王斯福在这里用"有灵"和"感应"来形容这些有应验的神灵。首先,"只有鬼和中间的神才有灵",[14]92 "灵似乎必然隐含着有一种过去的生活这样的意义"。也就是说,只有这些介乎神与人之间的含糊不清的鬼和王爷神们才具有灵,灵的合法性正是来源于他们作为历史人物"成仙、献身、夭折及无后而死等"的过去。再者,他们在每个具体的社会场景里要以显灵或者应感(感应,responsive)的方式来彰显他们的有灵。王斯福饶有趣味地在这里回述了有关灵的知识,他认为,灵本身也带有由于技艺训练而掌握的娴熟技能的含义,因此它除了具有地方保护的魔力之外,还蕴含着教化的意义。在中国人的宗教实践中,正是这种显应的神构成了地方崇拜的强大张力。他们将历史和神话编织成当代场景中富有意义的灵,并且将永远以一种特殊的方式编织下去。因此,他们有关灵的知识非但不是不值一提的,反而是那些民俗学家和历史学家依照一些线索追寻历史人物的起源,然后将其他部分说成是神话传说,"并没有认识到庙宇及其庆典,香炉及神龛所蕴含的独特意义"。[14]94

因此，这种灵并非只是在个体与神之间建立联系，个人烧香求神而获得感应只是灵的一部分而已，更重要的是，由于灵的吸引而使得地方社会组织周期性地聚集、交流并分享其自身。在分香、进香的庆典中，不仅具有灵力的塑像需要从一个中心地点抬出来绕地界游行，而且香炉中的香火炉灰也要在这个过程中被分享给这一保护神地界内的家户，并前往更高一级的神庙"充电"。这一"充电"是人们对灵的强度和历史真实性的追溯与强调。但这些更高一级的神庙并不一定与帝国体系里更高一级的行政中心相互对应，甚至有时候与市场中心更为吻合。可王斯福也并不全然赞同施坚雅的市场等级理论。施坚雅的学生桑高仁通过对台湾妈祖进香的研究认为，即便妈祖的绕境路线与台湾的各级市场中心大致吻合，但最大的朝圣中心仍然是在南部的北港。这是因为北港妈祖的历史权威性赋予了其最强大的灵。正是对这一灵的信服，才驱动了整个社区的节庆，撬动了台湾地方的活力。因此，在地方神周期性的绕境，神诞中的烧香、戏剧、表演等活动都成为灵力的表征。对于灵的庆典式的周期性追溯，塑造了地方社会不同于帝国行政体系意义上的等级——这是多元中心的重要部分。

同时，灵的施展并非是空穴来风。地方道士们承载了仪式表演的中间角色，"人们所熟知的醮，是一种重新调整宇宙的仪式"。[14]179 王斯福在第六章集中对道士、道教及其仪式中的器具、供品、方位进行了分析。道士并不等同于灵媒法师，他们有自己的文字和书写传统，并且依赖冥想和身体技术达到洁净的状态。他们作为仪式专家,处理的是政治的秩序,天地宇宙的奥义。有时候这成为帝国获得政治权威的资源,有时候则是一种赤裸裸的威胁。这种与正统帝国宇宙观保持距离的道教仪式,虽然在其自身内部也有严明的科层等级,但是"在任何情况下以及所有的时刻,包括驱鬼以及净化的仪式上,都是独特的"。[14]192 他们支撑着帝国秩序,也可能与地方民团、秘密会社联合起来,成为威胁帝国的乱的力量。正是因为王斯福从中国宗教研究的经验中认识到了道教中蕴含的朝代变迁动力,才使得他成为较早关注中国历史中朝代起义的学者。所谓"将仪式当作一种历史"来书写也源于此。王斯福对道教,及有关道教的研究,相当痴迷。他自身是受牛津汉学的教育出身,所以对道教经典的尊重和关注超过了同期的其他汉学人类学家。但与劳格文(John Lagerwey)和施舟人这样的汉学家不同,王斯福并不专注于道教文本的记录与分析,他想回答的是,这些既通达帝国正统秩序又压制恶鬼势力的仪式力量如何实现了保护和威慑,从而确立了社区的平安?

道士并不具有命令的权威,但他们的仪式表演却创造了一种意义交流的通道。"道士与神灵代理人的交流是通过地方性庙宇中的香来实现的。"[14]229 如同灵一般,烧香代表着"一种交流的权威,即跟一种让人感到荣耀的过去进行交流并遵从于它",[14]229 或者说,香就是灵的表征。通过烧香的仪式,人们一再追溯其朝圣的起点,而这一起点往往烙印在多重历史和意义的脉络中。王斯福认为新时代的大陆和台湾的社会情况间接印证了这种多元性的地方崇拜。

王斯福对于地方崇拜和灵的叙述有意强化他的隐喻性（metaphoricity）主张，而非弗里德曼的社会，亦或桑高仁的文化。因为后两者带来的是确定的社会边界与文化边界，并且确信存在一种中国或中国性（Chineseness）。"他们将这看成是他们分析中的强制性客体"，[14]18 "但是，我并没有感受到有这种强制性的存在"。[14]18 王斯福认为隐喻性突破了边界，使得相对立的两面黏合了起来，如同正统与异端一样，如同官方与地方信仰一样，甚至如同道士本身的双重性表征的那样，边界成为交错的了。而之所以这种交错能够在中国宗教的实践中得以延续，乃是因为灵的显应、香的萦绕填充了彼此交流的通道。王斯福因此得以大胆推测中国大陆、台湾等地的新兴宗教运动、庙宇遗产重建都与恢复这一前现代的民间仪式公共空间息息相关。

民族文物的标本时代：
读林惠祥《台湾番族之原始文化》

罗攀

成书缘由与意义

1929年，中央研究院社会科学研究所设立民族学组，蔡元培亲任组长，并主持国内的民族学调查和研究。民族学组的工作之一即为标本采集："因标本不但可供组内职员之研究，将来搜集既多，便可成立民族学博物馆……"自20世纪20年代末开始，民族学组在蔡元培领导下，对中国大陆和台湾展开了大范围的田野调查与民族标本收集工作。当时的调查规模空前、参与人数甚众，而对台湾少数民族的田野调查、资料收集与标本采集工作则是由林惠祥独自完成的。

1928年，林惠祥刚刚从菲律宾获得硕士学位归国，赴北京拜见蔡元培，获聘在蔡所负责的大学院（相当于教育部）下任特约著作员。民族学组成立后，林惠祥也受任为研究员。受蔡元培委派，林惠祥只身一人赴日据下的台湾，展开了对台湾少数民族的田野调查。在当时的交通与社会文化状况下，此次田野考察不得不说是以身涉险之举。随后，其调查以讲演和书面形式分别向公众展示，1930年由上海商务印书馆出版的《台湾番族之原始文化》即是成果之一。

人类学家视野下的番情、番物与番史

《台湾番族之原始文化》共分番情概说、标本图说、游踪纪要和以附录形式收入的《中国古书所载台湾及番族之沿革考略》4个部分。全文综合考古资料、台湾总督府与博物馆所得文献材料、古书所述之夷州（汉至三国）及流求（隋至元）之记载，再结合实地考察材料加以对照印证，兼顾历时性与共时性，并兼具人类学、考古学和历史学三个面向的研究范式。

引言中，林惠祥对台湾番族研究的价值做了概述。他提出台湾番族相对封闭，与外界文化接触较少，观察此一族，可望知晓未开民族状况之一斑，可窥见人类文化史上之原始状态。且台湾作为世界之一大岛，而番族之住地又占大半，且基于与中国的历史关系，在历史、地理方面均有研究必要性。尽管引言中他进行标本采集的着眼点有着进化论的深远影响，将原住民族的物件视为人类文化演进史的一个物证，但他也提出，不能尽信进化论之言，不可尽信"心性一致"或文化类同。[15]

第一部分为番情概要，分为总述、各族分述、生活状况、社会组织、馘首（即汉人所谓的"出草"）及战争、宗教、艺术、语言、智识九大部分。总述中林先生首先厘清了几个对台湾番族的称呼概念。汉人称台湾番族为"生番"，原为对未开化民族的通称，日据时期以怀柔政策治理台湾，将少数民族改为"蕃族"，而日本学者称之为"高砂族"（Takasago）。林先生本书统一使用"番族"二字。在随后大部分叙事中，林先生基本将"台湾番族"视作一个与汉人相对应的未开化的整体，将其生活的区域视为一整个文化区，记述其生活状况、社会组织、宗教、艺术、语言等各种文化事项。

林先生同意番族南来之说，认为其传说、体貌特征、语言等方面都能加以验证。而根据语言风俗和体质的族内差异，林先生采纳了将台湾番族分为七大支系的方式，即太么、萨衣设特、蒲嫩、朱欧、阿眉、派宛和野眉。从体质上来看，林先生引用日本学者对番族各支系身长、头型、鼻型的测量数据，认为大体上番族体质有三种，即高身长头狭鼻型、低身广头低鼻型、高身长头低鼻型。而关于其源流与迁移历史，林先生根据考古发现、贝类货币,并综合历史记载,认为番族在石器时代已迁移进入台湾,并且历史上与大陆汉族也有联系。总论"理番事业"部分,记述了自明郑以来,先是南部番族受到汉文化影响,随后清朝也在番族引发国际事件后,先后派沈葆桢、刘铭传前来治理台湾番务,由此番族与汉人接触日益频繁。日本占据台湾实行殖民统治,并渐渐收剿番族。

"各族分述"区分了七个不同的支族。林惠祥首先分别概述其体貌特质、衣着、居住、饮食、家族制度、族群特性、生计方式以及汉化程度。随后详细介绍番族的生活状况、社会组织、战争、宗教、艺术、语言与智识。番族分居于山地、平地和海岛,所以生产方式有农耕、狩猎,也有渔业、畜牧。不过生产工具多因地制宜,较为原始。番族也有木工、编织工、鞣皮、藤工、竹工、纺织与裁缝、陶工等手工技艺。经济多为自给自足,少数物物交换或中介交换。在住所、食物、衣服装饰等方面,番族也较为原始。林惠祥的分析中常兼杂与汉文化的比较,并多有互动的分析。如林惠祥认为与汉族接触较多的族群,其农业、工艺、技术和智识方面都较为先进。而得益于林惠祥在南亚历史与考古方面的造诣,文章中也常有将某一器物、某一语音与南洋比较分析,如鱼筌即为南洋式。

林惠祥还写到了番族的社会组织形式。其番社既有氏族形式,又有因为较开化而减少血统观念,成为地域、社会与经济集团的。但同社基本都是同一血统,有共同的祭祀、狩猎和出战。其领袖既有每社各拥一人,也有数社合拥一个头目者。头目权力不甚大，通常为外交、裁判或出猎与战时的统领。而头目的继承形式也不相同。家族制度则有大小之分，除阿眉、野眉族行母系之外，其他族为父系。婚姻则多为自由的一夫一妻制。番族中太么和阿眉没有姓氏，而他族的姓氏则有图腾的遗意，如太阳、蝉、狸。番族均推行族外婚，还有交换婚、买卖婚、服务婚和竞争婚等几种特殊婚姻形式。

番族大多重视成年礼，太么族以猎头成功为标志，成年之后的权利则有参与番社内的事务，或获得结婚权利，或获准嚼槟榔。番族的社会制裁程度和形式与文化的进步程度有关，并且许多是细分对象的。如有些发生于族外的不被认为是犯罪，而对同族施行的罪恶之事则有数种不成文的惩罚，其中重者斩杀、鞭笞，渐次衍化为赔偿。断罪之法则有裁决曲直或神判等方式。

出于对成年礼的重视，以及神判的需要，或出于取得名声、复仇、去除恶疫、祈求丰年、争婚等的愿望，馘首成为番族的特殊风俗。林惠祥调查的当下，只有太么和蒲嫩、派宛的一部分还留有该风俗。林惠祥在书中甚为详实地记录了出草的过程、前后的仪式与禁忌，分析了其存在原因，并细述其演变过程。馘首一般针对外族或汉人，通常是到被袭者家中或者藏匿在路边，伺机斩首，随后拔去脑髓，洗去血污，装在名为"票干"的网袋里带回社内。整个番社因此而欢呼雀跃，甚至庆贺一两个月。而由于出草危险而又神秘，故有许多相关仪式与禁忌，也因为其危险性，其成功者可以获得诸多打破常规的特权，甚至逃脱所犯罪责。出草之风昔日极盛，而因为教育与宗教的感化、政府的法制化和扶绥、开山交通,以及番族日渐感受人己共存之理,因此也渐渐衰落。林惠祥特别指出,番族出草并不是单纯的残暴野蛮,实际上是为了多种正当希望,另外番族男子都是战士,善战,也有反抗官兵、对战敌人的传统。

随后,林惠祥谈及番族宗教。番族有灵魂观念与轮回观念,认为人生死皆有魂,魂有善恶,善则归灵界,恶则困为幽魂。男无出草,女不纺织,也将无法进入灵界。番人还崇拜祖先,无论南北番人,都以"人魂是神"为观念。各路人魂中,祖灵与己关系最为密切,因而是最主要的神。由于番族认为祖先死后灵魂可能转为动物,或认为本族起源于动物,因此而产生了动物崇拜。此外还有种类不一的多神信仰,还有崇拜头骨等所谓琐物崇拜(拜物教)。而其艺术创作与日常器物装饰则与宗教信仰密切相关,番族多有雕刻蛇、人头、人像和几何图形等变体的,另外他们还会绘画、刺绣、泥塑以及文身装饰。其音乐形式也与信仰关系密切,吟唱的歌曲多有歌颂祖先历史功绩的。林惠祥在音乐方面所做的调查,虽较简洁扼要,但所列的歌种与乐器,今均留存并继续使用。此外林惠祥简要介绍了番族语言的语音与构造。总体上来说,番族语言较为复杂,种类繁多,属于马来语系。在智识方面,番族人能够计数,但日常使用数字一般不超过十。他们一般缺乏时间观念,以自然现象计时,以粟的收获周期纪年,所以年龄概念也较为模糊。

中篇为标本图说,以博物志的方式,以图带解说,翔实记录所采得的标本资料。导言中,林惠祥提到,番族通常是不愿意出售其所有物的。一方面，因文化甚低，故其产物自然稀少。日用器具既甚缺失，艺术的及娱乐的产品更不易见到。另一方面，番族所居荒僻，各族间复少往来，故其器物皆自制自用，不用于交换。而且其技术不精，工具不利，制造需要的时间太久，出售则大为不便。最重要的是，番族禁忌繁多，出卖己力所造、己手所触之物，会担心不吉利，也顾虑买者施术。而带有宗教性及仪式性之物，或者祖先遗留之物，更不敢轻于出脱，惧祖灵见责。不得已而售物，必作厌胜法。即便仪式花费不菲，甚至可能不亚于卖价，亦坚持要在当晚请巫师举行宗教仪式，以去除原本器物上被赋予的神圣性。

图录所载之物共分武器、衣服、货币及饰物、家具、艺术品、娱乐品、宗教与仪式品、记事绳、舟、石器时代遗物十大类。以武器为例，林惠祥尽力详细描述了族属、使用者身份、原材料、形状、用途、使用方式、装饰方式、相关禁忌，部分物件甚至细致到佩戴方式等。在调查时间有限的情况下，内容仍为后续的实物研究提供了丰富的基础资料。较为可贵的是，部分物件记录了其流动的经过，在后续研究中，可以作为民族交往互动的实证。

下篇游踪纪要是作者的田野札记，详述调查路线、资料获得方法等，并将所购器物的原生环境——在笔下还原。林惠祥首先在台北进行了资料收集准备工作，以选定目的地。随后以台北为核心开展了部分田野调查，其中包括在台北市北面的圆山番族石器时代遗址考察贝冢，并采得百余块石器时代的物件。接着第一次在乌来社得见番屋与番人，然后自台北赴桃园，在角板山著名的太么族番地获得了大量物件。由于北番器物不甚发达，林惠祥遂奔赴台东花莲，并以台东为根据，四处寻访周边番社。先后经汉族的中人与翻译介绍，在卑南社、马兰社了解部分番族的概况，并且在标本收集方面也所获颇丰。接着，林惠祥赴台东北部近海岸的新港，但由于该地汉化程度较深，并且已经有日本人先行搜集，因此所获不多。林惠祥折返南方，探访了哈喇八宛社与大马武窟，在当地警局日本警察和番人翻译的协助下，采购了部分包括记事绳结在内的物件，观看并记载了番人传统歌舞的形式、歌词内容与韵律，此外还获得了部分石器时代遗存物。在返回台东与奔赴知本社的路上，林惠祥较为详细地记载了与几个番人短暂交流的经历，概括了番人一派天真少诈伪的印象。在知本社，林惠祥遇到了福建同乡陈君，陈在当地购置田地，并娶了番妇为妻。在其帮助下，林惠祥颇有收获，购入了鹿角头冠等重要的标本，并由陈处获知诸多番族的状况。

自南方折返后，林惠祥赴台湾东北部，如北埔、新城、扶西、苏澳等地，但所获不多。由于林决意要采购颇具番族文化代表性的独木舟与音乐杵，于是再度奔赴中部高山湖日月潭附近的水社。在水社中，林惠祥如愿发现了独木舟与音乐杵，却遭遇番人拒售。林惠祥记录了番人拒售的原因与协商的过程：独木舟为湖中往来必需之物，也是生产工具、生活的依仗。而音乐杵为全社共有。在林惠祥的坚持下，终于获得了部分具有代表性的音乐杵，也成功购得了独木舟。其台湾行程至此圆满结束。

本书第四部分为附录，是对古书中关于台湾的资料辨析。林惠祥援引史书中关于徐福所抵之地的争议，并将夷州的风俗记述与考古资料相对照，认为汉至三国史书中所载的夷州即为台湾。隋代至元的流求都指台湾，且记载的地理位置十分明确。明代洪武年间，又有明确的史载将台湾改称小琉球。而此后的史书时有称鸡笼山、东番，并最终称台湾。由于辨明了台湾历史名称的沿革，因此林惠祥认为史书所记载皆可取为考究番族古时状况，为现代研究提供内容清晰的佐证材料。

林惠祥与民族学博物馆的早期采集、表述实践

《台湾番族之原始文化》一书意义重大、遗泽深远，至今日亦颇值得称道。本书系中国学者系统研究台湾少数民族的奠基之作，也是林惠祥本人研究台湾少数民族的开端，以此为起点，开启了关于台湾少数民族族源的研究。此后林惠祥先后撰写《马来人与中国东南方人同源说》《南洋人种总论》《南洋民族与华南古民族的关系》等论文。

著作中初步呈现的林惠祥之民族文物调查、收藏、分类等观念，于今时今日对中国民族类博物馆征集、陈列、研究亦仍有重要参考价值与启发性。林惠祥所处的时代，并没有"民族文物"这一概念。根据吕烈丹《中国的博物馆》一书，当时博物馆在中国尚属凤毛麟角，且多为传教士与知识分子所创办。[16] 蔡元培在委派林惠祥等人类学者出外考察时，使用的是"民族标本"这一词语。这类物品如何分类，如何收藏，如何阐释，如何记录，在中国均史无前例。

20世纪初，博厄斯（Franz Boas）在博物馆学界通过与欧提斯·梅森（Otis Mason）之争，不断探索分族陈列的体系，以破除进化论的影响。博厄斯认为文明从不孤立，应该抛弃进化论的方式，以分族展示来为大众提供更佳认知。同时也应该追溯各个文化区的历史，探究其文化形成的诸多因素与其全貌。[17]他的思想在弟子中影响深远，并且在许多博物馆沿用至今。林惠祥在菲律宾的导师拜耳（Henry Otley Beyer）即受教于这一思想体系，林惠祥的民族标本采集工作也深受此影响。在其田野调查中，力求尽台湾番族之全貌，并深入涉及其包括体质、语言、智识、宗教、社会组织、年节与时间观念、性别差异、服饰等诸角度。因此，即便以今日之人类学发展，也难以责难林惠祥访谈时间短，内容也常由汉人、翻译、日本人转述，或依据总督府藏书等材料。

林惠祥的田野标本采集，基本在了解番族基本概要、熟悉其原生环境的情况下，通过入户访谈、田野采集的过程获得。了解其文化特色后，再专取其代表性物件。田野材料与收藏器物可互为观照。以南番银饰刀、绳结和独木舟为例，上编记其习俗，中编具体描述其器物形状、用途。下编则略述收藏过程，留存全部征集手记。反思今日考古独大、以重器为导向的民族文物收藏，林惠祥以考古、历史和人类学田野调查相结合的文物收集与调查方式，反而更具先进性，使所有器物皆知其来源、其环境，避免谬误。

林惠祥的考察与收集工作保留了日据时代及以前的数百件台湾少数民族标本，其中不乏精品。而他对物之于物主和物之于收集者之差异的思考，对博物馆进行物的收藏、书写与表述亦颇具启发性。其游踪纪要中，毫不回避人类学者的主体性，完整呈现了与番族互动时的感受，而同时也记载了出让者与物相关的仪式与为难实状。而采集者在将这个被原住民族去除了神性的器物转化为博物馆中展示文化的标本时，通过文本和意义建构，重新赋予其另一种神圣性。今日博物馆中之物常是与人割裂的，而本书则完整呈现了物的环境、意义体系，以及物与原环境剥离并流动时，拥有者和征集者的心理活动与行为。

此外，林惠祥的台湾番族调研，其考古成就亦颇丰富，在台北基隆圆山发现的新石器时代的贝冢和山地所发现的新石器等文物也被带回，至今仍存于南京历史博物馆与厦门大学，并颇受相关学者重视。而林本人也以这些石器文物为基础多次撰文，探讨台湾番族与大陆的关系。

林惠祥及其百越民族考：
读林惠祥《中国民族史·百越系》

孙静

林惠祥其人

林惠祥出生于1901年，福建晋江人。1926年毕业于厦门大学，后考入菲律宾大学人类学系，师从菲律宾人类学之父美国教授拜耳。结合文化人类学的学术训练和之后在中央研究院民族学组的工作经历,林惠祥的学术成果集中表现在他对东南亚及中国东南地区的民族调查和考古研究上。《文化人类学》及《中国民族史》是他影响最大的两本书。同时他很早便参与了台湾高山族的民族研究。在新中国成立之后,林惠祥很快接任厦门大学历史系主任并创办了我国第一个人类学博物馆。这使得厦门大学的人类学传统既有美国文化人类学的传统,也有中国考古学、历史学的背景,而其民族研究也被构建在这两者之上。

林惠祥的《中国民族史》出版于1936年,商务印书馆于1993年再版,属于"中国文化史"丛书。在此之前,他已于1934年出版《文化人类学》一书。林惠祥在出版《中国民族史》之后的1937年又自费到闽西考察,发现武平新石器时代的石器和印纹陶文物,以此佐证了其东南古越族的诸观点。对中国东南的新石期文化特征的关注一直贯穿于林惠祥的学术生命。1938年因为战争的原因,林惠祥前往新加坡避难,因而得以进行东南亚各民族的调查与考古研究,如他在本书中也提到的马来人的研究。此外,林惠祥是最早关注惠东长住娘家风俗,调查厦门港渔民(疍民)风俗的学者。

民族史之学术主张

林惠祥首先就民族史在中国史学的地位加以说明。民族史在史学领域里,与通史不同,是专门史,而非普遍史。同时它也是人类学所关心的种族状况问题的一部分。对于当前政治局势的分析不能回避民族问题，亦不能脱离民族历史。因此他极力呼吁摈弃旧的民族史观，而认为民族早已在过去长时段历史时期内接触杂糅且有同化之趋势。在方法上面主张其史学材料选取标准以阐明种族起源、名称、沿革、支派区别、势力涨落、文化变迁及各族相互间接触混合等事宜为准。材料来源主要有二：一是二十五史，《尚书》《诗经》《春秋三传》及地方志；二是近代中外学者的研究成果，如梁启超《中国民族之成分》，罗香林《古代越族考》，亦有海外交通史专家张星烺的《中西交通史料汇编》。

结合林惠祥的学术经历可知，中国东南，尤其是闽粤地区是其长期关注的中心区域。不仅因为他出生在福建，而且他的众多学术成果，尤其是考古学成就大多在福建，甚至是当他远赴南洋求学或研究时，他的主要视角和兴趣仍然是探讨所谓的民族源头和民族交往的历史。林惠祥的文化人类学的训练背景使他在看待福建及其区域的时候，并不主张一种社会史或地方史或区域史的视角，而主要是将文化，尤其是民族文化作为理解福建的方法。因此，对于中国的理解构筑在民族的历史文化之上，而不是区域的历史之上是可以讲得通的。简而言之，林惠祥想要探究的中国历史的动力并非来自区域，而是来自各民族的历史及民族间的交往史。纵观全书，林惠祥声称其民族分类既关注历史之民族，又关注现代民族之关系。因而之所以是汉族而非华夏族，是因为华夏乃古称，但汉族却有历史过程中融合了其他民族元素的含义，因此林惠祥十分注重区分历史之民族及现代之民族，并划分了其流变的具体示意图。在这一示意图中，百越系属于汉族来源之四。越，通粤，之所以称百越，意为其数量之多。越族的种属难以辨明，因为其大部分已同化于华夏，所以也成为汉族的来源之一。越与苗瑶，僰撣族（多在哀牢、滇、昆明，也有称之为白族先人）亦有接触。值得注意的是，虽然林惠祥认为四大历史民族是现代汉族之来源，他亦认为其他非四大民族因为与这四大民族有接触融合，所以他们也是汉族的非直接来源，因此他在连线的时候用虚线加以标示。现代民族除了汉族之外，还有满洲族、回族、蒙古族、藏族、苗瑶族、罗缅族以及僰撣族。

林惠祥认为中国诸民族之主干是华夏系，中国的民族历史即是以华夏系为主干的多次融合，并将其他部族同化的历史。至三代，东夷、南蛮、西戎、北狄已融于华夏系并扩大了其内容，到了秦代，东夷全部消灭，南蛮中之荆吴全部同化，百越也有一部分同化。具体而言，至秦，废除了闽越王，置闽中郡，收岭南之南越为南海、桂林、象郡。后来的三国、南北朝、隋唐及宋皆延续诸民族融合至华夏系的历史进程，犹在海外交通发展的影响下，西域各国人相继进入中国，因此至元亡之后留居中国的蒙古人、色目人都加入汉族之中了。可见，林惠祥的民族历史观构建在各民族接触、交往、融合的观念之上，他主张看到历史之民族与现代之民族的动态变迁，他亦认为这种融合的民族历史如波浪一样一波接着一波，持续不断地涌现并推动着中国的历史进程。因此可以认为他在学术传统上既融合了文化人类学的接触传播论，又深得考古学的历史分期学说，遂区别于区域史（也即社会史），而视民族史（ethno）为中国历史的动力。

以上即为林惠祥的民族史观之大略。

百越民族考

在论述百越的时候，林惠祥认为，越，为华夏之外，尤其南部之异族之统称——这一点有相当多事实可证明。越，之所以称为百越，乃是因为"百"象征多的意思。春秋有於越，战国有杨越，汉有瓯越、闽越、骆越，而三国时尚有山越杂居在九郡之山地。而越地特指的是华夏之外，尤其是据有中国东南及南方的蛮夷。至少，越在《汉书》里尚被视作"蛮夷"。越的这种异族性并不是在体质意义上被认知的，而是在文化方面。林惠祥援引罗香林的《古代越族考》认为主要有以下7点：(1) 断发文身；(2) 契臂，意思是刻臂出血，与文身不同，契臂有歃血为盟的含义，而不只是装饰；(3) 吞食异物，异物指的是海蛤和蛇；(4) 巢居，即架木为屋，林惠祥解释说比如畲人的建筑上层住人，下层养牲畜，这是可以理解的，因为潮湿的环境所致；(5) 语言不通；(6) 水路为主，行船交通，《淮南子》有记录"胡人便于马，越人便于舟"；(7) 铜器，越人善铸造铜器、铜鼓。这几个文化方面的要素在后来的百越民族研究中多有发挥和延展，但是尤以物质器物的代表铜器、铜鼓为当时及后来研究之重点。凌纯声、徐松石、罗香林先后发表过古代铜鼓的研究。综上，历史之百越系究竟属现代之何族？他又详细列举了4位学者的5种说法，分别是法国汉学家沙畹（E. Chavannea）安南人说，吕思勉的马来人说，梁启超的群蛮说、阿利安说（其实是被梁启超引来做反例的，他自己并不认同这种说法），以及李济的掸族说。林惠祥认为百越的历史变迁相当复杂，不易明辨，但他认为从体质测量角度推测闽粤人有颇似马来人的迹象，同时也与台湾番族关系甚密，皆有文身的习俗。所以他又推测沿海的疍民乃是越族入海而形成，而黎族则也有可能是被古越人驱赶而移居海南岛。可见林惠祥多在一种动态的民族关系史（或交通史）中考察该族属的文化基质。

但另一方面他的考古史学又令他在构筑其民族史的历史叙事时不得不加入线性历史分期的维度。因而百越分为春秋於越，秦汉瓯越、闽越，三国的山越。

春秋时期的於越被认为是大禹的后代。在《史记》中记载越王勾践乃"先禹之苗裔"。[18]在《越绝书》中亦载越王之祖先谱系。总之，於越的种属之追溯仅依靠对越王的记载。越被楚灭之后，于秦汉之间建立了瓯越、闽越二国（二国国王皆是勾践之后裔，秦末，东瓯王摇和闽越王无诸从诸侯叛秦佐汉，因此汉立国之后，先后分封摇和无诸为东瓯王和闽越王）。瓯越在今浙江，而闽越在今福建。虽然叶国庆考证认为闽越的首都东治亦在浙江，但林惠祥并不同意这个观点。第一，当时广东已有人居住，被汉人记载为"蛮夷"，那居于浙江和广东之间的福建不可能是"空无居人"的，当然也并不是畲族，因为散布于今浙江、福建的畲族是明代从广西、湖南迁徙而来的。最可靠的推测可能是闽越国建都在浙南，但其有向南部扩张疆界的趋势。第二，虽汉武帝灭了闽越国、东瓯国，并将居民迁徙至江淮，但也有些漏网居民依然居住在原来的地方,因此虽东晋之后移居此地的多为汉人,但这些汉人很可能与原来留在此地的古越人杂居混融,从而使他们又区别于北方的汉人,混融成为新的历史时期的闽人。但早期闽人又有"蛇种"的说法,林惠祥解释说可能是这些先民以蛇为图腾,虽然他们的领导人是勾践的后裔,但是越人本身可能是土著的蛇人。种种复杂情况印证了梁启超所说的福建民族"最难解"的说法。在此,林惠祥感叹说,虽然福建人多强调自己是纯种汉族,尤其以族谱来加以佐证,但这是一种固陋而自欺的说法。"民族无论文野",[18]122林惠祥以文化人类学家的口吻说道,"'人'的性质皆属平等",[18]122所以就算是蛇的后代也没什么大不了的。在秦汉同一时期,活跃于两广之间的百越称为南越、骆越、杨越。这一区域的发展主要是由于秦时大规模移民,大约40万。因此南越国实际上是汉人统治土著越族,后来南越王立国,意图谋反,被汉所灭,其居民亦迁居江淮间。

既然两广、浙江、福建的百越为汉所灭,其民徙居江淮间,那么自三国起,活跃在江苏、浙江、安徽、江西等山地的越族便在文献里被记载为山越而出现在早期中国历史中。根据刘芝祥的《山越考》,山越乃是古越族的遗民。这些遗民不愿迁居江淮,于是散居在山里,故称山越或山民。这些越民成为三国时期牵制各方军事力量的重要部族。《三国志》对此多有记载。

至于,历史之百越与现代民族究竟有何联系。林惠祥始终未给出答案,但他引论上古文献之主要目的是为了例证百越系乃上古历史的重要民族,在多次移民迁徙中,不断融合和被融合,不断杂交和被杂交。即便在上古史中亦可看到这一杂交混融的特征。这至少说明了现代民族历史成分之复杂。他虽认为华夏或汉为民族融合之主干，但在百越一节论及福建人自认为是纯种汉族时，亦表现出相当之反感。作为20世纪初的现代知识分子，林惠祥的民族史观表现出了其相当复杂的心态：一方面是迎合民族国家构建话语体系的华夏一统，另一方面是努力挣脱地方知识分子狭隘的汉族中心论。

黎人与疍民

在百越系的这一章，除了中国上古史的几大越族之外，林惠祥还特别为黎人和疍民分写了两篇附录。

黎人多指居住在海南岛山地的居民。黎人的"黎"，可能是"俚"字之讹。俚蛮，就是所谓的俚人，后讹传为黎人。黎人的起源非常复杂，但林惠祥坚持认为，根据汉代广东有南越族的考证可知，这些居住于海南岛的人很可能是从大陆移居过去的遗民。文身习俗的考证亦可证明黎族与古越族有极大的联系，因此他建议使用体质测量法进一步论证。黎人有生黎、熟黎之分，区分标准是开化程度，这也反映了汉民不断移居海南岛的趋势，最早被收录在王朝统治之下，可追溯到汉武帝。此后不断有汉人迁入，《宋史》记载亦证明宋时渐趋汉化。其中清初的文献（如陆次云的《峒溪纤志》）表明移入海南岛的居民不仅是北方的汉人，还有的来自南洋的交趾（即越南），而且他们以狗为祖，林惠祥认为这一点与苗瑶同俗。之后林惠祥亦摘录了其时的黎人研究的文献，认为黎人虽渐趋汉化，但是他们仍保留有特殊的风俗习惯。

疍民，指的是住在闽江及珠江下游，以舟为家，生活习俗迥异于陆地人家的居民。在疍民的附录部分，林惠祥多摘录了陈序经有关疍民的研究，在众多说法之中，林惠祥认为，由于古越族为南方大族，而且以掌舟闻名，亦擅长水上生活，那么在汉武帝驱赶闽越人至江淮的时候，有一部分隐匿山中，成为三国的山越，也有部分人可能逃到海上，后因习惯水上生活而不复移居陆地。这是极有可能的，但对于受文化人类学训练的林惠祥来说，他仍谨慎地坚持说，疍民来源"不可以一元说而应采多元说"。[18]140 尽管如此，总的来说，林惠祥仍认为黎人和疍民在历史亲缘关系上与古越族更为亲近。线性的历史方法在这样多元交融的民族问题面前总是失效的，一如之前面临这种复杂交错的历史状况所表现出的复杂心态一样，林惠祥最后只好求助于科学的体质测量法。

可以说，林惠祥在《中国民族史·百越系（汉族来源之四）》中展现的方法论及民族史观一直延续在厦门大学的人类学传统中。此书不仅为闽南区域史研究打开了新的民族史面向，而且展现了以厦门大学为核心的早期中国人类学家的治学方法和知识分子心态。除了林惠祥之外，罗香林、徐松石、谭其骧、卫聚贤、吕思勉、刘志祥等一批历史学家和考古学家，均在这一时期相继发表了关于百越两广等西南、东南少数民族的族源考。这一时期的民族史学家多在一种变动交流、关系式的交通史中考察民族起源，搭建历史之民族与现代之民族的桥梁。虽然在构建以汉为核心的民族国家时表现出一种复杂焦虑的知识分子心态，但是这种多元互动的民族历史理论，仍为当代中国的民族理论和社会理论提供了珍贵的学术遗产。

参考文献

[1] 汪毅夫. 闽台区域社会研究[M]. 厦门：鹭江出版社，2004：214.

[2] 陈育伦. 对二三十年代福建民俗学运动的回顾[J]. 民间文学论坛，1996（2）：73–76.

[3] 洪峻峰. 厦门大学国学院的泉州访古与研究[J]. 泉州师范学院学报，2006（3）：43–50.

[4] 陈万里. 闽南游记[M]. 上海：开明书店，1930：i–iv.

[5] 汪毅夫. 厦门大学国学研究院与泉州历史文化研究[J]. 海交史研究，2002（2）：97–105.

[6] 张星烺. 泉州访古记[J]. 史学与地学，1928（4）：69–85.

[7] 顾颉刚. 泉州的土地神——泉州风俗调查之一[J]. 厦门大学国学研究院周刊，1927.

[8] 张帆. 顾颉刚与土地神——1926—1927年东南沿海的"游士"与"风俗"[M]// 王铭铭. 中国人类学评论第1辑. 北京：世界图书出版公司，2009：175.

[9] 吴藻汀. 泉州民间传说[M]. 香港：天行健出版社，2014.

[10] 蓝林友. 义序与中国宗族研究范式[J]. 中央民族大学学报，2001（3）：44.

[11] 刘涛，陈巧云. 回忆与反思：《义序的宗族研究》及其价值[J]. 社会科学论坛，2010（14）：93.

［12］林耀华. 义序的宗族研究［M］. 北京：生活·读书·新知三联书店，2000：2.

［13］葛兰言. 古代中国的节庆与歌谣［M］// 赵丙祥，张宏明，译. 桂林：广西师范大学出版社，2005.

GRANET M. The Religion of the Chinese People［M］. Oxford: Basil Blackwell, 1975.

［14］王斯福. 帝国的隐喻：中国民间宗教［M］. 赵旭东，译. 江苏：江苏人民出版社，2011：1.

［15］林惠祥. 台湾番族之原始文化［M］. 上海：上海文艺出版社，1991：引言.

［16］Tracey Lie-Dan, Lu Museums in China: Power, Politics and Identities［M］. New York and London: Routledge, 2013: 1-17.

［17］弗朗兹·博厄斯. 民族学博物馆与其分类方式［J］. 中国民族博物馆研究，2015（2）.

［18］林惠祥. 中国民族史［M］. 北京：商务印书馆，1936：118.

作者简介

蔡逸枫，1991年生，福建石狮人，北京大学社会学系人类学专业硕士。

陈敏红，1976年生，福建泉州人，现为泉州师范学院音乐与舞蹈学院副院长，研究方向为民族音乐学、南音民间传承与保护。

黄雅雯，北京大学社会学系人类学专业博士。

黄智雄，1988年生于澳大利亚悉尼，哈佛大学东亚语言与文明系博士。

金婧怡，1992年生，浙江金华人，现工作于解放军新闻传播中心。

兰婕，1989年生，贵州贵阳人，厦门大学人文学院人类学与民族学系博士。

罗兰（Michael John Rowlands），1944年生于英国罗奇福德（Rochford），伦敦大学人类学博士，现为伦敦大学学院物质文化退休教授，曾任伦敦大学学院人类学教授，曾长期在非洲进行人类学研究，近年来关注中国的物质文化与遗产研究。

罗攀，1979年生，福建泉州人，香港中文大学人类学博士，现为中山大学社会学人类学学院博士后，研究方向为政治人类学、空间政治、城市规划与文化遗产。

罗杨，1984年生，重庆万州人，北京大学人类学博士，现为中国华侨华人研究所副研究员，研究方向为东南亚历史与宗教、华侨华人社会、闽南文化。

孙静，1989年生，江苏宜兴人，北京大学社会学系人类学专业博士。

王铭铭，1962年生，福建泉州人，伦敦大学人类学博士，现为北京大学教授，曾任芝加哥大学、中央民族大学、大阪国立民族学博物馆客座教授，研究方向为社会人类学理论与方法、区域研究（中国东南与西南历史民族志）、宗教人类学、欧亚比较文明研究。

王超文，1988年生，广西柳州人，北京大学社会学系人类学专业博士研究生。

吴银玲，1986年生，安徽安庆人，北京大学人类学博士，现为河北大学政法学院社会学系副教授，研究方向为社会理论、少数民族城镇史、宗教人类学。

翟淑平，1982年生，河南洛阳人，北京大学人类学博士，现为北京师范大学社会学院博士后，研究方向为历史人类学、藏学人类学。